苏州轨道交通建设标准化体系

蔡 荣 岳祖润 胡田飞 著

科 学 出 版 社
北 京

内 容 简 介

全书共分为12章，分别对施工现场信息化管理、施工场地、施工设施、施工人员、施工材料、车站施工、盾构施工、暗挖施工、铺轨施工、设备安装与装饰装修、施工安全、创新管理评估体系等方面的标准化进行了具体阐述，对轨道交通建设标准化体系的建立提出了具体的方法和有关依据，并结合苏州轨道交通建设案例进行说明。

本书对轨道交通建设标准化体系建设过程全覆盖，具有很强的针对性、操作性和实用性，可作为编制轨道交通建设工程标准化管理操作手册的参考书，也适合于轨道交通建设及施工管理人员阅读、使用。

图书在版编目（CIP）数据

苏州轨道交通建设标准化体系 / 蔡荣，岳祖润，胡田飞著. -- 北京 ：科学出版社，2024. 9. -- ISBN 978-7-03-079487-1

Ⅰ. U239.5-65

中国国家版本馆CIP数据核字第2024E6M114号

责任编辑：徐仕达　李程程 / 责任校对：马英菊
责任印制：吕春珉 / 封面设计：东方人华平面设计部

科学出版社 出版
北京东黄城根北街16号
邮政编码：100717
http://www.sciencep.com
天津市新科印刷有限公司印刷
科学出版社发行　各地新华书店经销
*
2024年9月第 一 版　开本：787×1092　1/16
2024年9月第一次印刷　印张：15 1/4
字数：362 000

定价：158.00元

（如有印装质量问题，我社负责调换）
销售部电话 010-62136230　编辑部电话 010-62135397-2039

前　言

国家标准化管理委员会、中央网络安全和信息化委员会办公室等联合印发的《“十四五”推动高质量发展的国家标准体系建设规划》指出，“标准是经济活动和社会发展的技术支撑，是国家基础性制度的重要方面”；明确主要目标是“到2025年，推动高质量发展的国家标准体系基本建成，国家标准供给和保障能力明显提升，国家标准体系的系统性、协调性、开放性和适用性显著增强，标准化质量效益不断显现”；在城镇基础设施建设标准方面，明确提出“完善城市道路、城市地下综合管廊等市政基础设施建设标准。围绕干线铁路、城际铁路、市域（郊）铁路、城市轨道交通‘四网融合’，推动高速铁路、市域（郊）铁路等工程建设标准制定。研究构建以县城为载体就地城镇化和县域为单元城乡统筹发展的建设标准体系，以及小城镇基础设施和公共服务设施配置标准体系”。因此，完善城市轨道交通建设标准，提升城市轨道交通工程建设的管理标准化、信息化、精细化水平是国家发展要求。

城市轨道交通工程建设、运营及使用的设备系统（产品）是一套复杂的技术体系，涉及领域多、覆盖范围广、专业跨度大，因此城市轨道交通标准化建设是一项长期性、基础性的系统工程。为提升城市轨道交通工程土建施工质量管理水平，住房和城乡建设部编制了《城市轨道交通工程土建施工质量标准化管理技术指南》。南京、苏州、无锡、常州、徐州等城市均在进行地铁建设，在标准化建设方面也进行了很多有益的尝试和推进，如江苏省《城市轨道交通工程质量验收统一标准》（DB32/T 4062—2021）、《江苏省城市轨道交通工程设计标准》（DB32/T 3700—2019）。

2002年，苏州正式启动轨道交通线网的研究与规划。2007年2月，苏州轨道交通首轮建设规划获得国务院批准。截至2024年6月，苏州先后建成1号线、2号线及延伸线、3号线、4号线及支线、5号线、6号线和11号线等7条线路，是我国首个实现网络化运营的地级市。目前，苏州已获批3轮轨道交通建设规划，累计批复了8条城市轨道交通线路和1条市域轨道交通线路，总里程350km，其中S1线是首条和上海轨道交通线网实现对接的线路。预计到2026年左右，苏州轨道交通已批复的9条线路将全部建成，线网日均客流将超400万人次，轨道交通占公共交通出行比例接近一半。苏州轨道交通建设坚持以技术标准为核心、以管理标准为基础、以岗位标准为保障、以安全质量控制标准为指导、以施工场地空间布置标准为着眼点的企业标准化管理五体系，以创新发展的思维，在推进城市轨道交通标准化建设方面积累了大量成熟经验。

根据城市轨道交通行业特征和核心业务，城市轨道交通团体标准体系的一级体系划分为基础、建设、运营、装备和开发。其中，“建设”一级体系，主要包括前期筹备、勘测设计、工程施工、系统联调与试运行、验收与移交、初期运营、项目后评估7个二级体系。本书针对一级体系“建设”下的二级体系“工程施工”，构建实际、实用、层次分明和结构合理的城市轨道交通施工标准化体系。

本书撰写由苏州市轨道交通集团有限公司蔡荣，石家庄铁道大学岳祖润、胡田飞共同完成。具体撰写分工如下：蔡荣负责第1、2章，岳祖润负责第3～6章，胡田飞负责第7～12章。

在撰写本书过程中，作者得到了苏州轨道交通市域一号线有限公司尉胜伟、张峻洋、郭磊、吴强，石家庄铁道大学徐丽霞、李聪然、孙铁成、介少龙、王力、张宗凯、左张驰、崔钊、顾相涛、杜元浩的大力支持，在此表示特别感谢！

在撰写本书过程中，作者引用了大量的标准规范和管理办法，如果有新的标准规范、管理办法颁布，设计文件须按照最新颁布的标准规范和管理办法执行。本书在内容安排上难免存在不足，使用单位和人员可根据实际进一步细化要求，对未尽事宜也可进行补充完善。同时，由于作者水平有限，不当之处在所难免，敬请读者不吝指正，提出宝贵意见，以便改正。

目　录

第 1 章　施工现场信息化管理的标准化

1.1　施工现场信息化管理标准化的目的和对象

1.1.1　施工现场信息化管理标准化的目的

城市轨道交通建设涉及多个领域、多个流程，同时施工规模也在不断扩大，成本投入不断增加，这就需要对施工现场的人（人员）、机（机械）、料（材料）、法（工法）、环（环境）等数据进行管理，与传统管理工艺流程相融合，监管建设项目全生命周期。将施工过程中涉及的各部分、各阶段广泛应用计算机信息技术进行处理，对人、机、料、法、环等信息进行收集、储存、处理和交流的过程就是施工现场信息化[1-6]。

施工现场信息化管理的目的是提高城市轨道交通工程项目管理效率，降低项目管理的成本，加强工程项目管理的全面性，建立科学先进的管理办法，高效、快速的管理工具和清晰的管理流程，提升应用管理系统的水平，建设互相协同办公的信息共享平台，从而保障城市轨道交通建设项目的顺利实施[7-9]。

1.1.2　施工现场信息化管理标准化的对象

施工现场信息化管理标准化的对象包括以下两个内容：

（1）信息化管理系统。

（2）施工现场信息化管理。

1.2　信息化管理系统

1.2.1　联络通信系统

1. 建设目的

联络通信系统的建设目的包括：

（1）作业人员可以通过联络通信系统汇报生产安全隐患、事故情况、人员情况及请求救援等。

（2）调度室值班人员及领导下达通知撤离、告知逃生路线等指令。

（3）日常生产调度通信联络。

2. 建设内容

联络通信系统的建设内容包括：构建联络通信系统，明确联络通信系统的组成、功能、性能指标、维护与管理、技术资料的建设要求，满足总控制台的实施功能要求，保证联络通信系统的正常使用。通信设备指标包括通信距离、容量、终端设备输出功率、信号设备输出功率、无线设备工作频率、备用电源工作时间和传输性能。以上指标可作为有线通信系统及无线通信系统的选用依据。

1.2.2 门禁系统

1. 建设目的

门禁系统的建设目的包括：

（1）人员信息管理系统化，规范管理施工人员的基本信息。

（2）信息管理实时化，实时显示出入施工现场的人员信息及相关影像资料，便于施工单位随时掌握作业人员信息。

（3）考勤管理信息化，作为施工人员考勤依据，据此分析劳务用工效率、工种组合的合理性，进度是否满足工期节点要求等信息。

（4）保障建筑工地人员及财产的安全，同时作为处理劳务工资纠纷的依据。

2. 建设内容

门禁系统的建设内容包括：构建门禁系统，明确责任主体、基本功能、布设位置及信息采集详情。规范建设门禁系统，健全门禁系统运行管理体系，规范施工场地人员进出行为及考勤，保证系统的正常运行。

图 1-1 为苏州轨道交通 S1-TS-02 标渔家灯火站工区门禁系统，通过该系统管理人员可以方便掌握场内作业人员信息情况。图 1-2、图 1-3 分别为苏州轨道交通 S1-TS-10 标洞庭湖路站工区实名制通道和 S1-TS-06 标办公区与宿舍区实名制通道，通过实名制通道能够实现对人员身份的自动识别，实现通道闸门开关的自动控制，同时可以对访客进行授权和防止外人的闯入。

图 1-1　苏州轨道交通 S1-TS-02 标渔家灯火站工区门禁系统

图 1-2　苏州轨道交通 S1-TS-10 标洞庭湖路站工区实名制通道

图 1-3　苏州轨道交通 S1-TS-06 标办公区与宿舍区实名制通道

1.2.3　监控系统

1. 建设目的

监控系统的建设目的包括：

（1）满足施工现场实时监控、同步传输、语音对讲、远程视频输出等功能要求，视频信号分辨率应满足信息采集要求。

（2）监控施工现场各个施工部位，保障施工现场安全、施工操作规范。

（3）报告施工安全隐患，提前采取措施。

2. 建设内容

监控系统的建设内容包括：构建监控系统，明确构成方式、监控布设点、视频监控记录信息内容，完善视频监理员监督机制，做到监控系统无死角。

图 1-4 为渔家灯火站工区监控系统，通过该系统可以实现工区内每一个作业面、掌子面的视频监控，及时了解作业面情况，确保施工作业的正常运行。

图 1-4　苏州轨道交通 S1-TS-02 标渔家灯火站工区监控系统

1.3　施工现场信息化管理标准化具体内容

1.3.1　工程基本信息管理

1. 建设目的

工程基本信息管理的建设目的包括：

（1）通过应用大数据、云计算和物联网等技术，对工程基本信息进行集中管理，明确管理功能要求和实施监管要求，监管建设项目全生命周期。

（2）建立工程基本信息管理平台，实现对建设工程全生命周期的信息化、透明化、智能化管理。

2. 建设内容

工程基本信息管理的建设内容包括：构建工程基本信息管理平台，明确工程基本信息包含的内容，包括工程概况、建筑工程信息、工程管理信息等，概括各模块功能要求，实现工程基本信息透明化。

1.3.2　施工机械信息化管理

1. 建设目的

施工机械信息化管理的建设目的包括：

（1）通过应用大数据、云计算和物联网等技术，对施工机械信息进行集中管理，规范管理要求和监管要求。

（2）实现对设备实施全生命周期的信息化、痕迹化、智能化管理，包括设备档案、设备履历、运行监测、保养预警、故障与维修管理、设备可视化管理、统计分析等功能，并不断丰富和深化应用系统，提高设备运行维护的科学管理水平，支撑设备管理体系的有效运行。

2. 建设内容

施工机械信息化管理的建设内容包括：构建施工机械信息化管理系统，包括机械设备信息管理、巡检维保、特种设备监控系统、其他设备监控 4 个模块，概括各模块的功能要求，实现施工信息透明化、动态化管理。

图 1-5、图 1-6 分别为洞庭湖路站升降机安全监控系统和塔机安全监控系统，实时监测机械设备的运行状态，具备操作人员身份自动识别功能，防止非授权人员操作设备。

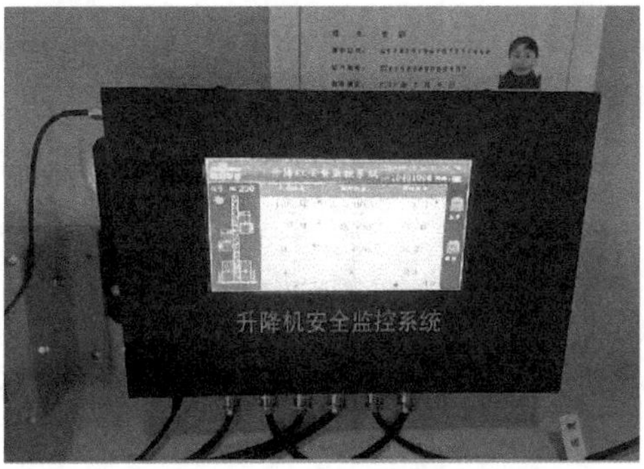

图 1-5　苏州轨道交通 S1-TS-10 标洞庭湖路站升降机安全监控系统

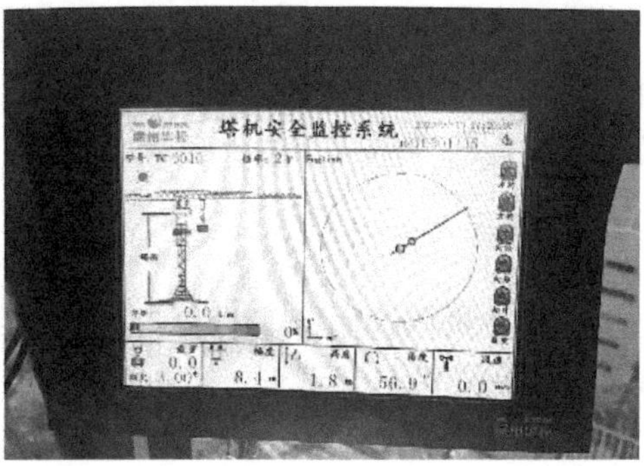

图 1-6　苏州轨道交通 S1-TS-10 标洞庭湖路站塔机安全监控系统

1.3.3　施工人员信息化管理

1. 建设目的

施工人员信息化管理的建设目的包括：对施工人员信息进行集中管理，实时动态更新施工人员工作信息及工作状态，保障施工人员权利，监督施工人员工作。

2. 建设内容

施工人员信息化管理的建设内容包括：构建从业人员实名制管理系统，主要进行人员信息采集、人员岗位职责管理、人员职业管理、门禁考勤管理、人员薪酬管理；概括管理系统的结构构成、功能要求及管理实施要点，实现人员信息的实名化、动态化管理。

1.3.4　施工材料信息化管理

1. 建设目的

施工材料信息化管理的建设目的包括：

（1）对施工材料信息进行集中管理，对材料进场情况进行实时监控，管理人员能随时了解主要材料的进场情况，对材料进场及使用进行有效管控。

（2）建立电子化施工材料台账，保证记录完整。

2. 建设内容

施工材料信息化管理的建设内容包括：建立施工材料信息化管理平台，登记施工材料信息、质量情况，动态管理进场、验收工作，施工材料台账电子化。

1.3.5 施工质量信息化管理

1. 建设目的

施工质量信息化管理的建设目的为：质量监管，即实现为城市轨道交通建设项目提供从业人员行为、建筑材料、工程变更、方案编制及审查、工程质量验收、技术资料及数字化档案等信息化、智能化技术支持。

2. 建设内容

施工质量信息化管理的建设内容为：构建施工质量信息化管理系统，包括从业人员行为管理、建筑材料管理、工程变更管理、方案编制及审查管理、工程质量验收及档案资料管理等内容。

1.3.6 施工环境信息化管理

1. 建设目的

施工环境信息化管理的建设目的包括：管控施工现场环境，了解施工现场环境概况；对可吸入颗粒物（粒径小于等于 10μm 的颗粒物，简称 PM_{10}）、细颗粒物（粒径不大于 2.5μm、大于 0.1μm 的颗粒物，简称 $PM_{2.5}$）、气象条件等进行实时监测和控制。

2. 建设内容

施工环境信息化管理的建设内容包括：构建施工环境信息管理系统，明确结构构成、系统构成、现场布设及功能要求；概括系统构成、功能要求要点，采集监测施工现场环境成分，保障绿色施工。

1.3.7 施工安全信息化管理

1. 建设目的

施工安全信息化管理的建设目的包括：保障工程的安全与质量，保证作业人员的安全。

2. 建设内容

施工安全信息化管理的建设内容包括：构建施工安全信息化管理系统，基本功能包括危大工程信息管理、危大工程安全检查和事故应急处置；明确安全管理要求，为施工单位、建设单位及监理单位提供安全注意要点。

1.4　施工现场信息化管理标准化实施细则

1.4.1　实施细则说明

施工现场信息化管理是城市轨道交通建设项目管理的重要组成部分，是保障工程质量和安全的重要环节，是控制工程进度的关键因素，其主要任务包括建立联络通信系统、门禁系统、监控系统等，确保施工人员安全、施工工序正确、财产无损失。

应用计算机技术对施工现场进行信息化管理，管理对象包括工程基本信息、施工机械、施工人员、施工材料、施工环境、施工安全等。

1.4.2　联络通信系统

联络通信系统可实现录音、强拆、强插、全呼、组呼、一键直拨的调度功能，总调度室可直接通过调度台控制系统内的所有用户，总调度台能够和各地点之间实现通话、强插、录音。

1. 组成

联络通信系统由控制中心、调度台、中继器、信号装置（电话交换机或无线基站、编解码器）、终端设备（固定电话或移动电话、播音器）、电源、电缆、接线盒、避雷器和其他必要设备组成。

2. 功能

（1）终端设备与控制中心或调度台之间双向通信。

（2）控制中心组呼、全呼和插播。

（3）识别终端设备的位置和编号。

（4）查询通信历史记录。

（5）使用权限、信息提取等人机对话功能。

（6）报警和避险。

3. 性能指标

（1）供电电压在产品标准规定的允许电压波动范围内。

（2）系统通电试验时间不小于 7d，主要功能和主要技术指标不低于相关标准的要求。

（3）具备射频电磁场辐射、电快速瞬变脉冲等因素的抗干扰能力。

（4）系统平均无故障时间不宜小于 800h。

4. 维护与管理内容

（1）定期进行巡视和检查，发现故障及时处理并填写故障登记表。

（2）系统控制中心应24h有人值班，值班人员应认真填写设备运行和使用记录。遇到异常情况或报警信息后，值班人员应立即采取应急措施并记录备案。

（3）应定期检查系统，保证设备状态良好、工作正常。

5. 技术资料

（1）绘制系统设备布置图，注明设备分布情况、设备类型、安装位置、供电方式、通信方式、传输线连接方式等，并根据实际情况的变化进行修改。

（2）系统历史数据应每月进行备份，备份数据保存1年以上。

（3）系统操作人员和维护人员应培训合格，持证上岗。

1.4.3 门禁系统

轨道交通建设工程施工现场全面实施门禁智能监控，所有正在施工基坑、竖井等施工区域人员出入口均安装门禁智能监控系统。该系统能实时显示出入施工现场的人员信息及相关影像资料，便于施工单位随时掌握作业人员信息。

（1）建设单位是门禁系统的总负责单位，施工单位是门禁安装调试、使用及运行维护的责任主体单位，监理单位是门禁监控工作的责任主体单位。

（2）门禁系统应具有可视、互联、非卡报警、抓拍、人员档案同步读取、人员分类统计、记录查询等功能。

（3）门禁系统应可以使用IC、ID卡或者人脸识别、指纹等生物识别方式。结合智能速通门，门禁系统应实现通道闸门开关的自动控制。

（4）明挖基坑施工封闭区域、暗挖、盾构、施工竖井出入口设置门禁监控系统，出入现场人员必须携带门禁卡。

（5）施工现场设门禁监控室及监控平台。施工单位应及时将参建人员的姓名、性别、身份证号、单位、照片、岗位等信息录入门禁监控平台。

（6）门禁系统实现的功能包括：

① 安全防范功能：对未授权者实行有效隔离，红外探测系统能有效防止尾随、跟随、反方向进入、潜伏、跨越等现象的发生。

② 安全保护功能：提示通行状态、断电处理、紧急疏散、防门翼打伤。

（7）访客管理系统分为单点式管理模式和多点式联机管理模式。

① 单点式管理模式仅需一个智能访客管理系统，将系统控制点设置在主要通行区域内，在安保人员可视范围内进行人员管理。

② 多点式联机管理模式是在系统内架设多个管理系统控制点，系统内部使用同一数据库，每个控制点位均可对区域内通道系统进行管理控制。

1.4.4 监控系统

（1）监控现场布设摄像机，依托 IP 承载网络或 4G、5G 网络构建数字化、网络化、智能化的现场视频监控系统。

（2）视频监控系统具有实时监控、同步传输、语音对讲、远程视频输出等功能，视频信号最大分辨率应达到 1920 像素×1080 像素。

（3）轨道交通建设工程施工现场，在每一个作业面、掌子面安装视频监控系统，监控摄像头应具有变焦、自动转向和通话联络、远程数据传输和视频实时监控等功能，确保视频监控能够覆盖所有正在施工作业面。

（4）视频监控记录信息主要内容包括：

① 暗挖工程：超前支护、土方开挖、钢格栅架设、喷射混凝土、背后注浆等工序的施工情况。

② 明挖基坑工程：基坑侧壁渗水情况，开挖、支护、支撑体系施工、周边堆载等工序的施工情况。

③ 现场作业人员和各方管理人员工作情况及现场安全防护情况。

（5）视频监控过程中发现有违规行为、安全隐患时，视频监控人员应及时抓拍、记录，并报告安全监理工程师。

（6）施工单位应建立健全视频监控系统运行维护管理体系，定期组织系统的保养检修，确保系统的正常运行。

（7）视频监控人员实时监控所有正在施工作业面情况，及时形成书面监控信息记录，当发现施工异常情况时，及时形成专项视频监控信息记录。

1.4.5 工程基本信息管理

（1）建立工程基本信息管理平台，实现对工程全生命周期的信息化、透明化、智能化管理。

（2）工程基本信息功能模块内容包括工程概况和工程管理信息统计，用于统计建筑工程信息及综合管理信息。

（3）工程基本信息管理平台能展示项目名称、地址、规模、类型、参建单位等项目基本信息。

（4）工程基本信息管理平台能查询工程勘察设计审查证明文件、招标投标证明文件、合同证明文件、施工许可、质量安全监督、绿色施工措施等信息。

（5）工程基本信息管理平台具备远程和移动智能终端查看项目基本信息和工程数据的功能。

（6）工程基本信息管理平台具备项目经理、技术负责人、总监理工程师等重要人员信息存档查询功能。

1.4.6　施工机械信息化管理

（1）建立施工机械信息化管理系统，分为机械设备信息管理、巡检维保、特种设备（如塔式起重机和升降机）监控系统和其他设备监控 4 个子系统，实现对设备实施全生命周期的信息化、痕迹化、智能化管理，支撑设备管理体系的有效运行。

（2）机械设备信息管理系统应建立统一机械设备信息库，包括设备类型、详细信息、二维码等内容。

① 信息库内容包含机械设备产权、安（拆）单位、从业人员等信息。

② 机械设备信息管理系统具备机械设备使用信息记录功能，包含安装、监测、使用、拆卸及注销的备案。

（3）巡检维保包括设备巡检、设备维保，具备机械设备运维信息推送及记录功能，包含机械设备检查、维修、维护和保养记录。

（4）塔式起重机监控功能包括：

① 实时监测塔式起重机运行状态数据，可实现本地显示、在线传输。

② 具备塔机防碰撞监控、预测功能；具备吊钩视频跟踪功能，可实时跟踪吊钩位置，操作司机可直观、实时观察吊重过程。

③ 具备塔式起重机运行状态数据统计、分析、查询功能，可实现监控设备故障报警、违规驾驶行为报警功能。

④ 具备操作人员身份自动识别功能，非授权人员不允许进入和操作塔式起重机。

（5）升降机监控功能包括：

① 实时监测升降机运行状态，可实现本地显示、在线传输。

② 具备保护控制功能，实现人载保护、物载保护、锁车保护、控制保护、楼层呼叫、视频拍照、防倾翻保护、防坠保护及设备自检功能。

③ 具备升降机运行状态数据统计、分析、查询功能，能显示升降机设备的正常、预警、告警工作状态。

④ 具备操作人员身份自动识别功能，非授权人员不允许进入和操作升降机机械设备。

（6）其他设备监控应包括油料监控、全球定位系统（global positioning system，GPS）定位、行车轨迹。

（7）机械管理根据施工进度计划模拟，合理安排机械设备的进、出场时间。机械设备进场时，管理人员可以查询了解进场机械设备在施工场地中的位置和使用情况；机械设备退场时，管理人员可以及时找到机械设备。

1.4.7　施工人员信息化管理

（1）建立从业人员实名制管理系统，进行人员信息采集、人员岗位职责管理、人员职业管理、门禁考勤管理、人员薪酬管理。

① 从业人员实名制管理系统产品终端由手持 POS 终端、读卡器、卡片共同组成。

② 从业人员实名制管理系统具备人员基本信息采集、查询、变更功能。

③ 从业人员实名制管理系统具备岗位能力要求设置、人员资质审核功能。

④ 从业人员实名制管理系统具备管理人员、特殊工种技术人员的入职、离职、培训和安全教育流程管理功能。

⑤ 从业人员实名制管理系统设置门禁考勤设备，覆盖工地生产区所有出入口；考勤信息与施工现场出入通道闸机联动，能即时显示人员身份信息。

⑥ 从业人员实名制管理系统具备薪资发放记录功能，具备薪资发放按月、按人统计、查询功能。

（2）设立单独的人员进出口，实现现场封闭式管理；项目部进出口布设考勤机与闸机，做到办公区与施工区双考勤，经过门闸机进入施工区。

（3）劳务人员作业场地内行动实行“一卡通”模式，行动包括进出场、吃饭、洗衣、淋浴、购物等。

（4）建立劳务门禁数据库，记录工人进出场刷卡记录，形成工人出勤统计。

（5）项目部与劳务人员联动管理，如实记录人员行为、安全教育、特殊工种教育、体检记录等数据。

（6）通过刷卡信息对比作业面实际人数与计划人数，调整人员补给。

1.4.8　施工材料信息化管理

（1）建立施工材料信息化管理平台，记录与管理施工材料信息、质量情况，动态管理进场、验收工作，施工材料台账电子化。施工材料信息化管理平台包括材料台账、材料计划、智能地磅系统、材料进出场、材料验收功能。

① 材料台账包括主材、地材、辅材台账，具备建筑材料检测数据现场采集、在线传输功能。

② 材料计划包括系统对接、计划台账。

③ 智能地磅系统包括电子磅单、发货提醒、物流定位。

④ 材料进出场包括进场、出场、调拨，具备建材现场取样唯一性识别功能，以及建筑材料检测数据统计、分析、查询和预警功能。

⑤ 施工材料信息化管理平台具备建筑材料相关检测机构和人员的资质、资格查询功能。

（2）建议关联建筑信息模型（building information modeling，BIM），实现材料的可追溯[10]。

1.4.9　施工质量信息化管理

（1）建立施工质量信息化管理系统，基本功能包括从业人员行为管理、建筑材料管理、工程变更管理、方案编制及审查管理、工程质量验收及技术资料管理等。

（2）从业人员行为管理内容包括核验关键岗位从业人员资格，建立人员质量行为记录档案，人员电子签章授权及存样。

（3）工程变更管理应具备变更台账信息化管理，变更可追溯。

（4）方案编制及审查管理应具备施工方案分析和审查的信息化管理功能，关联施工工程管理，及时提出预警。

（5）工程质量验收管理功能包括：

① 具备质量问题及处理全过程的信息化管理功能。

② 关键环节或部位的管理，实现行为信息、施工信息的采集和管理。

③ 具备施工进度记录和管理功能。

④ 检验批、分项、子分部、分部、子单位工程、单位工程及工程验收过程的行为信息、质量信息的采集和信息化管理。

⑤ 可及时发现工程隐患、操作不规范行为，及时发出警示和整改信息给相关责任人，实现工序验收的信息化管理。

（6）技术资料管理应关联岗位及责任人，推行电子签章和无纸化管理，技术资料逆向定位，关联 BIM 建造模型[11]。

1.4.10　施工环境信息化管理

（1）管控施工现场环境，记录施工现场环境条件，建立扬尘、噪声监测管理子系统，对颗粒物 PM_{10}、$PM_{2.5}$ 及气象等数据进行实时监测。

（2）扬尘、噪声监测管理子系统包括在线监测仪、数据传输网络、监控管理平台和远程访问 4 个部分。

① 在线监测仪分为固定式在线监测仪和移动式在线监测仪。

② 数据传输网络包括传感网、无线网、因特网三大网络，用于传输数据，以快速便捷地更新实时监测数据。

③ 监控管理平台实现数据调取、存储、用户管理等功能。

④ 远程访问授权政府监管部门、轨道交通建设单位等，使用计算机、手机通过互联网查看详细数据。

（3）扬尘监测系统包含喷淋系统，喷淋系统分为塔吊喷淋和地面喷淋。

（4）扬尘监测系统设置不少于 1 个扬尘 PM_{10}、$PM_{2.5}$ 监测点，具备实时监测、本地显示、在线传输、离线传输等功能，具备扬尘数据统计、分析、查询功能，支持现场声光报警与远程报警两种方式。

（5）噪声监测系统设置不少于 1 个噪声监控点，具备噪声实时监测、本地显示、在线传输、离线传输等功能，具备噪声数据统计、分析、查询功能，支持现场声光报警与远程报警两种方式。

1.4.11　施工安全信息化管理

施工安全信息化管理的基本功能包括危大工程信息管理、危大工程安全检查和事故应急处置。

1. 危大工程信息管理

危大工程信息管理系统具备工程危险源数据采集记录、查询、分析功能，可建立静态危险源数据库。危大工程信息管理系统的功能包括：

（1）危大工程信息管理系统具备危大工程施工方案和应急事故处置预案电子记录、电子审批、电子签名功能。

（2）危大工程信息管理系统具备危大工程施工进度监测功能。

（3）危大工程信息管理系统具备动态危险源电子记录和自动上报功能。

（4）危大工程信息管理系统具备危大工程实施过程的变更、检查、验收电子记录功能。

（5）危大工程信息管理系统具备危大工程分级管控功能。

2. 危大工程安全检查

危大工程安全检查要求在施工现场重点安全管控区域设置技术监测设备，具备重点安全管制区域实时在线监测功能和数据在线传输功能。危大工程安全检查的功能包括：

（1）危大工程安全检查要求在管控区域边界形成“防护墙”，及时发现入侵人员，执行报警行为。

（2）危大工程安全检查要求具备对监测和记录数据信息统计、查询、分析功能，具有及时发现隐患问题，即时预警功能。

（3）危大工程安全检查要求具备现场流程化、协同化安全管理功能，实现对施工现场的安全管理、检查（随机抽查）记录、整改通知及回复等的全过程电子记录。

（4）危大工程安全检查要求具备危大工程问题发现、分派、整改与消项，总包、监理、建设方的协同工作全过程电子记录功能。

（5）危大工程安全检查要求具备危大工程隐患问题实时上报功能。

3. 事故应急处置

事故应急处置应实现现场施工方、监理方、建设方的三级安全监管体系，具备事故及安全隐患问题逐级预警功能。事故应急处置具有应急预案任务自动启动、显示和下发功能，具备事故自动上报至综合信息管理平台功能。

第 2 章　施工场地的标准化

2.1　施工场地标准化的目的和对象

2.1.1　施工场地标准化的目的

工地是各种建设要素的集合，是实施标准化管理的载体。施工场地是展示企业形象的重要因素，与施工成本、施工质量有重要关系。在施工场地规划过程中，要深入研究相关合同文件，做好场地周围环境调查，根据当地拆迁、地下管线和工期安排等因素，选择最优设计，以便后续工序顺利开展。

标准化工地是指将工地管理工作内容具体化、定量化、系统化，把现场布置、检查内容和检查方法等转化为工作标准，实现现场“规范化”、布局“科学化”、培训“经常化”、生活“秩序化”[12]。本章的主要对象为施工场地的办公区、生活区和辅助生产区。施工生产区布局规划内容见第 6～10 章施工标准化研究。

2.1.2　施工场地标准化的对象

施工场地标准化的对象[13-14]包括：

（1）场地总体规划布局的标准化。

（2）办公区、生活区设施建设的标准化。

（3）辅助生产区设施建设的标准化。

（4）施工场地环境保护方案。

（5）施工人员行为。具体内容见 2.6.18 节。

2.2　施工场地总体规划布局的标准化

2.2.1　功能区划分

影响地铁车站及区间隧道施工场地划分的因素众多，需要分期布置，安全环保要求高，受交通疏解、工期影响较大。因此，城市轨道交通建设场地与一般铁路工程项目施工场地的区别较大。

按照功能划分，现场施工区域分为办公区、生活区、施工区、设备材料存放区等。施工区是施工现场的重要区域，要满足整洁、有秩序和安全等要求。材料是施工的重要物资，材料的堆放和分布对施工过程质量控制至关重要，因此应当有专人负责管理，严格按照施工平面图布置，堆放要满足使用方便、节约占地、整洁美观的要求。

2.2.2　施工场地总体规划布局的内容

1. 视觉形象

施工现场的视觉形象主要通过规范施工总平面规划及规范临建搭设、机械设备、安全设施、安全防护、标志、标识牌等样式，达到现场视觉形象统一、整洁、美观的整体效果。

2. 模块化管理

现场施工总平面按实际功能划分为各个模块，包括办公区、生活区、施工区、设备材料存放区等。各模块区由混凝土道路、砖砌围墙、彩钢板、钢管栏杆分隔。

3. 施工区域化管理

实行安全文明施工责任区域化管理，由彩钢板围挡或砖砌围墙围护、封闭，实行定置管理。

4. 场区围墙

正式开工前修筑围墙，便于安全保卫工作。围墙采用砖砌或彩钢板，围墙外侧按要求进行统一样式的粉刷和装修。

5. 施工场地

施工工地保持平整，布置"十三牌三图"(工程项目概况牌、工程质量终身责任制公示牌、管理人员名单及监督举报电话牌、危险性较大工程公示牌、安全生产天数记录牌、安全文明标语牌、安全生产牌、安全纪律牌、十项安全措施牌、文明施工牌、消防保卫牌、工地环境卫生管理制度牌、农民工工资维权公示牌，施工总平面布置图、消防器材布置及逃生路线图、安全文明施工责任图)，各类标识牌、警示牌齐全。现场材料设备堆放实行分区堆放，定置化管理。生活区、办公区和施工区主要道路采用混凝土路面，保持排水畅通。桩基施工、基坑、沟道开挖出的土方必须尽快清理运走，并堆放到指定的弃土场。

6. 机具

进入施工工地的机械设备、工器具等必须经过整修、油漆，标识清楚，确保完好、美观；机械设备安全操作规程牌悬挂应美观、规范、醒目；中、小型机具在现场露天使用的，应设置牢固、适用的防雨设施。

7. 标准化场地设施

标准化场地设施分为四大类：

(1) 宣传类，含宣传栏、标语、彩旗、灯箱等。

(2) 区域维护类，含钢管围挡等。

（3）废料垃圾回收类，含各类废品分类回收设施、危险品存放点等。

（4）标识类，含设备、材料、物件、场地标识，规程、规范、职责等。

现场的标识牌、警示牌应采用美观规范的标牌与喷绘文字，采用可靠的悬挂和摆设装置。

8. 绿化

有条件时应在现场设置绿化带，办公区、生活区员工宿舍门前、场边种植花草树木。

施工设施包括施工场地设施和施工生产设施。施工设施指与施工行为直接相关的设施，包括临边防护等安全防护设施、用电设施、通风设施、个人防护设施、应急救援设施等。本章所提及的均为施工场地设施。

2.2.3 施工场地总体规划布局的交通疏解

首先调查施工范围周边道路设施情况、两侧用地和建设情况、交通管理情况及公共交通情况和站点设置情况，然后确定施工围挡范围对机动车道、非机动车道及人行道的影响情况、对公交车站和公交线路的影响情况及对周边现状建筑进出的影响情况等。施工场地总体规划布局的交通疏解方案包括：

（1）通过对施工期间的交通组织研究，挖掘现有道路的潜力，采取交通疏导的分流策略和控制措施，减轻相关道路及整个区域的交通压力。

（2）合理分配可利用设施的路权，设置合理的交通指示标志，采用适当的引导措施，减小施工对城市交通的影响，为受影响的现状建筑找到出路。

2.2.4 施工场地总体规划布局

施工生产区、辅助生产区的布置应按工序有效衔接、布局紧凑等原则，根据工程地形地貌、城市周边环境及场地大小，规划施工现场平面布置，设计现场标牌、施工便道、施工用水用电、临时房屋、钢筋棚、料场、泥浆池、弃土场等的具体位置及详细布置图，达到“一通、二无、三整齐、四清洁、五不漏、六到位”的要求[15]。

一通：交通平整畅通，交通标志明显。

二无：无头（无木材头、无焊接头、无钢材头）、无底（无砂底、无碎石底、无砂浆底、无垃圾废土底）。

三整齐：钢材、水泥、砂石料等材料规格、型号、品种堆放整齐，构件、模板、方木、脚手架堆码整齐，机械设备、车辆摆置整齐。

四清洁：施工现场清洁，环境道路清洁，机具设备清洁，现场办公室、休息室、库房内外清洁。

五不漏：不漏油、不漏水、不漏风、不漏气、不漏电。

六到位：材料标识到位、操作规程到位、安全防护到位、检查整改到位、形象建设到位、现场监管到位。

苏州轨道交通 S1 线城铁花桥站施工现场平面图如图 2-1 所示。苏州轨道交通 S1 线洞庭湖路站场布及消防平面布置图如图 2-2 所示。

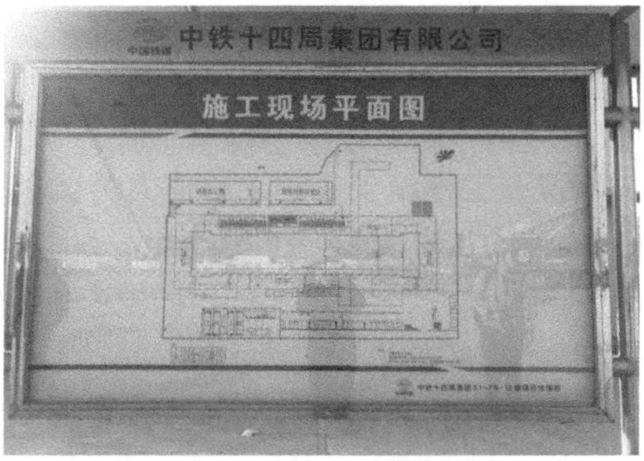

图 2-1　苏州轨道交通 S1 线城铁花桥站施工现场平面图

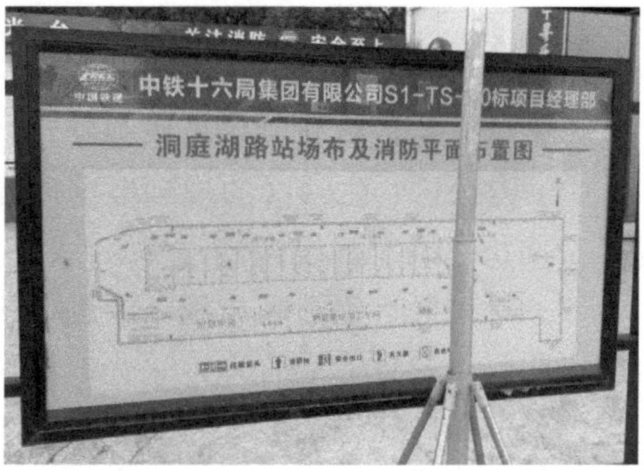

图 2-2　苏州轨道交通 S1 线洞庭湖路站场布及消防平面布置图

2.3　施工场地办公区、生活区设施建设的标准化

2.3.1　办公区、生活区的规划与建设

办公区、生活区规划应当遵循“管理方便、规模适度、经济合理、简洁大方、满足需要”的原则。

1. 相关设施

根据办公区、生活区的主要功能，相关设施包括：

（1）临时建筑：办公室、会议室、资料室、接待室、食堂、餐厅、宿舍、浴室、盥洗室、卫生间等。

（2）临时设施：大门、门卫室、旗台、花坛、绿化、停车场、洗衣台、空调、隔油池、化粪池等。

（3）临水临电系统：配电室、电路、电箱、照明、供水管理、排水管理等。

（4）其他：消防、标识标语及宣传，胸卡、工作服、安全帽、“十三牌三图”、宣传栏、读报栏、进度牌、门牌、办公室内外标识标牌、徽标、会议室内外标识标牌、围挡内外宣传等。

2. 主要内容

办公区、生活区规划与建设的主要内容包括：

（1）确定标段项目部或现场办公区、生活区的规模、功能及主要设施。

（2）确定办公区、生活区各类设施的平面布置形式。

（3）确定办公区、生活区各类设施的大小、方位和相互关系。

2.3.2　办公区、生活区规划的要求

办公区、生活区规划的要求包括：

（1）办公区、生活区的规划根据项目的具体情况、工程施工高峰期所需人员数量和施工工期长短确定建设规模。

（2）办公区、生活区与施工区进行统筹规划，划分清晰，隔离设置；生活区与办公区分区明显，总体布局合理，采光、通风设计合理，环境整洁。

（3）劳务队伍办公区、生活区应纳入项目部总体规划，统筹安排，并监督实施，由项目部统一建设。

（4）施工作业面较多时，应当按照主次区别设置多个办公区、生活区。

（5）消防通道宽度（不小于 4m）满足要求；消防设施及器材品种齐全，数量足够，性能完好；按区域明确安全保卫、卫生、消防及消防器材责任人。

（6）生活配套设施齐全，规格达到有关标准要求，丰富职工文化生活；食堂设置隔油池，厨房与燃气瓶存放点分开设置，并符合安全距离的要求；卫生间、淋浴房设简易化粪池或集粪池，加盖并定期喷药，安排专人清洁。

苏州轨道交通 S1-TS-02 标、S1-TS-06 标办公区、生活区规划现场图如图 2-3～图 2-16 所示。

图 2-3　苏州轨道交通 S1-TS-02 标项目经理部

图 2-4　苏州轨道交通 S1-TS-02 标项目部会议室

图 2-5　苏州轨道交通 S1-TS-02 标项目部办公室

图 2-6　苏州轨道交通 S1-TS-06 标办公区

图 2-7　苏州轨道交通 S1-TS-06 标办公区旗台

图 2-8　苏州轨道交通 S1-TS-06 标办公区绿化

图 2-9　苏州轨道交通 S1-TS-06 标科技创新工作室

图 2-10　苏州轨道交通 S1-TS-06 标培训中心

图 2-11　苏州轨道交通 S1-TS-02 标生活区简易房

图 2-12　苏州轨道交通 S1-TS-06 标生活区宿舍

图 2-13　苏州轨道交通 S1-TS-06 标生活区操场

图 2-14　苏州轨道交通 S1-TS-06 标生活区排水沟及地面硬化

图 2-15　苏州轨道交通 S1-TS-06 标生活区食堂

图 2-16　苏州轨道交通 S1-TS-02 标生活区浴室

2.4　施工场地辅助生产区设施建设的标准化

2.4.1　辅助生产区的规划原则

辅助生产区应遵循“统筹规划、干扰最小、经济合理、美观大方”的原则进行规划；辅助生产区布置应有利于提高施工生产效率，降低工程建设成本，符合绿色施工要求，实现“四节一环保”（节能、节材、节水、节地和环境保护）。

2.4.2　辅助生产区的规划与建设内容

辅助生产区的规划与建设内容包括：

（1）确定各类临时设施、临时建筑、加工场、堆场的具体位置和布置形式，确定盾构场地内管片堆放场地、渣土坑、搅拌站的布置位置，确定砂石料的堆放场地。

（2）确定施工现场运输道路的引入和其他运输设施的布置，施工道路规划永临结合，实现人车分流，形成环形通路，降低场内运输费用，保障交通安全。

（3）确定施工现场龙门吊、塔吊等的基础形式，以及安装位置和安装时间，确定盾构机组装、下井、吊出、转场等场地。

（4）确定风、水、电设施的接入口、安装位置和通路。

（5）确定场地内排水系统的布置；确定地面硬化范围；设置排水沟，场内平整不积水。

（6）施工区和办公区、生活区划分明显，并设置标准的分隔设施；布设“十三牌三图”，安全标志牌、物资设备标识牌齐全、规范，布设位置合理；材料堆放整齐，满足有关要求。

2.4.3　辅助生产区规划的要求

辅助生产区规划的要求包括：

（1）辅助生产区的规划应实行封闭管理。

（2）确定设计材料堆放区、钢筋加工区、车行区、设备作业区、出土区等的面积；

合理布设作业人员及设备，尽量减少不同场地之间及同一场地内部专业工种和设备之间的相互交叉干扰。

（3）施工便道、场内道路设置黄色油漆限界，材料堆放区、加工区、半成品及成品区采用黄色油漆进行区域划分，黄色油漆条涂刷宽度为 20cm。

（4）施工场地应统筹考虑排水设施，场内平整不积水，严禁在基坑边缘设置排水沟、积水槽。

（5）施工现场临时用电符合《施工现场临时用电安全技术规范》（JGJ 46—2005）的有关要求。

（6）消防通道宽度不小于 4m，消防设施及器材品种齐全、数量足够、性能完好，噪声、大气污染、光污染、废浆、污水、渣土等控制措施完善。

（7）施工现场危险部位应当设置明显的安全标识标牌，标识标牌的制作符合《安全标志及其使用导则》（GB 2894—2008）和《安全色》（GB 2893—2008）的有关要求。

（8）施工现场机械设备布置有序，设备安全操作规程牌尺寸和颜色应统一制作，并悬挂于醒目位置。

苏州轨道交通 S1 线部分路段辅助生产区现场图如图 2-17～图 2-28 所示。

图 2-17　苏州轨道交通 S1 线洞庭湖路站施工围挡

图 2-18　苏州轨道交通 S1 线洞庭湖路站施工区大门

图 2-19　苏州轨道交通 S1 线鹿城路站工程概况牌

图 2-20　苏州轨道交通 S1 线白马泾站施工区标识

图 2-21　苏州轨道交通 S1-TS-06 标施工区文化长廊

图 2-22　苏州轨道交通 S1 线洞庭湖路站现场值班室

图 2-23　苏州轨道交通 S1 线白马泾站钢筋加工棚

图 2-24　苏州轨道交通 S1 线鹿城路站盾构物资配送中心

图 2-25　苏州轨道交通 S1 线洞庭湖路站渣土坑

图 2-26　苏州轨道交通 S1 线洞庭湖路站氧气/乙炔存放区

图 2-27　苏州轨道交通 S1 线鹿城路站管片存放区

图 2-28　苏州轨道交通 S1 线洞庭湖路站成型间

2.5　施工场地环境保护方案的标准化

城市轨道交通施工的重大环境因素主要为施工噪声、振动的环境影响，对城市生态的影响，施工产生的废水、扬尘和固体废弃物的环境影响。

2.5.1　施工噪声

1. 施工噪声的来源及危害

《中华人民共和国噪声污染防治法》规定，建筑施工噪声是指在建筑施工过程中产生的干扰周围生活环境的声音。工程噪声源包括施工机械、施工活动和运输车辆。噪声敏感建筑物是指用于居住、科学研究、医疗卫生、文化教育、机关团体办公、社会福利等需要保持安静的建筑物。

2. 施工噪声控制的要求

（1）严格执行《建筑施工场界环境噪声排放标准》（GB 12523—2011）要求，在各施工阶段尽量选用低噪声的施工工艺和设备。

（2）施工机械或活动产生的噪声若超标造成环境污染，除抢险施工外，作业时间为 7:00～12:00 和 14:00～22:00；对于工艺必须连续施工的，需要办理夜间施工许可证。

（3）噪声超标时立即采取相应的降声措施，并按规定缴纳超标准排污费。

（4）施工场地合理布局，优化作业方案和运输方案，保证施工安排和场地布局尽量减少施工对居民生活的影响，减少噪声的强度和敏感点受噪声干扰的时间，超标严重的施工场地安设必要的噪声控制设施。

（5）对自备发电机进行隔声处理，有电力供应时不许使用自备发电机。

2.5.2 施工振动

1. 施工振动的来源及危害

施工作业会引发建筑振动。建筑振动会对精密仪器及设备造成损害，同时会对人体舒适性造成影响。施工振动源主要包括重型施工机械、锤击和振动法打桩、振冲法处理地基及基坑开挖（开挖阶段的振动影响通常在30m以内）。影响敏感区包括用于居住、科学研究、医疗卫生、文化教育、机关团体办公、社会福利等建筑。

2. 施工振动控制的要求

施工振动控制的要求包括执行《城市区域环境振动标准》（GB 10070—1988）中的要求，对邻近建（构）筑物事先详查、做好记录，对可能造成的危害采取加固等预防措施。其余控制措施与施工噪声的基本相同。

2.5.3 城市生态

1. 对城市生态的影响

施工场地对城市生态的影响包括施工过程中容易造成对城市绿化的破坏，影响城市景观及市容市貌；施工占地阻塞交通，造成不便。

2. 城市生态保护的要求

（1）在施工范围内严格遵守国家和地方政府有关环境保护的法令、法规及其他相关规定，对施工活动范围内的环境予以认真保护。临时占用绿地经过报批、交费并及时恢复；砍伐或迁移树木办理报批、交费手续，不随意修剪树木；古树名木按要求进行特殊保护。

（2）施工照明灯的悬挂高度和方向以不影响居民夜间休息为原则。

（3）严格履行各类用地手续审批程序，按划定的施工场地组织施工，不乱占地，不多占地。

（4）在施工场地周围出示安民告示，以求得附近居民的理解和配合。

（5）在施工工地场界处设实体围蔽，不在围蔽外堆放物料、废料。

（6）施工结束后及时撤场，并尽快按要求恢复。

2.5.4 水污染

1. 水污染的来源及影响

水污染的来源包括施工泥浆水、基坑排水、车辆冲洗水、施工人员生活污水、雨季地表径流。水污染的影响包括污染受纳水体，堵塞城市排水系统，引起水浸街。

2. 水污染控制的要求

（1）废水排入城镇下水道，悬浮物严格执行《污水综合排放标准》（GB 8978—1996）的三级标准400mg/L；废水排入自然水体，悬浮物严格执行《污水综合排放标准》（GB 8978—1996）的二级标准150mg/L。

（2）根据排水网的走向和过载能力，选择合适的排口位置和排放方式。

（3）在开工前完成工地排水和废水处理设施的建设，保证工地排水和废水处理设施在整个施工过程中的有效性，做到现场无积水，排水不外溢、不堵塞，水质达标。

（4）回填土堆放场、泥浆水产生处设沉淀池，沉淀池的大小根据排水量和所需沉淀时间确定。

（5）钻孔桩的施工现场设置有效的废浆处理设备。

（6）制订雨期、汛期的排水应急工作方案，避免废水无组织排放、外溢、堵塞下水道等污染事故发生。

（7）施工现场设置专用油漆、油料库，库房地面做防渗漏处理，储存、使用、保管由专人负责，防止油料跑、冒、滴、漏，污染土壤及水体。

2.5.5　大气污染

1. 大气污染的来源及影响

大气污染的来源包括运输、开挖机械等产生的扬尘、粉尘、废气。大气污染的影响包括地铁施工中的扬尘污染，主要指道路与管线铺设、物料运输、物料堆放、道路保洁等活动产生的粉尘颗粒对大气造成的污染。主要污染物包括水泥、砂石、灰土、建筑垃圾、渣土等。

2. 大气污染控制的要求

（1）对易产生粉尘、扬尘的作业面和装卸、运输过程，制订操作规程和洒水降尘制度，在旱季和大风天气适当洒水，保持湿度。

（2）合理组织施工，优化工地布局，使产生扬尘的作业、运输尽量避开敏感点和敏感时段（室外多人群活动的时段）。

（3）严禁在施工现场焚烧任何废弃物和会产生有毒有害气体、烟尘、臭气的物质，熔融沥青等有毒物质时要使用封闭和带有烟气处理装置的设备。

（4）水泥等易飞扬细颗粒的散体物料尽量安排库内存放，堆土场、散装物料露天堆放场要压实并有覆盖物。

（5）车辆出场冲洗车轮，减少车辆携土量。

（6）拆除构筑物时有防尘遮挡，在旱季适量洒水。

（7）使用清洁能源，炉灶符合烟尘排放规定。

（8）施工前做好施工道路的规划和设置，临时道路基层夯实、路面硬化。

2.5.6　固体废弃物

1. 固体废弃物的来源及危害

污染源 1：工程弃土、建筑垃圾。
影响：城市环境卫生、雨季泥土流失。
污染源 2：生活垃圾。
影响：城市环境卫生。

2. 固体废弃物控制的要求

（1）减少回填土方的堆放时间和堆放量，堆土场周围加护墙护板。

（2）制订泥浆和废渣的处理、处置方案，选择有资质的运输队伍，及时清运施工弃土和渣土，建立登记制度，防止中途倾倒事件发生并做到运输途中不撒落。

（3）选择对外环境影响小的出土口、运输路线和运输时间。

（4）剩余料具、包装及时回收、清退。对可再利用的废弃物尽量回收利用。各类垃圾及时清扫、清运，不随意倾倒，每班清扫，每日清运。

（5）保证回填土的质量，不得将有毒有害物质和其他工地废料、垃圾用于回填。

（6）施工现场无废弃砂浆和混凝土，运输道路和操作面落地料及时清运，砂浆、混凝土倒运时采取防落措施。

（7）教育施工人员养成良好的卫生习惯，不随地乱丢垃圾、杂物，保持工作和生活环境的整洁。

（8）严禁垃圾乱倒、乱卸或用于回填。施工现场设置垃圾站，各类生活垃圾按规定集中收集，每班清扫，每日清运。

苏州轨道交通 S1 线部分路段环境保护处理设施或场地如图 2-29～图 2-36 所示。

图 2-29　苏州轨道交通 S1 线白马泾站车辆冲洗设施

图 2-30　苏州轨道交通 S1 线鹿城路站施工场地硬化

图 2-31　苏州轨道交通 S1 线城铁花桥站雾炮

图 2-32　苏州轨道交通 S1 线渔家灯火站洒水车

图 2-33　苏州轨道交通 S1 线渔家灯火站施工区垃圾分类投放站

图 2-34　苏州轨道交通 S1 线洞庭湖路站施工区洗手间

图 2-35　苏州轨道交通 S1 线渔家灯火站盾构冲洗作业区

图 2-36　苏州轨道交通 S1 线洞庭湖路站扬尘监测站点

2.6　施工场地的标准化实施细则

2.6.1　施工场地总体规划布局

（1）施工现场的平面布局应当以在建工程为中心，明确划分用火作业区、材料堆放区、仓库区、生活区、办公区、废品集中站等区域。具体要求包括：

① 标明已建及拟建的永久性房屋、构筑物、道路及走向。

② 标明临时设施搭设位置和水电管线、变压器、配电间及危险库等位置。

③ 标明混凝土、砂浆搅拌机，塔吊，卷扬机，木工和钢筋机械，井架，人货两用电梯位置。

④ 标明钢构件、预制混凝土构件等成品、半成品的堆放位置。

⑤ 标明原材料、设备、构配件、水电材料、通风设备等的堆放位置。

（2）各功能区之间距离的要求包括：

① 锅炉房、厨房及其他固定用火作业区宜设置于在建工程可燃材料堆场或仓库25m之外，厨具、烟道等高温部位采取防火隔热措施。

② 氧气、乙炔气瓶，防水板等易燃易爆危险品仓库设置在生活区、办公区25m之外。

（3）施工现场搭建临时建筑的要求包括：

① 高压架空线下禁止搭建临时建筑和堆放易燃物品。

② 宿舍建筑的耐火等级不得低于二级。

③ 临时建筑之间的防火间距不得小于5m，成组布置临时建筑物，每组不应超过10幢，组与组之间的防火间距不小于10m。

④ 临时建筑物不得超过2层。临时宿舍的房间建筑面积大于50m^{2}的，应当设置两个安全出入口。

⑤ 临时宿舍的窗户不得用硬质材料封堵，每个房门至疏散楼梯的距离不得超过25m（位于袋形走道两侧或尽端的房间疏散距离减半）。

⑥ 采用自熄性轻质材料做芯材的彩钢夹芯板做围护结构的房间门至疏散楼梯的距离不大于15m。

（4）临时搭建的建筑物区域内应配备消防器材，要求包括：

① 临时搭建的办公、住宿场所每100m^{2}配备两具灭火级别不小于3A的灭火器。

② 临时油漆间、易燃易爆危险品仓库等每30m^{2}应配置两具灭火级别不小于4B的灭火器。

（5）施工现场动力线与照明电源线应分路或分开设置，并配备相应功率的保险装置，严禁乱接乱拉电气线路。

（6）管路、电力线、通信线等各种管线敷设合理规划，布置整齐美观。

2.6.2 办公区

（1）设置全封闭办公区，场地硬化，场区绿化。

（2）办公区设置伸缩式大门，门垛上设置项目名称及标志。内设业主、监理及施工单位办公室。板房上粘贴宣传标语。

（3）旗台。出入门前或内侧需要设置旗杆的，应设置≥3根并为奇数的防锈蚀性金属旗杆。居中的旗杆为中华人民共和国国旗专用旗杆，并应高于其他旗杆0.5m。旗杆基础设置应结实、坚固，并应设置旗杆防护设施。

（4）宣传栏。在项目部大门处设置宣传栏，作为企业宣传、项目展示、活动通告、文件传阅平台。展板尺寸高1.2m、宽2.4m，并设置遮雨棚。

（5）部门管理规章制度标牌。各部门规章制度标牌表头为“施工单位名称+苏州S1线土建×标项目经理部”，建议尺寸为60cm（宽）×80cm（高）。

（6）多媒体会议室。会议室面积不宜小于95m^2，层高不低于2.9m，实行管理体系图和组织结构图上墙制度，内设组合式会议桌，会议桌后排加设一排桌椅，配备投影仪及音响等现代化多媒体会议设备。

（7）培训中心。项目部设置不小于30m^{2}的教室，项目经理、技术负责人、安全工程师、生产负责人、安全员、工区长等轮流授课。

2.6.3　生活区

（1）办公区、生活区与施工区完全隔离，设置大门，张贴企业文化宣传标语，底部设黄黑相间警示带，建议尺寸为 20cm（宽）×30cm（高）。

（2）生活区板房采用具备产品合格证且符合《建设工程施工现场消防安全技术规范》（GB 50720—2011）要求的钢结构装配式活动房（房屋建筑构件及芯材的燃烧性能等级应为 A 级）。

① 板房不超过 2 层，每层面积大于 200m^{2}的，在不同方向设置至少 2 部疏散楼梯，房间门至疏散楼梯最大距离不应大于 25m。

② 单面布置设备房疏散走道净宽不小于 1m，双面布置不小于 1.5m。宿舍临时用房之间的防火间距不小于 4m。

（3）宿舍。宿舍房间建筑面积不应大于 30m^2，其他房间不宜大于 100m^2。

① 房门净宽不应小于 0.8m，面积超过 50m^{2}时房门净宽不小于 1.2m。

② 每间宿舍居住不应超过 12 人，人均面积不小于 2.5m^2。

③ 室内高度不应低于 2.4m，前后墙必须设置可开启式窗户。

（4）食堂。食堂座位按照就餐总人数的 60%～70%设置，操作间、储藏间、生食区、熟食区分开，配备冷藏柜、消毒柜，食堂安装紫外线灭蝇灯，做好卫生消毒措施，操作人员需定期体检，持健康证上岗。

（5）食堂管理。食堂须单独设置，启用前须到当地卫生部门办理卫生许可证；张贴卫生管理制度、卫生许可证、健康证等。

（6）浴室。浴室设置喷淋头，铺贴防滑地砖，安装通风窗，每天安排专人打扫卫生，定期消毒。

（7）卫生间。设置男、女卫生间各 1 个，地面贴防滑瓷砖，厕所通风采光良好。安排专人管理卫生间，保证符合相关卫生要求。

（8）消防设施。办公区、生活区内配备的消防器材必须满足消防要求，每 100m^{2}要求配备 1 组灭火器（2 具），每增加 100m^{2}时，增配 1 组灭火器；同时，在办公区、生活区设置消防砂池、消防栓，配备消防桶（4 个）、消防铲（4 把），消防砂池尺寸不小于 1.5m×1.2m，高度为 0.8m，砂池外部涂刷宽度为 15cm、与地面呈 60° 的黄黑相间油漆。

（9）消防安全宣传。办公区、生活区要有消防安全宣传氛围，在场地醒目位置设置消防安全平面布置图、消防安全常识宣传栏、施工工地板房消防安全提示牌等。

（10）生活区标识。生活区醒目位置粘贴应急疏散指示标志、消防责任牌、禁止吸烟标志、区域责任人等。

（11）应急照明灯。办公区、生活区须按照消防应急照明灯相关规范要求，安装足够数量的应急照明灯，项目部电工定期检查维护，保证正常使用。

（12）限流保护器。宿舍、办公用房电路安装必须符合《施工现场临时用电安全技术规范》（JGJ 46—2005）的有关要求，同时每间宿舍单独设置限流保护器。

2.6.4 围挡及外部设施

（1）施工现场必须实行封闭式管理，沿工地四周连续设置围挡。

（2）施工现场大门设置要求。施工现场设置全封闭式对开大门，门头应有企业的形象标志，力求美观。

（3）大门处应设置门卫室，实行人员、车辆出入登记和门卫交接班制度，严禁无关人员进入施工现场；工作人员进入施工现场应佩戴工作卡。

（4）施工围挡。建议按照永久围挡设计及施工标准建设，同时地勘、管线迁改作业必须与施工围挡作业配合进行。围挡外纵向30m、横向3m内的道路及交通安全设施为各单位的文明施工责任范围。

（5）围挡周边设置警示灯，夜间设置照明灯，提醒过往车辆及行人注意安全。具体要求包括：

① 在所有拐角处、大门处设立红色警示灯。

② 交通繁忙段，围挡外侧宜设置反光片。

（6）挡水线。地势低洼、汇水面积较大和临接道路地段，围挡下设置砖砌或混凝土预制挡水线。

（7）十三牌三图。工地大门外醒目处设置“十三牌三图”，每块标牌规格建议为90cm×140cm，为彩色喷绘+KT板覆亚膜防水制作，白底蓝字，外框材质为亚光不锈钢，使用不锈钢管制作排架。具体要求包括：

① 工程项目概况牌：包括工程项目名称，工程概况，主要工程量，建设范围，建设、设计、施工和监理单位的名称，开竣工日期和质量监督部门的举报监督电话。

② 工程质量终身责任制公示牌：包括工程项目形式、建筑面积、项目规模、工程造价、开工日期、竣工日期、建设单位、监督机构、监理单位、设计单位、施工单位、勘察单位、项目责任人及联系方式。

③ 管理人员名单及监督举报电话牌。

④ 危险性较大工程公示牌：包括危险性较大工程名称、发生时段、涉及的危险与不利因素、控制措施、实施责任主体及监督责任人。

⑤ 安全生产天数记录牌。

⑥ 安全文明标语牌。

⑦ 安全生产牌：包括安全生产的要点及要求等。

⑧ 安全纪律牌。

⑨ 十项安全措施牌：按规定使用安全“三宝”（安全帽、安全袋、安全网）；机械设备防护装置一定要齐全有效；塔吊等起重设备必须有限位装置，不准“带病”运转，不准超负荷作业，不准在运转中维修保养；架设电缆时，线路必须符合当地电业局的规定，电器设备全部接地或接零；电动机械和电动手持工具要设漏电掉闸装置；脚手架材料和脚手架的搭设必须符合相关规程要求；各路缆风绳及其设备必须符合相关规程要求；在建工程的楼梯口、电梯口、预留洞口、通道口必须有防护设施；严禁穿高跟鞋、拖鞋或赤脚进入施工现场；施工现场的悬崖、陡坎等危险地区要有警戒标志，夜间要红灯示警。

⑩ 文明施工牌：按要求制订工地文明施工的标准要求或注意事项，以及项目所在位置的环保特殊要求。

⑪ 消防保卫牌：包括消防保卫的重点、要点及常规的安全生产消防保卫要求。

⑫ 工地环境卫生管理制度牌。

⑬ 农民工工资维权公示牌：保障农民工的基本权益，包括农民工基本维权内容及重点提醒内容。

⑭ 施工总平面布置图：主要标明本项目主要结构物的位置，现场施工队伍的布置，设备、机械及原材料存储、加工位置，沿线施工便道及出入口位置，与周边之间的关系示意等。

⑮ 消防器材布置及逃生路线图：主要标明本项目各消防器材布置位置，以及发生消防事故时的人员逃生路线。

⑯ 安全文明施工责任图：主要标明工程名称、安全文明施工责任区域、安全文明施工责任人及其联系方式、安全文明施工责任内容。

（8）施工现场大门处应设置车辆冲洗设施，保持出场车辆清洁。

2.6.5 施工现场设施

（1）场地硬化。施工现场生产区永久性场地应做硬化或绿化处理。建议车站内施工道路位置硬化采用 C30 混凝土，20cm 厚；其他部位硬化采用 C20 混凝土，10cm 厚。硬化路面表面平顺，设置 3%排水坡，并控制好标高。

（2）门卫室。施工工地出入口要设置门岗，门卫人员应统一着装并佩戴执勤袖标；施工现场大门内设置坚固、美观的门卫室，室内张挂门卫、保卫制度，并设置办公所需桌椅。

（3）安全镜。施工现场通道口（大门门卫处）醒目位置设置安全镜，采用不锈钢管焊制，镜框尺寸建议为 1.3m（宽）×1.9m（高）；设置防护用品佩戴示范图画。

（4）便民柜。大门内侧设置便民柜、遮雨棚；配置安全帽、雨伞、急救药箱，由门卫室负责登记保管。

（5）班前讲话及安全宣誓台。施工场内空旷位置设置班前讲话及安全宣誓台，尺寸建议为高 1.2m、宽 1.5m；标明警示标语、安全生产、合同工期倒计时等。

（6）洗车槽、沉淀池。洗车槽涂刷黄黑相间油漆，配备高压冲洗设备，污水排入沉淀池。沉淀池分三级沉淀，建议尺寸为 3m（高）×2m（宽）×0.8m（深），沉淀池中拦水埂高度 0.7m，池周围设置防护围栏，涂刷红白相间油漆。

（7）重大危险源作业公示牌。深基坑等危险作业场所设置“每日重大危险源作业公示牌”，内容包括危险源名称、涉及危险源及不利因素、风险度、控制措施、作业人数、安全员、监护人及联系电话、日期等。指定专人填写以上信息内容，字体应美观整齐。

（8）安全警示标牌及安全宣传栏。危险作业场所设置醒目的安全警示标牌和安全宣传栏，安全警示标牌严格按照安全色及“禁止”“警告”“指示”“提示”4 类标准规格设置，建议采用聚氯乙烯（polyvinyl chloride，PVC）板+户外背胶膜+铝型边材。

（9）黄线管理。施工便道、场内道路、龙门吊旁设置黄色油漆条限界，材料堆放区、加工区、半成品及成品区采用黄色油漆条进行区域划分，黄色油漆条涂刷宽度建议为20cm。

（10）施工现场休息区。施工现场设置工人休息区，搭设遮阳棚、取水器、座椅，以及灭火器1组，既做到人性化管理，又保证消防安全。

（11）施工便道。基坑周边均应设置施工便道，满足大型设备行走需求，宽度为6～8m；施工便道可与场地硬化结合进行施工，场地硬化一般采用素混凝土结构；施工便道及场地排水畅通，路面平整无淤泥，不积水，保证运输畅通。

2.6.6　消防设施

（1）消防设施。施工现场消防箱采用角钢焊制，建议尺寸为高2m、宽1.5m，设置遮雨棚。配备2把消防斧、4把消防铲、2把消防钩、4个消防桶、2组灭火器及消防砂池。消防砂池尺寸不小于1.5m×1.2m，高度为0.8m，砂池外部涂刷宽度为15cm、与地面呈60°的黄黑相间油漆。施工现场每100m^{2}至少配备一组灭火器（4kg干粉灭火器2具）。

（2）临时动火管理。动火作业前，动火人员须到项目部填写“动火申请表”；动火作业时，现场必须设有安全监督人员，同时在动火邻近区域放置消防器材；动火作业完成后，须清理现场，确保无火灾隐患。

（3）临时搭设的建筑区域内，每100m^{2}配置2具10L灭火器。

（4）大型临时设施总面积超过1200m^{2}时，应配备专供消防用的积水桶、黄砂池等。

（5）临时木工间、油漆间和机具间每25m^{2}配备一具种类合适的灭火器。

（6）油库等危险品库应配备足够数量、种类合适的灭火器。

2.6.7　临时用电设施

（1）临时用电。按照三级配电、两级保护统一设置配电箱，箱锁齐全，箱底边离地高度1.2m，进线全部穿PVC套管，电缆线设置在围挡线槽内，电箱须接地，附近设置灭火器，实行“一机一闸一漏一箱”，箱门正面张贴配电箱标识牌（包括配电箱级数、用途、负责人、电话），箱门背面张贴每日巡检记录。

（2）施工现场供电线路采用架空电缆和部分埋设电缆，埋设电缆均采用穿钢管法，以保护电缆。

（3）一、二级配电箱。按现场施工用电需求，合理设置一、二级配电箱。电缆埋地，电箱接地，附近放置灭火器；项目部专职电工上锁管理，箱门背面张贴每日巡检记录；张贴配电箱标识牌、警示标示等。

（4）配电箱标识牌。配电箱正面粘贴配电箱标识牌，材质为不干胶，尺寸建议为高20cm、宽30cm。

（5）应急发电机。为防止意外停电及用电高峰时对工程施工造成影响，车站及区间施工场地均配备低噪声发电机；做好并网调试，定期维护保养，保证紧急情况下能快速切换，正常运行。

2.6.8　材料库布置与材料堆放

（1）材料堆放设置专用场地（C15 混凝土硬化），专用库房，专人看管，台账齐全。库房采用彩钢板或砖砌围墙。

（2）材料库周围应有排水沟且畅通。

（3）材料堆放应尽量靠近使用地点，要求包括：

① 预制构件堆放力求直接装卸就位。

② 模板、脚手架等周转材料，选择在装卸、取用、整理方便和靠近施工处放置。

③ 钢筋根据进场、加工和使用的先后顺序，按型号、直径、用途分类垫方木摆放，用防雨布苫盖。

④ 各种材料堆放要做到一头齐，一条线，砂石成堆，砖成方。临时存放物资、各类成品、各类半成品分类堆放有序，悬挂材料标识牌。

（4）材料标识牌。材料标识牌尺寸建议为 45cm（宽）×30cm（高），外框采用亚光不锈钢材质，白底蓝字；标明材料名称、生产厂家、规格型号、进场日期、进场数量、检验日期、检验状态（合格、不合格、待检）。

（5）样品展示牌。现场钢筋加工区设置钢筋焊接标准展示牌，建议采用彩色喷绘+KT 板制作。内容包括焊接类型、焊接要求、搭接长度等。

（6）收发料管理制度、材料管理员职责牌挂库区醒目位置。

（7）现场材料堆码。现场材料堆码按原材料、半成品、成品分区堆码整齐，下垫上盖，设置材料标识牌。地面设置 20cm 宽黄色油漆条进行区域划分标识，并采用临时护栏进行封闭。

（8）砂石料堆场。各类砂石料设置隔墙，加轻型钢架屋盖；砂石尽可能布置在搅拌站附近；建议砂石料堆场采用三面砖砌墙，高 1.6m，面积不小于 20m^2，设置材料标识牌，采用黑色遮阳网覆盖避免扬尘。

（9）水泥库应铺设防水、防潮层；按品种、标号堆垛，且底层离开地面 20cm，堆高不超过 2m，离墙保持 20～30cm 距离。

（10）其他材料堆码。不同材料分区域堆放，按照材料类型、性质不同，堆码层数、高度应符合要求，并且统一设置材料标识牌。

（11）氧气、乙炔存放。设置氧气瓶、乙炔气瓶存放栏，两者距离至少保持 10m；存放栏高度 2m，面积 6m^2，保证遮阳、通风，乙炔瓶存放数量 5 瓶以下；设置白底红字“氧气/乙炔瓶存放区”标识牌，并悬挂安全警示标识。

（12）氧气/乙炔推车。现场氧气瓶、乙炔气瓶搬运过程中，必须使用氧气/乙炔推车，配备两个防震圈，严禁倾倒或滚动；使用中，操作人员持证上岗，安装足够数量、符合规定的防回火装置，配备灭火器。

（13）管片、管节堆放场地。如有条件，应设混凝土场地；如有困难，应平整夯实，符合承载条件。具体要求包括：

① 管片涂料制作的安全通道横向大于 90cm，纵向大于 100cm，安全通道内不得堆放杂物，保持畅通。

② 管片严禁堆放在井口临边一侧，人员在2m以上管节上部施工必须有防护措施；管节放置两侧必须填塞三角形垫木，层间垫木必须结实可靠；管片、管节外场堆放，场地四周必须有隔离措施。

③ 吊运管片，吊点必须两点以上；吊运管节如采用穿管式，绳索与管节刃角受力点必须用垫块保护；吊运时，严禁在吊物下施工。

（14）管片堆放。管片堆码严禁超过3块，且每环管片堆码的横向距离不低于1m，纵向距离不低于0.8m，设立材料标识牌。

（15）废料池。施工现场设置废料池，设置废料池标识牌。

（16）油脂堆放。设置油脂储备库房，采用铁丝网封闭，保证通风，远离火源，配备足够数量的灭火器材，设置材料标识牌、警示标志牌。

（17）刀具摆放。设置刀具摆放区及修刀房；各刀具摆放紧密整齐，严禁立面摆放，以防刀具滚动。

（18）施工现场设置应急物资仓库，库房内设置材料架，将轻便应急物资置于材料架上，分类码放整齐，标示清晰，并配有台账，使用后及时补充。

（19）应急物资区挂“应急材料”牌和标识牌，配备4kg干粉灭火器2具，灭火沙$2m^3$，铁锹2把，铁桶2只。

2.6.9 材料加工场（棚）布置与管理

（1）钢筋、钢绞线、型钢等钢材必须集中加工，加工场地分为原材料堆放区、加工区和半成品堆放区，各作业区设置分区标识牌，布置合理、整洁。

（2）加工场地根据需要设置专门防护围栏和门，高度满足加工设备操作空间。采用轻钢结构搭设防雨棚，四周排水通畅。

（3）实行封闭管理，安全通道设置禁止标志，加工场出入口和场内应分别设置禁止标志“加工重地，闲人免进”和警告标志“安全操作，小心触电”。

（4）加工场内醒目位置应设置工程公示牌、施工平面布置图、安全生产牌、消防保卫牌、管理人员名单及监督电话牌、文明施工牌等标识牌。

（5）钢筋加工场（棚）应根据加工量的大小进行规划、布置和建设。建议钢筋加工场（棚）长度以6m为一个跨度单位设置，下部采用槽钢为立柱，安装轮子，制作可移动式钢筋加工场（棚）；上部为桁架结构，棚盖与棚檐为彩钢板，棚檐、立柱涂刷黄黑相间油漆警示。

（6）钢筋加工场（棚）设置“钢筋加工场（棚）”标识牌，建议尺寸为高45cm、宽75cm，钢筋加工场（棚）上部悬挂安全警示标志、操作规程、宣传标语。

（7）钢筋加工场（棚）内配备数控弯曲机和弯切机等设备，采用机械集中加工箍筋、弯起钢筋。电焊机、平刨、圆盘锯、手持电动工具、钢筋机械等经安全部门验收合格后使用。

（8）在钢筋加工场（棚）内应悬挂各工种的安全技术操作规程；作业人员戴好防护用品，严格按照操作规程作业；切割机操作间有隔音墙，操作人员戴耳塞。

（9）焊接、切割场所应设置禁止标志、警告标志，使用氧气、乙炔等易燃易爆场所应设置禁止标志和明示标志，用电场所应设置警告标志，易发生火灾场所应设置警告标志，消防器材放置场所应设置提示标志。

（10）各类气瓶分别存放，不得暴晒；各气瓶间距大于 5m，距明火大于 10m，气瓶装有防震圈和安全防护帽；各种气瓶有标准色标或明显标志，旁边有“危险作业”“请勿靠近”等警示牌。

（11）所有棚外电气设备、配电箱、开关箱加锁，配有防雨措施，挂有“有电危险，注意安全”警示牌。

（12）棚边设 4kg 干粉灭火器 2 具，灭火沙 $2m^3$，铁锹 2 把，铁桶 2 只。

（13）加工后的材料应分类堆放并标识。

2.6.10　实验室布置与管理

（1）根据施工需要设置实验室，经具有相应资质的施工单位授权委托。

（2）实验室一般分为水泥检验室、力学实验室、土工实验室、标养室、样品室和办公室。实验室配备的实验检测仪器、设备应满足施工生产的需要。

（3）在实验室的醒目位置悬挂授权委托书、岗位安全操作规程、实验人员公示牌、实验人员职责、实验流程。

（4）设置专门的材料堆放场所。

（5）实验室安装完成，需要地方计量认证部门对各类检测设备进行标定。开始运作前，需经项目管理机构组织专业验收。

（6）实验用有毒有害液体应执行双人保管制度，严格按照规程操作。

（7）实验室按规定配备消防设施。室内环境保持整洁卫生，满足实验要求。

2.6.11　施工噪声污染控制要求

（1）施工场界噪声按《建筑施工场界环境噪声排放标准》（GB 12523—2011）的要求控制。

（2）严格控制机械性噪声。控制风钻、风镐的使用噪声。地上作业时严禁夜间使用风钻、风镐；昼间使用时，当居民、师生等人员休息时，必须停止施工。在施工过程中，采取临时围挡，尽量控制噪声的音量和音波的扩散。

（3）控制混凝土搅拌机、混凝土振动机的使用噪声。对混凝土搅拌机和砂浆搅拌机采取封闭、遮盖的控制噪声措施。

（4）控制钢模板搬运、拆模过程中的噪声。使用钢模板时，轻拿轻放，严禁随意抛摔，降低噪声。

（5）控制空气动力性噪声。控制通风机、鼓风机、空气压缩机等的使用噪声。对通风机、鼓风机、空气压缩机采取封闭、遮盖的控制噪声措施。尽量昼间施工，避免夜间操作扰民。

（6）控制电磁性噪声。施工现场如果需要使用发电机，应搭设临时隔挡板，降低噪声的影响。

（7）控制变压器的使用噪声。尽量采用标准变压器，尽量置放在远离人居住的位置。

（8）控制交通运输和起重搬运噪声。合理安排机动车辆的运输作业，确定避免噪声的运输时间、路线和场所。车辆作业时，严禁鸣放喇叭、高声喧哗、任意抛扔物资产生各种杂音，以免妨碍居民夜间睡眠休息。

（9）控制起重搬运工程中的噪声。合理安排起重搬运作业，教育员工尽量降低起重搬运工程中产生的噪声。

（10）控制施工现场各类人员的叫嚷、喧哗。

（11）噪声较大的施工作业，22:00～6:00 不得作业。特殊情况需连续作业，应按规定办理夜间施工证。

2.6.12　施工振动污染控制方案

（1）施工振动对环境的影响按《城市区域环境振动标准》（GB 10070—1988）的要求控制。

（2）根据敏感点的位置和保护要求选择施工机械和施工方法，最大限度地减少对周围的影响。

（3）有可能会对地层产生扰动、引起建筑变形或沉陷的区域，事先详查、做好记录，对可能的危害采取加固等预防措施。

（4）其余控制措施与噪声基本相同。

2.6.13　生态环境保护方案

（1）临时占用城市绿地要经有关部门的批复。

（2）砍伐或迁移树木要报批并交费，不得随意修剪树木。

（3）古树名木按要求进行特殊保护。

（4）对门前屋后凡可进行绿化的地点均临时种植花草树木，并由专人挂牌维护管理，增加现场的美观度。

（5）施工场地应尽量绿化、硬化，工程竣工后应及时清理场地，恢复本来面貌。

（6）随时跟踪气象预报，了解降雨时间和特点，以便在降雨前对施工现场的弃土采取及时清运、压实、覆盖等措施，防止水土流失。

（7）对地上和地下的建筑等采取防震、防毁和避让措施，不危及建筑物等的安全。发现地下文物，立即保护现场，及时报告。

（8）裸土绿化。现场临时裸土或砂石料采取覆盖措施，存放超过 3 个月以上的裸土进行植草皮绿化。草皮须覆盖所有裸露土体，防止扬尘。

2.6.14　大气污染（扬尘）控制方案

（1）建设施工过程“六必须”：必须围挡封闭施工，必须硬化主要施工道路，必须设置冲洗设施，必须湿法作业，必须配齐保洁人员，必须定时清扫施工现场。

（2）建设施工过程“六不准”：不准车辆带泥上路，不准场地积水，不准现场焚烧废弃物，不准堆放未覆盖的裸土，不准高空抛撒建筑垃圾，不准现场搅拌混凝土。

（3）建立目标责任制，项目与工区、工区与班组层层签订扬尘目标责任书，对扬尘控制进行目标管理。

（4）按施工组平面布置要求，做好主要道路、材料堆放和生活、办公区域的场地硬化或绿化处理，确保无一处露土现象，以达到防尘控制要求。

（5）工程进出口、场内主要施工便道和建筑材料堆放地进行硬化处理，浇筑混凝土。安排专人经常清洁，洒水降尘。

（6）在施工现场内，设置车辆清洗设施及配套的排水、泥浆沉淀设施；工地出入口配置全自动冲洗设备，确保出门车辆轮胎冲洗干净后，方可驶出工地。

（7）道路清扫扬尘污染控制，要求包括：

① 安排专职保洁人员每日对施工现场道路进行 1～2 次清扫，清扫前对路面进行洒水，天气干燥或风力较大时增加洒水频次，以保持路面湿润。

② 在施工现场、主要道路边、生活区域内适当位置安装一些水龙头，使洒水管、洒水车能就近使用，便于操作。

③ 土方作业过程中，安排专人及时清除路面遗撒泥土，并使路面始终保持湿润状态，做到不泥泞、不扬尘。

（8）土方施工、堆放扬尘污染控制，要求包括：

① 在土方开挖施工中，采取喷水、降尘和防止车辆泥土外泄等措施。

② 当雨天开挖时，严格按挖土施工方案中所规定的挖土流程、堆土位置及车辆出入口线路进行。

③ 加强对渣土运输车辆的车况检查，指派专人随车监督检查，保证按规定线路行运，严禁偷倒、乱倒。

（9）场地内回填土或未及时清运土方注意集中堆放，在土方未干化之前，经表面平整压实后，用密目网进行覆盖，定时洒水保持湿润。

（10）建筑材料扬尘污染控制，要求包括：

① 砂石设置专用池槽进行堆放，控制进料数量，做到随到随用，不大量囤积。堆放时做到堆积方正，底脚整齐干净，并将周边及上方拍平压实，用密目网进行覆盖。

② 施工用黏土砖、混凝土砌块必须在指定场地进行堆放，进场后及时进行洒水湿润，定时由专人对堆放场地进行清扫。

③ 易飞扬物、细颗粒散体材料必须进行严密的遮盖或存储在不透风仓库内，运输车辆要有防止泄漏、飞扬装置，卸料时采取集中码放措施。

④ 混凝土、砂浆拌制过程扬尘污染控制。在混凝土、砂浆搅拌操作间四周进行封闭围挡，以控制和减少水泥扬尘对大气造成的污染。混凝土、砂浆拌制时严格按石子（砂）—水泥—砂的顺序进料，以控制和减少水泥扬尘。搅拌机储料池前设置三面挡水，并做好排水沟、沉淀池，定期对沉淀池进行清理。

⑤ 为减少施工现场扬尘污染，施工现场使用商品混凝土。

（11）运输车辆扬尘污染控制，要求包括：

① 运输建筑材料、垃圾和泥土的车辆，在驶出施工现场前，要加强防尘冲洗、遮蔽、清洁等工作，防止建筑垃圾、泥土散落，污染道路和周边环境。

② 冲洗车辆产生的泥浆水通过三级沉淀达标后排放或循环利用，沉淀池派专人定期进行清理，一般根据情况 3～5d 清理一次。

（12）建筑垃圾扬尘污染控制，要求包括：

① 建筑结构内的施工垃圾清扫前先洒水湿润，运输时可搭设封闭式专用垃圾通道或采用密封容器、装袋清运，并派专人进行检查，严禁随意在预留洞处凌空抛撒。

② 建筑垃圾、工程渣土在 48h 内不能完成清运的，在施工工地内设置临时堆放场，临时堆放场采取围挡、遮盖等防尘措施。

③ 在施工现场处置工程渣土时进行洒水或喷淋降尘处理。

④ 施工现场堆放的渣土，堆放高度不得高于围挡高度，并采取遮盖措施。

⑤ 在建筑物、构筑物上运送散装物料、建筑垃圾和渣土时采用密闭方式，禁止高空抛掷、扬撒。

（13）生活垃圾扬尘污染控制，要求包括：

① 生活垃圾安排专人进行收集、清理，按指定地点与建筑垃圾分开堆放，由环卫部门及时清运出场。

② 禁止在现场焚烧建筑垃圾、废弃木料、塑料品或热熔沥青，以防止污染大气。

（14）禁止使用空气压缩机清理车辆、设备和物料尘埃。

（15）“两员”（渣土员、渣土排放员）管理。严格落实“两员”制度，每个站点均按要求设置渣土员，负责检查车辆装载、覆盖、清洗等工作；设置渣土排放员，负责跟车运输，监督渣土运至指定排放地点；在出土地点设置公示牌。

（16）运输、施工作业所使用的车辆、机械均通过当年机动车尾气检测，并获得合格证。

2.6.15 水污染控制方案

（1）严格按施工组织设计的排水系统进行布设。

① 施工场地内设置排水沟，施工现场办公区和生活区等临时设施产生的生活污水、废水等，经净化后排入市政污水管道。

② 施工中加强对排水系统的维护，暴雨季节增加防洪抢险人员，做好防洪物资的储备和检查，并加强对现场施工情况的监测和观察，制订应急处理方案。

③ 沿围挡四周布设排水系统，按一定的间距要求设置集水井和排水泵，排水沟满足施工排水及雨期排洪的需要。

④ 施工现场的排水、排污系统确保雨污分流，污水统一进入市政污水管道进行集中处理，雨水尽量加以收集并循环利用。

⑤ 在基坑内设集水井，将渗透出的地下水引入集水井，专人负责抽排至地面沉淀池内，经沉淀处理后，排入市政污水管道。

⑥ 水管敷设应平、顺、直，管径一致，接头严密，安稳支牢，转弯较少，且呈钝角。分水接头和闸阀必须满足施工要求，数量尽量减少。

（2）根据场地所处地段，在场地内搅拌机前台、运输车辆清洗处、洗车台等位置设置沉淀池，场地内施工及生活污水经沉淀后排入市政污水管道。

（3）冲洗槽。在施工现场围挡的大门内侧设冲洗槽和沉淀池，所有驶出现场的车辆都必须冲洗干净，场地内部水沟均通向沉淀池。

（4）施工现场职工食堂产生的生活污水必须通过沉淀池进行沉淀，再通过隔油池对废油进行隔离后才能排入市政污水管道。

（5）施工现场存放的油料必须采取防止泄漏和污染的措施。

（6）机械维修等油污水运至规定的地点，经净化处理后排入市政污水管道。

（7）施工期间派专人对工程和地面排水沟进行检查，经常疏通，保证地面积水不流入地下。

（8）废水排入城市下水道，悬浮物执行《污水综合排放标准》（GB 8978—1996）中的三级标准 400mg/L。

（9）废水排入自然水体，悬浮物执行《污水综合排放标准》（GB 8978—1996）中的二级标准 150mg/L。

2.6.16　固体废弃物控制方案

（1）减少容易产生污染的材料的堆放时间和堆放量，合理选定堆放场位置，对弃土进行洒水覆膜封闭，防止扬尘污染，堆土场周围加护墙和护板。

（2）制订泥浆和废渣的处理、处置方案，选择有资质的运输单位，及时清运施工弃土和余泥渣土，建立登记制度，防止中途倾倒事件发生。

（3）项目部负责工程项目、建设施工中的废弃物及建筑垃圾处置管理工作，在施工协议中明确处置的责任方和处置方式。具体要求包括：

① 项目部定期确认废弃物处置承包方资格，确认承包方的合法性。

② 选择对外环境影响小的出土口、运输线路及运输时间。

③ 剩余料具、包装及时回收、清退。对可再利用的废弃物尽量回收利用。各类垃圾及时清扫、清运，不得随意倾倒，尽量做到每班清扫，每日清运。

④ 施工现场内无废弃砂浆和混凝土，运输道路和操作面落地料及时清运，砂浆、混凝土倒运时采取防撒落措施。

（4）危险废弃物由分包队设置专门场地保管，定期让有资质的部门进行处置。具体要求包括：

① 放置危险废弃物的容器加盖，防止因雨、风、热等原因引起再次污染。

② 放置危险废弃物的容器（如废胶水罐、清洁剂罐）要有特别的标识，以防止该废弃物泄漏、蒸发，以及该废弃物和其他废弃物相混淆。

③ 承包方必须出示行政主管部门核发的处置废弃物的许可证营业执照，签订协议/合同，明确双方责任和义务，确保该承包方按规定处置废弃物。

（5）教育工人养成良好的卫生习惯，不随地乱丢垃圾、杂物，保持工作和生活环境的整洁。

（6）严禁垃圾乱倒、乱卸。施工现场设垃圾站，各类生活垃圾按规定集中收集，由环卫部门及时清理、清运，每班清扫，每日清运。

2.6.17 现场动火作业许可

（1）动用明火作业人员在动火前，消除明火点周围的可燃物，办理动火作业许可手续，落实监护人员和监护措施，并配置必要的灭火器具。

（2）存在下列情况之一的，禁止动用明火作业：

① 现场操作工没有操作证。

② 在动用明火审批的范围内未履行审批手续。

③ 采用可燃材料做保温、冷却、隔音、隔热的部位，在火星能飞溅到的地方未采取有效安全措施。

④ 作业现场附近堆有易燃易爆危险物品，未做彻底清理或者未采取有效安全措施。

⑤ 作业现场有可燃气体、易燃液体蒸气与空气混合形成的爆炸性混合物。

⑥ 交叉施工作业中，动用明火对其他施工设备和人员安全构成威胁。

⑦ 散落的火星危及毗连或邻近建（构）筑物安全。

⑧ 有压力或密闭的管道、容器，现场操作工不了解焊件内部是否安全。

⑨ 其他有关禁止动用明火的规定。

（3）电气焊、切割的作业点应当远离易燃易爆危险物品及可燃物品，焊割点周围和下方应当落实防火措施，并指定专人现场监护。

（4）乙炔瓶和氧气瓶的存放距离不得小于 10m，存放数量各自不得超过 5 瓶，使用时两者的距离不得小于 5m，距明火距离不得小于 10m。

（5）使用有机溶剂等材料及有可燃气体产生的施工现场应当通风良好，自然通风条件不好的施工现场，安装机械通风设备后方能施工。

（6）使用易燃易爆气体或液体数量较多的施工现场，应当选择安全适宜的地点设置易燃易爆危险品仓库。

（7）在建工程内禁止设置易燃易爆危险品仓库，禁止使用液化石油气。

（8）施工中产生的木屑及零星油毡、防水板等易燃、可燃材料应当天清理，禁止在施工现场焚烧；施工剩余的防水板等应集中存放在安全地点。

2.6.18 现场文明施工纪律

（1）所有施工人员均应佩戴上岗证，上岗证应由项目部规定统一样式或统一制作。项目工作人员穿着整齐统一，佩戴胸卡上岗。具体要求包括：

① 进入施工现场的所有人员必须正确佩戴安全帽，系好下颌带。

② 管理人员、工人、特种作业人员应戴不同颜色的安全帽。

③ 进入施工现场的人员严禁穿拖鞋、凉鞋、高跟鞋、背心、短裤、短袖及裙装，严禁在现场赤膊、赤脚，高处作业时不得穿硬底鞋。

④ 进入施工现场的人员不得长发披肩，长发、长辫应塞进安全帽内。

（2）进入施工现场的作业人员应根据作业危险特性正确穿戴其他个人防护用品。

（3）严禁酒后进入施工现场。

（4）严禁在施工现场吸烟室以外的任何地点吸烟。

（5）严禁擅自进入危险作业区域。

（6）进入施工现场后严禁乱扔杂物及随意堆放物品，高处作业时不得向下投掷物料、工具。

第 3 章　施工设施的标准化

3.1　施工设施标准化的目的和对象

3.1.1　施工设施标准化的目的

施工设施包括施工场地设施和施工生产设施。第 2 章内容主要针对办公区、生活区、施工区、设备材料存放区等的场地设施，本章则主要针对施工生产设施。

施工生产设施指与施工行为直接相关的设施，包括：①临边防护等安全防护设施、用电设施、通风设施、个人防护设施、应急救援设施等固定设施；②施工过程当中用于施工生产的设备，也称为施工机械，如挖掘机、吊车等。

城市轨道交通工程具有施工作业面狭小、作业线长、交叉作业多，以及作业人员流动性大、工程施工难度大、安全管控风险高等特点[16]。同时，城市轨道施工中使用的机械设备数量较大，种类繁多，工程机械设备是确保工程顺利推进的重要保障。在开展城市轨道交通工程项目施工过程中，各类施工生产设施作为项目不可或缺的工具，必须对其进行严格科学的管理[17]。

3.1.2　施工设施标准化的对象

施工设施标准化的对象包括：

（1）施工安全防护设施。

（2）施工警示标志。

（3）施工用电管理。

（4）消防设施及防火管理。具体内容见 3.7.4 节。

（5）喷射、注浆混凝土拌和站。具体内容见 3.7.5 节。

（6）高空作业设施。

（7）施工机械设备管理。

3.2　施工安全防护设施的标准化

3.2.1　施工安全防护难点

城市轨道交通工程施工的安全防护难点主要包括：

（1）临边防护高处作业工作面多，作业量大。

（2）部分临边防护区域光线较暗，视线受阻。

（3）施工用电作业点多，触电风险大。

（4）粉尘较多，施工环境差。

3.2.2 施工安全防护设施的内容

施工安全防护设施的内容主要包括临边防护、洞口防护、井道防护、安全通道及防护棚、外脚手架防护、避雷和外电防护等，具体分为以下方面：

（1）边界防护：用硬质防护栏（网）完全隔离，两侧加高度大于 10cm 的踢脚板。

（2）进出口防护：安装防护罩，楼梯护栏外侧使用钢丝网。

（3）井口防护：安装固定化、标准化的隔离门，竖井通道口每两层（不大于 10m）安装安全网。

（4）楼梯边界防护：安装高度大于 2m 的防护栏。

（5）高空施工防护：配备安全带，设置工作台、可攀爬的梯子和其他安全行走路径。施工人员应配备一整套安全防护装置，隔离危险。

（6）施工区域内设立安全通道，便于发生危险时及时逃生。

（7）施工现场应配备交通灯和交通标志。

（8）施工临时用电必须遵守《施工现场临时用电安全技术规范》（JGJ 46—2005），采用三级配电系统、TN-S 接零保护系统、二级漏电保护系统；严禁乱拉乱接电线，应按电器功率选配导线，避免导线电流过大引发火灾。

3.2.3 施工安全防护设施的要求

1. 材料要求

（1）矩形钢管：50mm×50mm×2.0mm，无严重锈蚀、弯曲、压扁或裂纹。

（2）钢格网：网眼孔径小于 100mm×100mm，格筋不小于 3mm。

（3）花纹钢板：花纹钢板厚度不小于 3mm，无变形。

（4）安全网材质符合规范要求，无破损，无腐蚀，干净清洁。

2. 临边防护要求

（1）对临边高处作业，防护措施要求包括：

① 基坑周边、尚未砌筑墙体的夹层周边电梯基坑、中板大于 1.5m 的洞口应设置防护栏杆。

② 分层施工的楼梯口和梯段边安装临时护栏。

③ 井架与施工用电梯和脚手架等与建筑物通道的两侧边设防护栏杆，地面通道上部应装设安全防护棚。

④ 各种垂直运输接料平台，除两侧设防护栏杆外，平台口还应设置安全门或活动防护栏杆。

⑤ 各种穿越中板小于 1.5m 的洞口采用花纹钢板水平封堵。

（2）临边防护栏杆的规格及连接要求包括：

① 临边防护栏杆建议采用 50mm×50mm×2mm 的矩形钢管焊接悬挂钢格网片，栏杆底部设踢脚板，建议踢脚板高 18cm，栏杆刷警示油漆。

② 水平洞口防护应选用强度相当的角钢和花纹钢板，以电焊固定。

（3）栏杆柱的固定要求包括：

① 当在混凝土楼地面、屋面或墙面固定时，采用 M10×100 的膨胀螺栓与结构固定。

② 当在砖或砌块等砌体上固定时，应预先砌入相应规格含有预埋件的混凝土块，预埋件应与立杆连接牢固。

③ 当栏杆所处位置有发生人群拥挤、车辆冲击或物件碰撞等可能时，应加大横杆截面或缩小柱距。

④ 防护栏杆应自上而下用安全立网封闭，或在栏杆下边设置严密固定的踢脚板。踢脚板下边距离底面的空隙不应大于 10mm。

3. 洞口防护要求

进行洞口作业、因工程和工序需要而产生人与物坠落危险，或在危及人身安全的其他洞口进行高处作业时，设置防护设施的要求包括：

（1）板与墙的洞口应设置牢固的盖板、防护栏杆、安全网或其他防坠落的防护设施。

（2）电梯井口应设防护栏杆或固定栅门，电梯井内应每隔两层并最多隔 10m 设一道安全网。

（3）施工现场通道附近的各类洞口与坑槽等处，除设置防护设施与安全标志外，夜间还应设红灯示警。

4. 预留洞口防护要求

（1）洞口边长在 1.5m 以内时，用刷有黑黄油漆的钢板覆盖洞口，并固定。

（2）洞口边长大于 1.5m 时，洞口四周用防护栏杆防护，外设踢脚板，洞口张挂一道安全平网或者铺一道硬木板隔离。

（3）洞口附近设置安全提示标牌。

5. 楼梯口防护要求

（1）楼梯口设 1.2m 高的定型化、工具化、标准化的防护栏杆。

（2）栏杆建议采用 50mm×50mm×2mm 矩形钢管和钢格网搭设，并设置警示标志。

6. 夹层、中板及轨行区临边防护要求

夹层、中板及轨行区临边防护要求包括临边栏杆采用 50mm×50mm×2mm 的矩形钢管焊接悬挂钢格网片，栏杆底部设踢脚板，栏杆刷红白相间的警示油漆。

苏州轨道交通 S1 线渔家灯火站和洞庭湖路站防护如图 3-1～图 3-6 所示。

图 3-1　苏州轨道交通 S1 线渔家灯火站临边防护

图 3-2　苏州轨道交通 S1 线渔家灯火站安全防护设施验收牌

图 3-3　苏州轨道交通 S1 线洞庭湖路站临边防护验收合格牌

图 3-4　苏州轨道交通 S1 线渔家灯火站楼梯防护

图 3-5　苏州轨道交通 S1 线洞庭湖路站楼梯口防护

图 3-6　苏州轨道交通 S1 线渔家灯火站洞口防护

3.3　施工警示标志的标准化

3.3.1　施工警示标志的目的

为了确保施工现场安全设施和安全防护能够发挥积极作用，根据《建设工程安全生产管理条例》（国务院令第 393 号）的要求，施工现场的各种安全设施、安全防护及危险部位和危险场所必须悬挂安全警示牌。

3.3.2　施工警示标志的内容

施工安全警示标志包括安全色和安全标志。

1. 安全色

安全色是指传递安全信息含义的颜色，包括红色、蓝色、黄色和绿色。

（1）红色：表示禁止、停止、危险等意思。

（2）蓝色：表示指令，要求人们必须遵守的规定。

（3）黄色：表示提醒人们注意，凡是警告人们注意的器件、设备及环境均应以黄色表示。

（4）绿色：表示给人们提供允许、安全的信息。

对比色是使安全色更加醒目的反衬色，包括黑、白两种颜色。

2. 安全标志

安全标志包括禁止标志、警告标志、指令标志和提示标志 4 类。

（1）禁止标志：带斜杠的圆边框。

（2）警告标志：正三角形边框。

（3）指令标志：圆形边框。

（4）提示标志：正方形边框。

3.3.3　施工警示标志的设置要求

施工警示标志的设置要求包括：

（1）根据《安全标志及其使用导则》（GB 2894—2008）的规定，制作和设置安全警示标志和警示说明。

（2）施工现场应根据工程规模、施工阶段、周围环境及气候变化，配备相应数量和种类的安全警示标志牌。

（3）安全警示标志应设置在明显的地点，以便作业人员和其他进入施工现场的人员看到。

(4) 各种安全警示标志设置后，未经施工项目负责人批准，不得擅自移动或者拆除。

(5) 设置专人负责施工现场的安全警示标志，定期对标志牌、警示灯的完好情况进行检查，发现残缺或者毁坏的标志牌、警示灯要及时更换。

苏州轨道交通 S1 线部分站点警示或标识如图 3-7～图 3-12 所示。

图 3-7　苏州轨道交通 S1 线渔家灯火站临边防护标志牌

图 3-8　苏州轨道交通 S1 线洞庭湖路站施工警示标志

图 3-9　苏州轨道交通 S1 线洞庭湖路站轨行区防护警示

图 3-10　苏州轨道交通 S1 线洞庭湖路站轨行区穿行警示

图 3-11　苏州轨道交通 S1 线洞庭湖路站监测设施标识

图 3-12　苏州轨道交通 S1 线鹿城路站测量控制点标识

3.4 施工用电管理的标准化

3.4.1 施工用电管理目的

城市轨道交通工程施工用电主要包括喷射混凝土搅拌机施工用电、钢筋及钢构件加工施工用电、管线施工基坑抽水用电、混凝土施工（包括模板支架、振捣、喷射）用电、现场施工照明用电、龙门吊作业用电等。

由于城市轨道交通工程施工现场车流集中，沿线路口繁多，因此临时用电设计极为关键。城市轨道交通工程施工临时用电管理是否合理直接关系到用电人员的安全，同时影响施工现场的用电质量和工程进度。

3.4.2 施工用电管理的内容

施工用电管理的内容包括：

（1）现场勘察，根据现有场地条件及工程平面布置图，确定变配电室、配电箱的位置及电源进线的走向。

（2）划分用电设备组，进行负荷计算。

（3）选择导线截面、电器。

（4）绘制电气平面、系统图。

（5）确定用电管理架构及人员。

（6）制订安全用电技术措施和防火措施。

3.4.3 施工用电管理的要求

施工用电管理的要求包括：

（1）施工临时用电要严格执行《施工现场临时用电安全技术规范》（JGJ 46—2005）要求。施工单位编制的施工用电组织设计方案应履行编制、审核、批准审批程序；监理单位对施工单位报送的施工用电组织设计方案进行复核，并对方案的针对性、可行性、可靠性出具鉴定结论。施工现场临时用电管理重点包括外电防护、接零保护系统、配电箱与开关箱、现场照明、配电线路。

（2）用电设备方面，用电设备必须出自国家行政许可的生产厂家，具有制造许可证（生产许可证）、产品出厂合格证、使用说明书、电气原理图、有关档案和技术资料、检测合格证等文件。用电设备的安全性能、安全保护装置符合国家有关规范、规定和标准要求。

（3）施工用电管理人员方面，施工现场应配备专职施工设施用电管理人员，负责施工用电作业的安全监督检查。

（4）施工现场凡涉及临时用电的单位，必须向现场临时电源管理单位办理临时用电相关手续。

（5）施工用电安全检查方面，施工单位制订施工用电分级安全检查制度，施工用电检查形式包括日巡检、周检、月全面检查等。检查发现有异常情况时，必须及时处理。监理单位每月组织一次月度全面检查，检查内容包括外电防护、接零保护系统、配电线路、配电箱与开关箱、配电室与配电装置、现场照明和用电档案。施工用电安全检查评定要符合国家现行标准《建设工程施工现场供用电安全规范》（GB 50194—2014）和《施工现场临时用电安全技术规范》（JGJ 46—2005）的规定。

苏州轨道交通 S1 线部分站点施工用电管理如图 3-13～图 3-16 所示。

图 3-13　苏州轨道交通 S1 线渔家灯火站二级配电箱

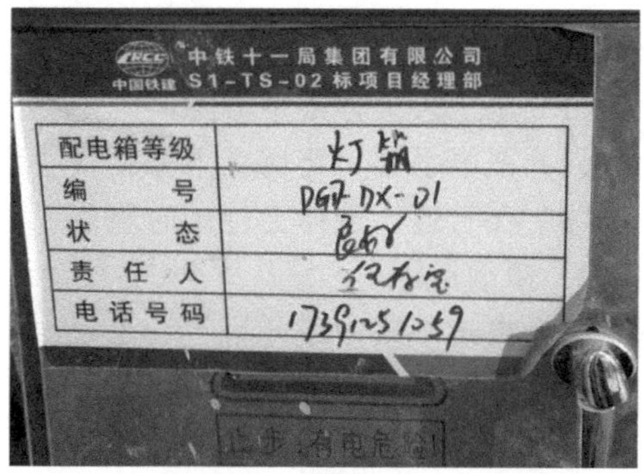

图 3-14　苏州轨道交通 S1-TS-02 标配电箱标识牌

图 3-15　苏州轨道交通 S1 线白马泾站电线管理

图 3-16　苏州轨道交通 S1 线洞庭湖路站二级配电箱

3.5　高空作业设施的标准化

3.5.1　高空作业对象及设施

按照《建筑施工高处作业安全技术规范》（JGJ 80—2016）的规定，凡在坠落高度基准面 2m 以上有可能坠落的高处进行的作业称为高处作业。城市轨道交通工程建设过程包含众多高空作业内容，如通风空调系统安装调试、给排水安装调试、消防给水系统安装调试、动力照明系统安装调试、综合支吊架安装、导向标识标牌安装、孔洞封堵等，涉及的高空作业设施包括脚手架（落地、悬挂、升降）、井架、人货两用电梯、塔吊、各类固定或移动式操作平台、卸料平台、起重吊运机械、工作井处垂直运输机械等。

3.5.2　高空作业风险源

1. 直接高空坠落

1）形式

（1）施工人员行走中被障碍物所绊而坠落。

（2）在脚手架、爬梯上下攀爬失手而坠落。

（3）在管道、墙体上行走时脚步不稳（如打滑、踩空）而坠落。

2）事故原因

（1）思想不集中或开玩笑、追逐。

（2）酒后登高作业。

（3）因睡眠、休息不足而精神不振。

（4）现场孔洞及高处边缘缺乏栏杆或盖板。

（5）手抓物件而失足坠落。

（6）不系安全带。

2. 间接高空坠落

1）形式

（1）踩中易滚动或不稳定物件而坠落。

（2）操作中用力过猛或猛拉、猛甩不受力物件。

（3）脚手架变形、断裂导致人员坠落。

（4）工作中梯子折断或倾倒导致人员坠落。

（5）触电、物件打击或其他方式导致人员坠落。

2）事故原因

（1）高空作业地点无栏杆。

（2）通道上摆放过多物品。

（3）操作不当。

（4）脚手架不按规定搭设，摆放不稳。

3. 高空落物伤人事故原因

（1）起重机械超重或误操作造成机械损坏、倾倒、吊件坠落。

（2）起重机具（钢丝绳、卸卡等）因承载力不够而被拉断或折断导致落物。

（3）承重平台承载力不足而使物件坠落。

（4）起吊过程被吊物上零星物件没有绑扎或清理而坠落。

（5）高空作业时拉电源线或皮管时将零星物件拖带坠落或行走时将物件碰落。

（6）在高空持物行走或传递物品时失手将物件打落。

（7）在高处切割物件材料时无防坠落措施。

（8）向下抛掷物件。

3.5.3　高空作业设施管理标准化的要求

高空作业设施管理标准化的要求包括：

（1）患有精神病、癫痫病、高血压、心脏病等不宜从事高处作业疾病的人员不准参加高处作业。工作人员饮酒、精神不振时，禁止登高作业。

（2）高处作业均须先搭建脚手架或采取防止坠落措施，方可进行。

（3）在临边洞孔、出入口、吊装口、预留口上及其他危险的边沿工作时，临空一面应装设安全网或防护栏杆，否则工作人员须使用安全带。

（4）在没有脚手架或没有栏杆的脚手架上工作，高度超过 1.5m 时，必须使用安全带或采取其他可靠的安全措施。安全带的挂钩或绳子应挂在结实牢固的构件上，或专为挂安全带用的钢丝绳上，禁止挂在移动或不牢固的物件上。

（5）高处作业应一律使用工具袋，较大的工具应用绳拴在牢固的构件上，不准随便乱放，以防止从高空坠落而发生事故。

（6）进行高处作业时，除有关人员外，不准他人在工作地点的下面通行或逗留，工作地点下面应有围栏或装设其他保护装置，防止落物伤人。

（7）不准将工具及材料上下投掷，要用绳系牢后往下或往上吊送，以免打伤下方工作人员或击毁脚手架。

（8）上下层同时进行作业时，中间必须搭设严密牢固的防护隔板、罩棚或其他隔离设施。工作人员必须戴安全帽。

（9）6 级及以上的大风及暴雨、打雷、大雾等恶劣天气，应停止露天高处作业。

（10）禁止登在不坚固的结构上进行作业，必要时在不坚固的结构物上挂警示牌。

3.6　施工机械设备管理的标准化

3.6.1　施工机械设备的分类及配备原则

在城市轨道交通工程施工中，需要通过多种机械设备的配合来提升施工效率。不同机械设备的结构、功能、运行环境、工作参数各不相同，因此应根据机械设备种类的不同，制订与之适应的管理方针，以提升机械设备使用寿命，满足施工需求。

1. 分类

根据使用功能的不同，城市轨道交通工程施工中的机械设备主要分为以下几种：

（1）大型起重吊装及制、运、架设备：运梁车、提梁机、移动模架、轮胎起重机、塔式起重机、轨道式起重机、龙门式起重机、桥式起重机等。

（2）轨道运行设备：铺轨机、长轨运输车、立杆作业车、电气化架线车、重型轨道车等。

（3）其他大型设备：挖掘机、推土机、装载机、平地机、压路机、摊铺机、载重汽车、钻机、钻探机具、桩机、卷扬机、混凝土拌和站、混凝土泵车、混凝土搅拌输送车、通风机、旋臂掘进机、锚杆台车、风动凿岩机等。

2. 配置原则

城市轨道交通工程施工机械设备配备原则包括：

（1）针对不同的工序，按专业化组织流水作业，以性能好、效率高、机况良好的大型设备装配主要作业线，实现各机械化作业线的有机配合。

（2）为提高机械化水平，配备大型设备，包括高起重能力的履带吊、大容量装载机械、大容量自卸汽车等。

（3）机械设备能力大于进度计划指标能力，有足够的设备储备。

（4）同类机械设备尽可能采用同厂家设备，以便于维修、配件供应和通用互换，确保机械使用率满足要求。

（5）设备选型以电动液压为首选，机械设备配备采用无轨机械化配套技术，合理匹配，使全线形成快速施工能力。

3.6.2 施工机械设备管理的内容

施工机械设备管理的内容[18]包括：

（1）运行管理。在设备正式使用之前，按照相应的规章制度对设备进行检查，对设备参数进行调试。例如，在使用挖掘机前对其力臂、力矩进行适当调整，以提高挖掘机对工作环境的适应性。

（2）使用管理。驾驶员操作行为应严格遵守既定规范要求，确保机械设备使用的安全性。

（3）保养管理。机械设备所处工作环境比较复杂，设备使用完成之后及时清理，并对一些零部件进行润滑，以延长设备使用寿命。

（4）维修与配件管理。施工机械出现故障后，及时报备，根据故障原因及时调换零件，做好相应的维修记录。

3.6.3 施工机械设备管理的标准化要求

城市轨道施工机械和设备管理应依据《中华人民共和国安全生产法》、《建设工程安全生产管理条例》（国务院令第 393 号）及其他有关安全管理规定实行。建设、设计、施工、监理、行车组织和设备管理单位应当建立健全大型机械设备安全管理制度和岗位安全责任制度，单位的主要负责人应对本单位大型机械设备的安全全面负责。

1. 工程机械管理信息内容

（1）机械基本信息：机械类别、名称、型号、规格、出厂日期、生产批次和厂商等。

（2）使用信息：使用频率、单个周期使用时间、使用年份、指导周期等。

（3）保障性信息：综合技术保障计划、评估和选择等。

（4）维修性信息：维修性分析、机械维修规划、故障模式影响与危害性分析、维修级别分析、抢修性分析等。

（5）人员信息：人员名称、技能等级等。

2. 运行管理内容

运行管理内容包括建立施工机械和设备台账，对其进行全面管理，并定期根据台账进行实物检查，对设备的状态进行标识，标明设备是在用、待修还是报废状态。加强机械设备使用的安全检测，重视建筑施工机械设备养护工作，根据设备的实际情况制订切实可行的预防措施，对设备运行过程进行动态化监控，积极采取各种防范措施，保障设备和工作人员的安全。

3. 使用管理内容

（1）加强精细化的使用。明确机械设备精细化管理要求，采用先进的管理模式，保证各类机械设备的使用功能得到充分发挥。

（2）实行定岗、定机的机械保管责任制度。每台机械设备使用人员固定，不任意更换。对于大中型机械设备，采取机长领导的分工责任制度，加强对机械设备的日常保养，增强设备使用人员的责任感。

（3）制订完善的职业培训机制，结合机械设备使用人员的具体工作情况，定期进行上岗培训，并制订完善的培训档案。

（4）防止机械设备的不规范使用，严禁各类机械设备出现低载、低负荷运行，如果机械设备出现较大的运行故障，要立即停止运行。

（5）优化机械设备运行环境，保证各类机械设备的安稳运行。

4. 维修与定期保养管理内容

（1）针对工程不常使用的机械设备进行定期保养，避免生锈，对核心部件定期更换、擦拭，避免灰尘进入。

（2）定期查看机械设备的型号和数量，根据工程进度计划要求，合理增减设备投入量。

（3）机械设备保养时，如发现设备存在问题或者磨损严重，及时向上级部门反馈，申请重新采购或者租赁，避免机械设备带病作业。

（4）加大施工机械设备管理的资金投入，及时更换落后的机械设备，重视运用先进型和节能型的机械设备。

3.7　施工设施标准化的实施细则

3.7.1　施工安全防护设施

（1）临边防护要求如下：护栏采用预埋方钢管，尺寸建议为 50mm×50mm，壁厚 2.0mm，高度 1.2m，设置上中下 3 道水平栏杆，间距 50cm，采用密目式铁丝网全封闭，涂刷红白相间油漆警示，间距 30cm，下部设置 20cm 高砖砌挡墙，涂刷 30cm 宽、与地面呈 60° 黄黑相间油漆警示。

（2）洞口防护要求包括：

① 边长或直径 20～50cm 的洞口，利用钢筋混凝土内钢筋或固定盖板防护，做到定型化、工具化。

② 边长或直径 50～150cm 的洞口，利用钢筋混凝土内钢筋贯穿洞口构成防护网，网格大于 20cm 的，要另外加密。

③ 边长或直径 150cm 以上的洞口，四周应设防护栏杆，洞口下张挂安全网。

④ 垃圾道、烟道、管笼井应随楼层施工进度及时安装防护设施，每隔两层或不大于 10m 张挂安全网，门口处设防护栏杆，消除洞口隐患。

（3）楼口防护要求包括：

① 按照施工进度及时设置楼梯口、楼梯边的临时护栏。

② 顶层楼梯平台应随施工进度及时设置临时护栏或正式护栏。

（4）电梯井口防护要求包括：

① 电梯井门口用型钢制作防护门，门高 1.8m，宽度根据电梯井门大小而定，门上部左、右角用螺栓固定。

② 电梯井内每隔两层或不大于 10m 张设安全网，生根牢固，在电梯井壁四周打 8 个 ϕ12mm 膨胀螺栓与 5mm×5mm×50mm 角铁连接或用 ϕ48mm×3.5mm 钢管扣件连接牢固。

（5）车站孔洞防护要求包括：

① 洞口边长或直径小于 50cm，必须用坚实的盖板盖严，涂刷黄黑相间油漆警示，并有固定其位置措施，避免挪动。

② 洞口边长或直径大于 50cm，除设置密实盖板外，还必须设置 1.2m 高的标准防护栏，张贴安全警示标示。

（6）竖井口、深基坑、沟槽作业时的下料口、上下通道两侧必须设置防护栏杆，用密目网封闭。在竖井中设置的行人上下通道，必须使用钢丝网进行全封闭防护，与物料上下通道完全隔离。

（7）基坑四周防护栏杆必须设置封底的密目式安全网。当基坑采用板桩支护时，钢管可打在模板外侧，严禁用螺纹钢、竹竿等搭设防护栏杆。

（8）竖井口必须设置值班人员，负责落实上下井人员翻牌登记，所有人员进入施工现场必须正确佩戴符合标准的安全帽。

（9）因作业必须临时拆除或变动安全防护设施时，应经施工负责人同意并采取相应可靠措施，作业后应立即恢复原安全防护设施。

（10）凡在坠落高度基准面 2m 以上（含 2m）高处（包括基坑临边）进行作业，临边必须设置防护栏杆。下口应进行有效封闭，并加挂密目式安全网；现场登高的爬梯外侧也应设置密目式安全网。

（11）各种安全设施要建立档案，编入设备检修计划，由专人负责管理，经常检查和维护保养。具体要求包括：

① 各种防护器具都应定点存放在安全、方便的地方，并有专人负责保管，定期校验和维护。

② 购买各种安全设施及防护用品时，应采购具备产品生产许可证、出厂合格证、劳动部门检测证等的产品。

③ 建立安全防护设施购买、发放台账，安排专人保管和发放，并督促、教育员工正确佩戴和使用劳动防护用品。

④ 项目部定期对安全防护设施进行检查，凡有破损、裂缝、腐朽的安全帽，断丝、腐朽的安全网，破损、断丝的安全带等各种防护用品，达不到规定承载要求的均作报废处理。

3.7.2　施工警示标志

（1）安全隐患处必须设置安全警示牌。

（2）有针对性地将各类安全警示标志悬挂于施工现场各相应部位，发挥警示、警告作用。

① 在进入施工现场的大门入口，必须悬挂“进入施工现场必须正确佩戴安全帽”“高空作业施工必须系安全带”等标志牌。

② 具有火灾危险物质的场所、易燃易爆场所等，应悬挂“禁止吸烟”“禁止烟火”“当心火灾”“禁止明火作业”等标志牌。

③ 高处作业场所、深基坑周边等场所，应悬挂“禁止抛物”“当心滑跌”“当心坠落”等标志牌。

④ 在各种需要动火、焊接的场所，应悬挂“必须戴防护眼镜”“当心火灾”“必须穿防护鞋”“注意安全”等标志牌。

⑤ 在脚手架、高处平台、地面的深沟（坑、槽）等处，应悬挂“当心坠落”“当心落物”“禁止抛物”等标志牌。

⑥ 旋转的机械加工设备旁，应悬挂“禁止戴手套”“禁止触摸”“当心伤手”等标志牌。

⑦ 设备维护、线路检修、零部件更换时，应在相应设施、设备、开关箱等附近悬挂“禁止合闸”“禁止启动”等标志牌。

⑧ 有坍塌危险的构筑物、脚手架、设备、龙门吊、外用电梯等场所，应悬挂“禁止攀登”“禁止逗留”“当心落物”“当心坍塌”等标志牌。

⑨ 有危险的作业区，如起重吊装、交叉作业、爆破场所、高压实验区、高压线、输变电设备的附近，应悬挂“禁止通行”“禁止靠近”“禁止入内”等标志牌。

⑩ 专用的运输车道、作业场所的沟、坎、坑、洞等地，应悬挂“禁止跨越”“禁止靠近”“当心滑跌”“当心坑洞”等标志牌。

⑪ 在总配电房、总配电箱、各级开关箱等处，应悬挂“当心触电”“有电危险”等标志牌。

⑫ 龙门吊吊篮、外操作载货电梯框架、物料提升机等地，应悬挂“禁止乘人”“禁止逗留”“当心落物”等标志牌。

⑬ 在钢筋加工机械、电锯、电刨、砂轮机、套丝机、打孔机等机械设备的旁边，应悬挂“当心机械伤人”“当心伤手”等标志牌。

⑭ 在混凝土搅拌机、砂浆搅拌机、钢筋机械设备等旁边，应悬挂“安全操作规程”等。

⑮ 在通向紧急出口的通道、楼梯口、消防通道口等地，应悬挂“紧急出口”“安全通道”“安全出口”“消防通道”等标志牌。

⑯ 在施工、维修、吊装等作业现场设置警戒区域和临时交通等警示标志。

⑰ 在可能产生职业危害的场所设置公告栏，公布有关职业危害防治的规章制度、操作规程、职业危害事故应急救援措施和作业场所职业危害因素检测结果。

（3）施工作业人员不得随意拆除各类安全警示标志、安全防护设施和安全防护装置，对造成事故的，要依法追究其责任。

3.7.3　施工用电管理

（1）施工现场要求包括：必须采用 TN-S 接零保护系统（俗称三相五线制系统），必须做到“三级配电，两级保护”和“一机一闸一漏一箱”。用电线路、配电箱、开关箱等应按《施工现场临时用电安全技术规范》（JGJ 46—2005）等相关规范要求布置。

（2）变压器站要求包括：

① 站址基础稳固，靠近施工负荷中心，周围用高铁丝网或围墙围挡。

② 设置岗位安全操作规程牌，变压器旁挂“高压危险”“配电重地，闲人免进”警告牌。

③ 变压器站内设 4kg 干粉灭火器 2 具，灭火沙 2m^3，铁锹 2 把，铁桶 2 只。

④ 设置避雷针一个。

⑤ 配电室内配置绝缘垫、鞋、手套等防护用品。

（3）配电箱要求包括：

① 配电箱统一安装漏电保护器，挂“有电、危险”警告牌。

② 动力、照明线分开架设，采用绝缘子固定，绑扎线必须使用绝缘线，线间距 10cm，高压线离地面 3.5m 以上。

③ 采用暗埋敷设的电力线路时，应沿走向埋设红白色的标志桩或填写隐蔽工程记录表标明平面位置。

（4）安全用电责任制内容包括：

① 项目经理为安全用电的总责任人。

② 项目副经理具体组织实施各项用电安全措施和安全制度。

③ 项目总工程师负责编制和审核用电安全技术方案，进行用电安全一级技术交底。

④ 施工现场的专职安全员负责日常用电安全教育、管理、监督、检查等工作，并及时向项目经理报告用电安全生产执行情况。

⑤ 机电员和安全监控员协同专职安全员工作。

⑥ 现场所有接、拉电线及电器设备均由持证电工操作。

（5）项目经理定期组织有关人员进行用电安全抽检和全面检查，发现问题及时整改。发生事故隐患时，按安全用电“三不放过”（事故原因不清不放过、事故责任者或应受教育没有受到教育的不放过、没有采取防范措施的不放过）原则及时处理。

（6）经常检修现场电箱，保证箱内各类电器装置灵敏有效，完整无缺，绝缘良好，无外露带电部分，安装牢固，布置接线规范。电箱装设在干燥、通风、常温及无杂物、无液体浸溅的场所，并采取设防雨棚等防雨措施。

（7）动力、照明线路分路设置；选用合理的额定漏电动作电流的漏电保护器，进行分级配合，严格执行“一机一闸一漏一箱”制，选用与用电设备相匹配的漏电开关。

（8）作业场所及通道处设置照明设备。现场照明一律采用软质橡皮护套线并有漏电开关保护，照明导线不随便拖拉或缠绑在脚手架等设施上。

① 人行通道建议用 40W 荧光灯以每 8m 间隔进行布置。

② 在作业场所增加照明设备以加强照明。

③ 出入口、阶梯、通道等必要场所应设紧急照明设备。

④ 隧道内设置应急灯，设置紧急情况撤离方向标志及报警装置。

（9）所有电气设备绝缘，安装漏电保护装置并接地。非指定人员不动用电气设备，所有电气设备由专人负责检查保养。

（10）工具软电缆插头不任意拆除、调换，软电缆不任意加长。

（11）配电间设警告标志，施工现场不使用带线多位插座。

（12）电动机械及手动工具均设二级漏电保护装置。电焊机、切断机等设备一律装随机控制交流接触器或铁壳开关，并接保护零线，不使用倒顺开关。

（13）设备使用前，先检查电源、电机及电器的绝缘是否良好，确保一切正常后，方可操作。

（14）夜间施工或自然采光差的场所，如作业厂房、料具堆放场、道路、仓库、办公室、食堂、宿舍、厕所等，应设一般照明、局部照明或混合照明。

（15）高空作业、起重作业等区域，应设自备电源的应急照明。

（16）电气设备或线路不应超过安全负荷，安装合格的保险设备，严禁用铜丝、铁丝等代替保险丝。

（17）施工现场严禁使用碘钨灯。

3.7.4 消防设施及防火管理

（1）在施工现场的各防火重点部位布置足够数量的灭火器，重点部位每 $20m^2$ 配备一具灭火器，一般部位每 $60m^2$ 配备一具灭火器。

（2）现场应保持消防车通道畅通无阻。

（3）在易燃易爆危险品存放、使用地点，设置灭火器、沙箱、消防锹等设备。

（4）落实管理责任制，建立防火档案，安排专人负责项目部易燃易爆危险品的管理、检查，以及消防器材的配置与维修保养。

（5）现场组建以项目经理为第一责任人的防火领导小组，义务消防队员、班组防火员签订消防责任书，做到“预防为主，防消结合”。

（6）建立、健全防火检查制度，发现火险隐患，必须立即消除；一时难以消除的隐患，定人、定项目、定措施，限期整改。

（7）对可能发生火灾、爆炸的重点部位或仓库，消防设施每月要进行不少于一次的巡视检查。

（8）严格执行三级动用明火制度，重点部位防火采取有效的防范措施。施工现场的动火作业必须根据不同等级动火作业执行审批制度。

（9）发生火灾或爆炸事故时，及时疏散人员，组织抢救，拨打火警电话 119 和急救电话 120。

（10）火灾、爆炸事故发生时，由最先发现人员迅速将信息传递给项目经理和派出所，同时采取切断、隔离危险品措施，防止事态进一步扩大。

（11）若事态不能及时控制，在现场领导的统一指挥下，立即向市、区消防队报警救援。报警时讲明事故的地点、火势大小、燃烧或爆炸物质及项目部电话号码等详细情况。

3.7.5 喷射、注浆混凝土拌和站

（1）拌和站要靠近砂石料场、水泥库、水池和混凝土用量集中的施工点。

（2）配合比牌、岗位安全操作规程牌随机挂设，“施工重地，注意安全”警示牌置于拌和站架子楼下。

（3）配合比牌内容包括：原材料名称、厂地、规格型号、理论配合比、施工配合比、每盘混凝土用量、浇筑部位、技术负责人、试验负责人等。

（4）拌和站四周应设置排水系统和污水沉淀池。

3.7.6 高空作业设施

（1）高空作业设施搭、拆应有施工方案，并履行交底签字手续。

（2）高空作业设施搭、拆作业前应进行安全技术交底签字手续，作业人员持证上岗。

（3）高空作业设施搭、拆时应设置警戒区，由专人负责监控记录。

（4）高空作业设施搭设完毕后，应经过验收合格后方可使用。

（5）遇到恶劣气候影响施工安全时（如风力大于 6 级、大雨、大雪、大雾天气），不得进行高处脚手架搭、拆作业。

（6）高空作业设施拆卸前必须进行全面检查，在确定无危险因素的情况下，方可开始拆卸作业。

（7）脚手架（落地、悬挂、升降）工程安装。

① 按规范做好拉结（水平不大于 3.6m，垂直不大于 3.6m，采取梅花形拉结），防止脚手架倒塌。

② 脚手架应设专用通道，严禁作业人员攀爬架体。

③ 升降脚手架应设置安全可靠的防倾覆、防坠落装置，升降时脚手架上不准有其他施工人员，每升降一次应在验收合格签字后方可作业。

④ 拆除脚手架前应对脚手架进行全面检查，在确定无危险因素的情况下，方可开始拆除作业，如有拉结已被拆除的，应先加固。

⑤ 拆除应按自上而下的顺序，不得采用踏步式拆除，不得上下同时作业。

⑥ 搭、拆脚手架时，如已拆开扣件，不得中途停止，对留存的脚手架的端面必须做好封头，防止人员坠落。

（8）脚手架的使用。

① 施工层应连续 3 步铺设脚手板，脚手板必须满铺且固定。

② 施工层脚手架部分与建筑物之间应封闭，当脚手架与建筑物之间的距离大于 20cm 时，还应自上而下做到 4 步一隔离。

③ 操作层设置 1.2m 高的栏杆，挡脚板与立杆固定，并有一定的机械强度。

④ 架体外侧用密目式安全网封闭，网体与操作层不应有大于 10mm 的缝隙，网间不应有大于 25mm 的缝隙。

⑤ 操作人员上下脚手架必须有安全可靠的斜道或挂梯，斜道坡度走人时取不大于 1∶3，运料时取不大于 1∶4，坡面每隔 30cm 设一防滑条。

⑥ 脚手架每月进行一次专项检查。

⑦ 脚手架搭设人员必须取得相应的资格证书，持证上岗。

⑧ 脚手架搭设安装前应先对基础等架体承重部位进行验收；搭设安装后分段验收，特殊脚手架须由工程部会同安全等部门验收合格后才能使用。

⑨ 钢管脚手架应有良好的接地装置，接地电阻不大于 4Ω，雷雨季节应按规范设置避雷装置。

⑩ 严禁在脚手架上堆放钢模板、木料及施工多余的物料等，以确保脚手架畅通和防止超载荷。

（9）井架搭、拆及使用。

① 严禁人员在吊篮里进行拆卸作业，严禁吊篮载人，严禁超载。

② 井架卸料平台应铺设牢固，两侧防护应严密。

③ 吊篮未停稳前，层门应关闭，不得开启。施工人员的头、手不得伸入井架内。

（10）人货两用电梯的安、拆及使用。

① 楼层层门向内开启，配备驾驶员负责关闭，严禁楼层作业人员违规开启层门。

② 防坠装置灵敏有效，通信装置正常。

③ 驾驶员持证上岗，严禁超载，吊笼未停稳不准开启笼门。

（11）塔吊的安、拆及使用。

① 内爬扶梯设安全圈，与楼层连接通道两侧防护应牢固严密。

② 三限位、五保险应灵活有效。

③ 驾驶员挂钩指挥应持证上岗。

④ 吊装区域应设警告标志，吊臂半径范围内临设应搭设防坠棚。

（12）各类固定、移动式操作平台及卸料平台。

① 固定、移动式操作平台及卸料平台应由项目工程师按现行的相应规范进行设计、计算及绘制图纸。

② 操作平台可采用ϕ48mm×3.5mm 钢管、扣件连接，平台格栅间距不应大于 40cm，台面应满铺 5cm 厚木板。

③ 有登高扶梯，台面四周设置 1.2m 高围护。

④ 固定、移动式操作平台高度达到 2m 的，底边长度不小于 1.5m；平台高度达到 3m 的，底边长度不小于 2m；平台高度达到 4m 的，底边长度不小于 2.5m；平台高度达到 5m 的，底边长度不小于 2.8m。固定、移动式操作平台底边以正方形为宜。平台高度不大于 5m 的，作业台面不宜大于 10m^2。

⑤ 移动平台主轮宜用手推车车轮，采用转轮时其直径不宜小于 30cm。

⑥ 卸料平台不得与脚手架连接，应独立与建筑物拉结牢固。

⑦ 移动平台移动时，平台上不得乘人，严禁人在平台攀拉移动。

⑧ 操作平台在移动后、作业前应将轮子固定。

（13）起重吊运安全。

① 严格执行吊装令，无吊装令的严禁进行吊运。

② 操作前检查起吊和尾部回转范围内有无障碍物。

③ 操作前检查钢丝绳磨损情况，以及各种限位和保险装置的可靠情况。

④ 起吊前必须进行试吊，确保安全可靠后方可正式吊运。

⑤ 司机（或操作人员）必须得到指挥信号后方可进行操作，操作前必须按铃或发信号。

⑥ 起吊时的一切动作要以缓慢速度进行，严禁同时进行两个动作。

⑦ 吊车上安装防风安全装置，八级以上大风禁用吊车。

（14）工作井处垂直运输安全。

① 在工作井四周设安全挡板，防止井边坠物伤人。

② 起吊龙门吊等设备有限位保险装置，不带病、超负荷工作并定期检修。

③ 龙门吊操作由专人持证上岗；吊装时施工现场配置两名指挥，盾构井上下各一名。

④ 定期检查吊索具，发现断丝超标、钢丝绳棱角边损坏等现象，及时报废更换。

⑤ 工程弃土及零星材料吊运时，不可满斗，避免材料散落伤人。

3.7.7　施工机械设备的管理制度

施工机械设备的管理制度包括：

（1）建立机械设备管理台账档案，包括机械设备登记卡、施工设备组织计划、施工设备维修计划、施工设备购置申请表、施工设备报废申请表等。

（2）机械设备台账应包括下列内容：

① 设备的名称、类别、数量、编号。

② 设备购买日期。

③ 产品合格证及生产许可证（复印件及其他证明材料）。

④ 使用说明书等技术资料。

⑤ 操作人员当班记录，维修、保养、自检记录。

⑥ 大、中型设备安装、拆卸方案，施工设备验收单及安装验收报告。

⑦ 设备操作人员资格证明材料。

（3）机械设备标识要求包括：

① 设备标识制作统一的标识牌，分为“大、中型施工设备”“小型施工设备”“施工机具”3 类。

② 标识牌应按要求填写。项目经理部设备员将检查结果填入设备标识牌的“检验状态”一栏中，检查结果分为合格、不合格、停用，同时施工设备技术监督员将检查情况填入机械设备检查评定表中。

③ 标识牌应固定在设备较明显的部位。

（4）机械设备的组织要求包括：

① 新开工工程，项目经理部应先根据该工程实际情况编写施工设备组织计划，并报上级审批、备案。

② 项目部设备来源分为新购、调配、自有、租赁。

③ 凡由项目部自行制作、改制的设备，均要评定合格才可投入使用。

（5）机械设备租赁管理要求包括：

① 项目部租赁大、中型设备时，签订租赁合同。

② 租赁设备进场使用前，对其性能进行评定、验收，验收合格后，方可投入安装使用。

③ 租赁设备的管理纳入项目部设备的统一管理中。

（6）机械设备的使用管理要求包括：

① 机械设备使用的日常管理由项目部负责，项目经理部聘任设备员，设备员具备机械设备基础知识和一定的设备管理经验。

② 机械设备使用应配备足够的工作人员（操作人员、指挥人员及维修人员），操作人员必须按规定持证上岗。

③ 机械设备使用应按照使用说明书的规定进行，严禁超负荷运转。

④ 机械设备在使用期间要按设备保养规程的规定做好日常保养、小修、中修等维护保养工作，严禁带病运转。

⑤ 机械设备的操作、维修人员应认真做好设备运转当班记录及设备维修记录。

（7）中途停工的工程机械设备应做好保护工作，小型设备应清洁、维修好进仓，大型设备应定期（一般一个月一次）做维护保养。

（8）机械设备凡是属下列情况之一的，应予报废：

① 主要机构部件已严重损坏，即使修理，其工作能力仍然达不到技术要求和不能保证安全生产的。

② 因意外灾害或事故，机械设备受到严重损坏，已无法修复的。

③ 国家规定淘汰机型或超过使用年限，且无配件来源的。

3.7.8 机械设备的使用和维护保养制度

机械设备的使用和维护保养制度包括：

（1）设备操作人员是使用、保管设备的直接责任者。

（2）设备操作人员必须经过安全教育、岗位培训，掌握设备管理、安全操作、正确维护保养技能后，才能被分配到具体机台操作设备。

① 特殊工种如电工、电焊工、气焊工、铲车驾驶员等，需按照国家规定进行专业培训，经归口部门考试合格后发放操作证，方可持证上岗操作。

② 按《建筑机械使用安全技术规程》（JGJ 33—2012）规定的要求执行。龙门吊、起重机、混凝土泵送设备和盾构机等的操作由专人持证进行，做到定机定人。

③ 设备操作人员应严格遵守操作规程，做到“四懂”“三会”。其中，“四懂”为懂结构、懂原理、懂性能、懂用途，“三会”为会使用、会维护保养、会排除故障。

④ 交班人员应做好电、气（汽）、水阀门等的交班准备工作，并将当班运转情况记录完整交给接班人员。

⑤ 接班人员必须检查设备状态及上一班的运转记录，发现疑问应查明原因，解决后方能开机生产。

（3）设备的日常保养由操作人员负责，要求包括：

① 定期组织机电设备、车辆的专项安全检查，对检查中查出的安全问题及时进行调查处理，制订防范措施，防止机械事故发生。

② 坚持定期保养制度，做好操作前和操作后设备的清洁润滑、紧固、调整和防腐工作。

③ 所有施工设备和机具在投入使用前均由机械技术人员进行检查、维修保养，确保状况良好，各种保险、限位、制动、防护等安全装置应齐全可靠。

④ 机械设备检查采取巡视、听取汇报、查看记录等方式，主要检查设备正确使用和设备的完好状况、泄漏状况、检修计划、设备运转率。

⑤ 大型设备龙门吊、起重机吊钩超高限位器、力矩限制器、吊钩保险、起重量指示器等齐全、灵敏、有效，灯光、喇叭（警铃）完好有效。

（4）备用设备、闲置设备的维护保养。

① 指定专人负责维护保养，不受潮、不腐蚀，保持完好状态。

② 存放在仓库的闲置设备维护保养工作由仓库专职保管员负责。

（5）机械设备在施工现场停放时，应选择安全的停放地点，由专人看管。

（6）严禁对运转中的机械设备进行维修、保养、调整等作业。

（7）指挥施工机械的作业人员的要求包括：

① 必须站在可让人看见的安全地点，并应明确规定指挥联络信号。

② 吊车、龙门吊有专人指挥。操作、指挥人员及时、如实地做好班前例行保养记录和班后运转记录。

③ 起重机的工作臂范围内严禁站人。

（8）使用钢丝绳的机械，在运转中严禁用手套或其他物体接触钢丝绳。用钢丝绳拖、拉机械重物时，人员应远离钢丝绳。钢丝绳规格、强度符合要求，正确使用，吊钩、吊环无裂纹、变形、破口和补焊，磨损不超标。

3.7.9　机械设备的检修制度

设备检修是消除设备技术状况劣化的重要管理工作。设备检修分为小修、中修、大修和顶修。

（1）小修指故障性修理，包括清洗、更换和修复少量容易磨损、松动、锈蚀的零部件或部位，检查疏通润滑油系统，更换密封填料。小修的目的是清除设备在使用中突然发生的故障性损坏和临时故障的修理。

（2）中修指根据设备的实际情况，对状态劣化，已难以达到生产工艺要求的部件进行有针对性的维修。中修时，一般要进行部分拆卸，检查、更换或修复失效的零件，必要时，对基准件进行局部维修和精度调整，从而恢复所修部分的精度和性能。

（3）大修指设备恢复性修理，包括小、中修全部内容。大修后的设备要全面恢复其性能达到出厂标准或合同要求，保证使用到下次大修。

（4）顶修指根据设备的结构、使用特点及技术状态，对其达不到工艺要求的少数或个别部件进行针对性修理，使其满足设备的正常使用。

第 4 章　施工人员的标准化

4.1　施工人员标准化的目的和对象

4.1.1　施工人员标准化的目的

城市轨道交通建设项目的实施涉及业主、建设单位、监理单位、勘察设计单位、施工单位和供应商等多个参与方，容易出现各管理部门权责重复或不清晰现象，明确各参与单位的权责与管理权限，有利于建设项目保质保量顺利完成，当出现问题或事故时，能够进行追责，保证工程实施过程有人管理、有人负责。加大对施工人员的标准化管理力度，可为施工项目的健康发展提供强有力的保障[19-24]。

4.1.2　施工人员的标准化对象

施工人员的标准化对象包括：

（1）建设单位人员的标准化。

（2）监理单位人员的标准化。

（3）施工单位人员的标准化。

4.2　建设单位人员的标准化管理

建设单位是执行国家基本建设计划、组织和督促基本建设工作、支配和使用基本建设投资的基层单位。建设单位作为工程项目投资方、项目任务承担方及项目有关的其他参与者之间的纽带，需兼顾各方利益，参与各方交流、管理工作。

4.2.1　素质技能要求的管理

1. 素质技能要求的管理目的

建设单位管理人员应不断提升各种基本素质技能，处理人与人、人与环境之间的关系。

（1）明确建设单位管理人员的基本素质技能要求，作为建设单位管理人员的硬性要求。

（2）建设单位管理人员通过基本素质技能要求掌握解决各种管理问题的要点。

（3）有效、及时处理各种突发事件及各种关系。

2. 素质技能要求管理的内容

建设单位管理人员在城市轨道交通建设项目中起主导作用，重点监督和落实工程质量、成本和安全，因此应深入工程实际，积极发现问题并解决问题。

（1）专业能力。建设单位管理人员应掌握与工程建设相关的专业知识和业务技能，学习新规范、新技能，提升自身的能力和工程管理水平，承担项目管理的重要任务，有效管控施工和建设单位，把握项目质量、进度和成本。

（2）沟通协调能力。建设单位作为投资方、项目任务承担方及其他参与者之间的纽带，需要与各单位沟通协调，保证工程有序完工。

（3）职业道德水平。建设单位管理人员应具有超高的职业道德水准，在诱惑面前坚持自我，在监督工作时细心认真，在解决问题时公事公办，在执行管理任务时诚实可靠，在接受批评教育时虚心谦卑，在对待工作时专心认真。

（4）心理素质和随机应变能力。建设工程管理包括技术管理、风险控制管理、危机管理等。在工程建设过程中会遇到难以预料的各种突发事件，建设单位管理人员应沉着冷静地采取应急措施，抓住问题根源，及时有效地解决问题。

4.2.2 建设单位职责管理

1. 建设单位职责管理的目的

建设单位职责管理的目的包括明确建设单位职责，对工程项目的全过程进行管理、协调、监督。

2. 建设单位职责管理的内容

（1）提出工程项目设计文件的要求，对设计变更进行处理。

（2）选择合适的发包模式，负责工程项目承担者的招标工作，确定合适的中标人，与之签订项目实施合同并落实。

（3）负责工程项目材料、设备等的采购计划和使用计划的编制与实施。

（4）编制工程项目实施过程中的三大控制（进度、质量、成本）计划，把控工程项目三大控制计划。

（5）在工程建设的施工阶段，对承包商招标、材料采购、工程进度、质量、成本、安全、施工环境等各方面进行控制管理。

（6）在运营阶段，对工程建设的相关信息进行维护与共享，方便相应的维修与业主使用。

苏州轨道交通部分标段组织机构示例如图 4-1 和图 4-2 所示。

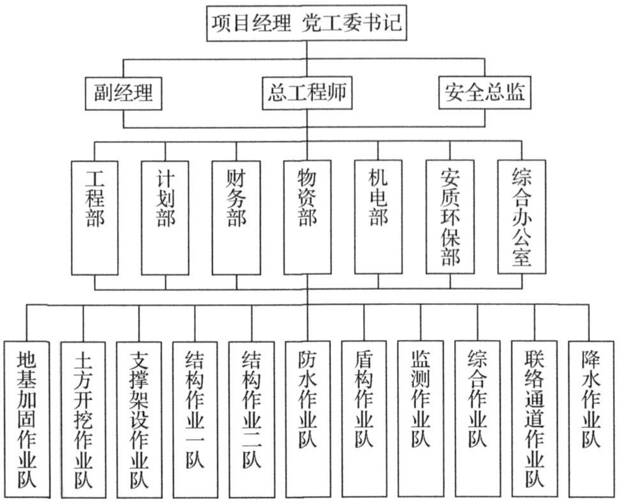

图 4-1　苏州轨道交通 S1-TS-02 标组织机构

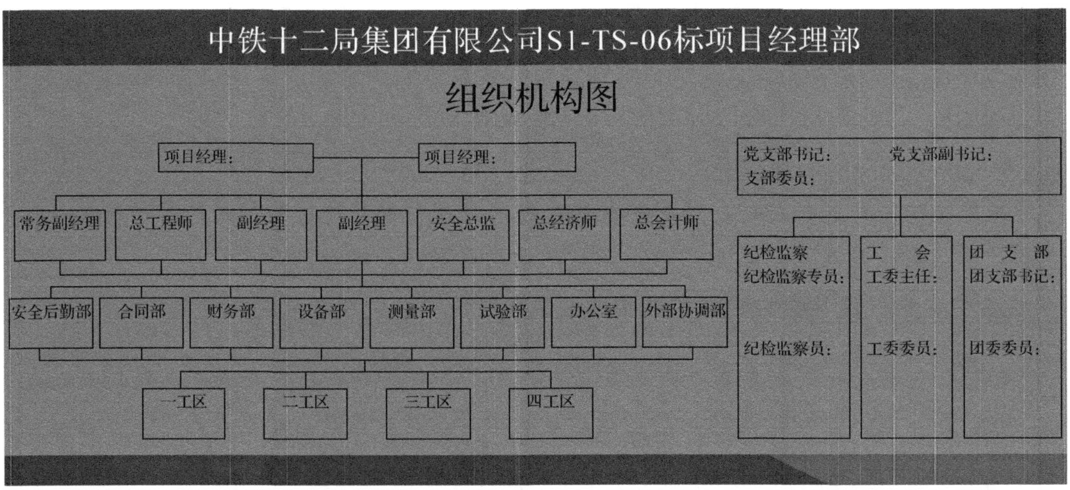

图 4-2　苏州轨道交通 S1-TS-06 标组织机构

4.3　监理单位人员的标准化管理

监理单位是工程建设五大主体（建设单位、勘察单位、设计单位、施工单位、监理单位）之一，是工程施工中各协作单位的协调者和管理者，尤其在协调业主与施工单位的关系中起很大的作用，也是确保工程施工安全性、高效性和高质量完成的重要保障。

4.3.1　监理单位人员职责管理的目的

监理单位人员职责管理的目的包括：

（1）正确处理建设单位、监理单位、施工单位等之间的关系。

（2）明确总监理工程师、总监代表、专业监理工程师、监理工程师及各监理员的职责，明确各监理单位的权责与管理权限。

4.3.2　监理单位人员职责管理的内容

监理单位人员职责管理的内容包括：

（1）总监理工程师：监理单位派驻项目履行合同规定的各项监理工作的全权负责人，全面负责和领导项目的监理工作。

（2）总监代表：受总监理工程师的委托承担其分管的业务，代表总监理工程师签发各种指示、指令，签署各种监理报告，出席有关部室会议等。

（3）专业监理工程师：按照土建、水暖、通风空调、电气、通信、信号、试验、测量、预算、安全、资料档案等划分各类专业监理工程师，协助总监理工程师完成本专业监理的有关工作。

（4）监理工程师：在总监理工程师和总监代表领导下具体执行分管的监理任务，对分管的监理任务具有签字权。监理工程师应深入施工现场履行监督检查职责，对分管工程全面负责，并按照规定向上级负责人报告工作。

（5）监理员：监理工程师的助手，负责对工程质量、原材料、设备进行质量检查，对关键工序进行旁站，及时准确地向监理工程师报告有关工程动态。

4.4　施工单位人员的标准化管理

4.4.1　项目部管理人员的标准化管理

施工现场是工程劳动力最为集中的部门，也是人员组合、人群构成最为复杂的部门，主要分为管理层和生产层。

1. 项目部管理人员管理的目的

（1）科学划分岗位职责，各部门职责分明，有序进行施工工作。

（2）促进各部门协助进行施工作业，保证施工作业高效完成。

2. 项目部管理人员管理的内容

1）组织架构方式

项目组织机构的组织形式和规模应根据合同内容及期限、规模、技术复杂程度、工程环境等因素确定。项目组织机构人员应按专业配备，数量应满足工作需要。施工单位应遵循以下原则建立项目管理组织机构：

（1）职能明确，可为项目提供相互协同的全方位服务。

（2）组织构架科学、合理，与所需履行的职能相适应。

（3）人员必须具有相应的从业资格并经遴选任用。

（4）项目组织机构应得到派出组织授予的与其职能需要相适应的权力。

（5）项目组织机构明确管理目标，各部门及所有工作人员明确责任。

（6）在项目的不同阶段，组织机构应保持相对稳定，并根据实际需要做相应调整。

2）岗位职责

项目经理是项目施工的第一负责人，全面负责施工生产管理。其他管理层主要从适应施工现场的经营、计划、合同、工程、调度、技术、质量、安全、资金、预算、核算、劳务、物资及分包管理的需要来配置专职或兼职人员。管理层人员一般由企业固有员工组成。

城市轨道交通建设项目中主要明确划分指挥长、项目负责人、安全质量部、计划合同部、物资设备部、财务部门主要的岗位职责。

4.4.2　劳务人员的标准化管理

1. 劳务人员管理的目的

劳务人员管理的目的包括：选用优良的劳动队伍，保证劳动队伍资历、资质完整全面，保证施工过程的规范性。

2. 劳务人员管理的内容

1）劳务分包选用

劳务分包选用分为资格审查、综合评估、评审、合同签订、资料存放。项目部建立资格审查体系，认真核查有关管理部门对劳务分包企业的签发认证资料，并考察其是否有独立承担责任的能力。综合评估主要是指对企业资信、报价、履约能力、业绩进行评价。

2）管理标准

（1）建立劳务人员考核制度，调动劳务人员积极性。

（2）建立劳务人员动态管理模式，保证劳务人员活动规范性和劳务人员数据可追溯性。

（3）加强员工安全管理，增强员工自我保护意识，保证施工过程安全性。

3）作业水平能力

应保证各工种人员具有相应施工作业水平能力，进行相关考核，并查验其相关技能资格证书，在岗位培训合格后方可安排进入施工现场。

4.4.3　人员培训的标准化管理

1. 人员培训管理的目的

（1）建立学习培训制度，加强管理人员的管理能力和业务水平。

（2）提高建设管理人员对建设单位标准化管理的认识和实施标准化的能力。

（3）做好建设人才培训、培养和储备工作，充分发挥人才的作用。

2. 人员培训管理的内容

1）学习培训制度

（1）建立合理的学习培训制度，建设单位应保证人员掌握管理和业务知识。

（2）对安全专职人员进行岗前三级培训及安全资格培训，实时掌握国家有关安全生产的各种方针政策。

（3）对劳务人员进行岗前三级培训及安全教育培训，提高自我保护能力，熟练掌握劳动用品的正常使用。

（4）对乘用车驾驶员进行岗前三级培训及安全教育培训，重点对机动车驾驶知识进行培训。

（5）对换岗及待岗人员应进行岗前三级培训并考核合格后方可上岗。

2）培训活动安排要求

（1）通过岗前培训，提高管理人员适应单位和岗位工作的能力。

（2）通过在岗培训，做好建设人才培训、培养和储备工作。

（3）通过转岗培训，提高管理人员适应新岗位职责任务的能力。

（4）通过专项培训，提高管理人员对重大项目、重大工程、重大行动的开展能力。

（5）规范特种作业人员管理要求，保证人员在进行容易发生危险的作业时的安全。

3）培训考核记录要求

培训考核记录要求包括规范培训考核记录，保证所有正式上岗人员的考核记录合格，保证所有人员的培训记录具有可追溯性。

苏州轨道交通 S1 线部分站点人员培训管理基地、展示柜、讲评台等如图 4-3～图 4-9 所示。

（a）安全培训基地外部

（b）安全培训基地内部

图 4-3　苏州轨道交通 S1 线鹿城路站安全培训基地

（c）边坡攀爬坍塌体验

（d）钢丝绳展示

（e）交通安全教育

（f）洞口坠落体验

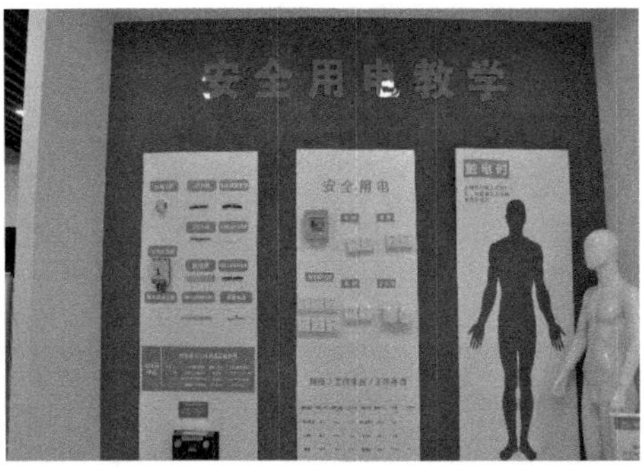

（g）安全用电教学

（h）护栏倾倒体验和吊装体验

（i）安全带、爬梯体验

（j）移动式操作架倾倒体验

图 4-3（续）

图 4-4　苏州轨道交通 S1 线渔家灯火站安全积分兑换物品展示柜

图 4-5　苏州轨道交通 S1 线城际花桥站班前讲评台

图 4-6　苏州轨道交通 S1 线洞庭湖路站班前教育讲评台

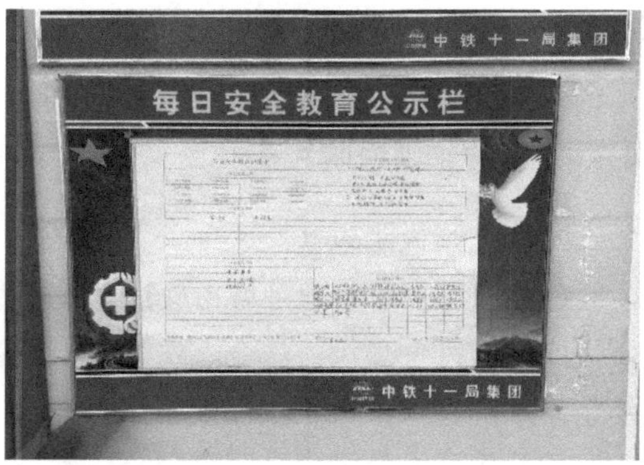

图 4-7　苏州轨道交通 S1 线每日安全教育公示栏

图 4-8　苏州轨道交通 S1-TS-06 标消防安全知识培训及考核现场

图 4-9　苏州轨道交通 S1-TS-12 标工程档案管理培训现场

4.5　施工人员标准化实施细则

4.5.1　实施细则说明

实施细则说明包括：

（1）施工人员管理是城市轨道建设工程项目管理的重点，主要任务包括：贯彻执行国家有关方针、政策、法令、法规及上级管理规定，建立健全施工人员管理规章制度，从根本上确保人员安全，保证施工质量。

（2）施工人员管理是明确划分各参与单位及人员在施工过程中的配备标准与职责，主要有建设单位人员管理、监理单位人员管理、施工单位人员管理。

4.5.2　建设单位人员的职责

建设单位人员的职责包括：

（1）轨道交通建设单位由人民政府依法确定。轨道交通建设单位应当履行市政公用事业的社会责任，负责轨道交通建设范围内的日常工作。

（2）轨道交通建设单位承担工程质量、安全生产和文明施工的综合管理责任。

（3）轨道交通线网各线路的详细规划和各专项规划由轨道交通建设单位组织编制，经市城乡规划行政主管部门审查后，按相关规定报批。

（4）轨道交通建设单位应当保证轨道交通安全设施设备与轨道交通主体工程同步设计、同步施工、同步验收、同步投入使用。

（5）轨道交通建设工程竣工后，轨道交通建设单位应当组织工程质量初验，有关建设行政主管部门应当参加并负责监督。

（6）轨道交通建设需要迁改设施、管线的，由相应设施、管线产权单位按照轨道交通工程建设要求进行迁改。

① 轨道交通建设单位应当对迁改工程地质状况、已有建（构）筑物及各种管线进行查勘、建档和动态检测，并应提前向相关所有权人或者管理人发出书面通知，相关所有权人或者管理人应当予以配合。

② 需要在已出让、划拨的土地上建设轨道交通出入口、通风亭、冷却塔等设施的，轨道交通建设单位可与土地使用权人就设施建设所需用地进行协商，协商一致的，依法变更土地使用权；协商不一致的，可以依法由市、县（市）人民政府收回土地使用权并给予补偿。

③ 影响道路通行的，向公安机关交通管理部门报告。

（7）轨道交通应当依照国家及其他相关规范设置安全保护区，要求包括：

① 安全保护区范围应当在制订相关规划时予以确定。因地质条件或者其他特殊情况，需要调整安全保护区范围的，应当经相关行政主管部门审定。

② 在安全保护区内作业的轨道交通工程施工单位，应当采取相应的安全保护措施保证轨道交通运营安全。出现危及运营安全的情形时，施工单位应当立即停止作业，采取补救措施，并报告许可作业的行政主管部门、其他相关行政主管部门和轨道交通建设单位、运营单位。

③ 轨道交通建设单位应当对安全保护区的安全状况进行日常巡查和管理，对可能危害轨道交通设施及安全运营的行为及时制止，并报告相关行政主管部门。

（8）轨道交通建设单位、施工单位应当建立安全生产预警和应急协调机制。

① 建立健全事故预防、报告和处理制度，编制专项应急处置方案并组织演练，实行建设项目安全监测动态管理，确保安全生产。

② 轨道交通建设单位应当根据专项应急预案制订轨道交通建设突发事件应急处置方案，并报各级有关部门备案。

③ 轨道交通建设单位应当配套建设应急救援场所，配备相应的设施、设备、物资和装备，成立应急管理领导机构和具体办事机构，组建应急咨询专家组和应急救援队伍，定期组织应急培训、演练，建立与全市应急保障体系联动的机制。

④ 发生突发事件时，轨道交通建设单位应当按照轨道交通突发事件应急处置方案迅速采取有效措施，进行先期处置、抢救，疏散人群，防止事故扩大，避免和减少人员伤亡、财产损失，同时及时向市人民政府应急管理部门和相关行政主管部门报告。

4.5.3 监理单位人员的职责

1. 总监理工程师的职责

（1）制订项目监理机构人员的分工和岗位职责。

（2）主持编写项目监理规划、审批项目监理实施细则，并负责管理监理机构的日常工作。

（3）检查和监督监理人员的工作，调配人员。

（4）组织施工图设计文件审查，对提出的优化和改善方案进行研究，并向建设、设计单位提出建议和意见。

（5）督促、检查本标段工程开工前的准备工作情况，审定承包单位提出的开工报告、施工组织设计、技术方案、进度计划，确保工程进度；参加本标段工程质量检查、评价与验收，检查分管监理标段的工程质量检验报告，随机抽样检查重点、关键工程的施工进度与施工质量。

（6）定期召开并主持监理工作会议，编写有关会议纪要，签发项目监理机构的文件和指令。

（7）审查分包单位的资质，并提出审查意见。

（8）主持或参与调查、分析、审查工程质量事故并督促及时处理；有权否定施工单位提出的处理意见，并责成重新研究处理方案；签发工程质量通知书、工程质量事故分析处理报告、返工、停工令；审签往来公文函件及报表。

（9）参加各类变更设计的会审，审核承包单位的有关申请、计量支付和竣工结算并签署意见，着重抓好工程投资控制管理。

（10）协调施工单位与设计单位处理索赔、审批工程延期。

（11）组织编写并签发监理周报、监理月报、监理工作阶段报告，以及专题报告和项目监理工作总结。

（12）审核签认工程质量检验评定资料，审查承包单位的竣工申请，组织监理人员对待验收的工程项目进行质量检查，主持或参与工程项目的竣工验收。

（13）主持整理工程项目的各项监理资料。

2. 总监代表的职责

总监代表受总监理工程师的委托承担其分管的任务，代表总监理工程师签发各种指示、指令，签署各种监理报告，出席有关部室会议。

3. 专业监理工程师的职责

（1）负责编制本专业的监理实施细则和本专业监理工作的具体实施。

（2）审查施工图，发现问题及时向总监理工程师汇报。

（3）按设计图及有关标准担任旁站工作，检查并记录施工单位的施工过程，发现问题及时向总监理工程师汇报。

（4）负责本专业分项工程验收及隐蔽工程验收。

（5）负责检查施工单位投入工程项目的人力、材料、主要机械设备及其使用状况，并做好检查记录。

（6）审查施工单位提交的涉及本专业的计划、方案、申请、变更，并向总监理工程师提交报告。

（7）定期向总监理工程师提交本专业监理工作实施情况报告，发现重大问题及时向总监理工程师汇报。

（8）对本专业监理工作编写监理日记。

（9）负责本专业监理资料的收集及整理，参与编写监理周报、月报。

（10）核查进场材料、设备、构配件的原始凭证、检测报告等质量证明文件及其质量情况，对材料、设备、构配件进行平行检查。对于钢筋混凝土工程，对水泥、碎石、砂、外加剂、配合比、钢材等严格加强试验监督检查和管理，对全过程进行控制。

（11）负责本专业的工程计量工作，审核工程计量的数据和原始凭证。

4. 监理工程师的职责

监理工程师在总监理工程师和总监代表领导下具体执行分管的监理任务，对分管的监理任务具有签字权。监理工程师应深入施工现场履行监督检查职责，对分管工程全面负责，并按照规定向上级负责人报告工作。

5. 监理员的职责

监理员是监理工程师的助手，负责对工程质量、原材料、设备进行质量检查，或对关键工序进行旁站，及时准确地向监理工程师报告有关工程动态。

4.5.4　项目部人员的职责

1. 指挥长的职责

（1）组织贯彻落实党和国家的方针、政策、法律、法规，执行市委、市政府、市轨道交通规划与建设领导小组做出的决定，确保工程项目建设方针政策得到落实，确保建设目标实现。

（2）负责主持指挥部的全面工作，召开全线工程管理及施工调度等会议。

（3）负责签发工程建设的各种重要指令，审批开工、停工、复工、竣工、验收等手续。

2. 项目经理的职责

（1）确定项目组的组织机构、职能分配、资源配置，全面负责项目管理。

（2）负责建立沟通机制，协助处理项目部内外事宜。

（3）负责项目部内部人员的考核奖惩工作。

（4）组织贯彻国家及有关部门颁布的相关试验检测规程、规范、监测大纲在项目中的执行情况，保证监测工作的科学性、公正性和准确性。

3. 安全质量部的职责

（1）监督检查本项目执行国家安全质量环保方针、政策、法规及各级颁发的安全质量环保条例、规则、规定、细则、制度和办法，以及开展安全质量环保活动情况。

（2）组织开展本项目全面质量管理，推进安全标准工地建设，督促检查安全、质量、环保、文明施工等各项保证措施的落实。

（3）深入施工现场，掌握安全质量动态，及时发现事故隐患，提出整改意见；制止违章作业和违章指挥；特殊情况有权停止生产和指挥作业人员撤离险区。

（4）参加生产会议和安全质量会议，负责安全事故与质量事故的调查分析；负责不合格品的控制监督检查，组织对质量事故的评审处置工作，监督纠纷和预防措施的实施。

（5）监督检查和配合有关部门进行对新上岗工人的“三级教育”和调换工作岗位的安全教育，组织检查本单位的持证上岗情况。

（6）参加本项目的验工计价和竣工验收。

（7）确保《质量管理体系 要求》（GB/T 19001—2016）、《环境管理体系 要求及使用指南》（GB/T 24001—2016）、《职业健康安全管理体系 要求及使用指南》（GB/T 45001—2020）在本项目切实有效地运行。

（8）负责现场的环境保护、水土保持、文物保护工作监督与检查，加强沿线管线的保护。

4. 工程部的职责

（1）认真执行、贯彻国家有关施工、技术、管理的方针政策、法律法规、规范标准和公司的管理程序与各项规章制度。

（2）负责本项目部的工程技术管理和其他与工程技术相关联的管理工作，对施工生产活动负有组织、协调、调度、管理、检查、信息反馈和技术管理、指导、审查、监督责任。

（3）负责本部门管理范围内的程序文件和其他管理文件的拟定、审核、更改、登记、标识、受控、发放和收回等工作。

（4）负责有关申请、报告、施工报表、施工计划等文件的编制、审核、上报。

（5）及时、准确地向其他部室提供与工程有关的技术资料和数据，并对其及时性和准确性负责。

（6）随时掌握施工进展情况，对计划实施动态管理、统筹安排，确保施工生产均衡、连续进行，加快施工进度，保证工期计划目标的顺利实现。

（7）对项目工程提供技术支持，指导施工生产，及时协助解决施工中出现的技术、质量、安全、施工方法、工程管理等问题。

（8）及时、准确汇总各种统计报表和有关文件，利用图表反映施工生产动态，对工程进展、施工过程进行控制。

（9）参加竣工验收，编制有关竣工验收资料，办理移交手续。

（10）完成项目领导和上级职能部门交付的其他工作。

5. 计划合同部的职责

（1）负责项目部对外签订的合同及协议。

（2）负责项目部各类施工计划、统计报表。

（3）负责执行监督合同条款。

6. 物资设备部的职责

（1）认真贯彻执行上级各项物资管理规章制度，制订适合本项目的物资管理实施细则。

（2）负责本项目物资供应商的调查、评价、报批工作；发布本项目合格供应商名册，并报送上级物资部。

（3）按规定做好本项目的物资招标采购、竞争性谈判、网络竞价采购和询比价采购工作，保证采购物资质量，降低采购物资成本。

（4）负责项目物资需求计划、物资统计报表的编制上报工作，做好物资供应、核算、调剂和控制等工作。

（5）负责建立完善各类物资台账，实行材料验收、消耗逐日登记制度及月底盘点核算制度，做好供应商货款的结算工作。

（6）负责向有关部门提供准确的物资消耗数据和报销凭证，及时办理施工队使用物资的清算转账、核算核销、工程竣工决算手续，确保项目物资与财务账目相符，物资进场与图纸设计数据相一致、相匹配，真实、准确、全面、系统地反映项目材料成本状况。

（7）根据国家法律法规和当地公安机关要求，做好爆破物品采购、验收、发放、储存、回收管理工作，杜绝丢失、被盗事件的发生。

（8）负责本项目的物资成本经济运行分析，找出偏差原因，提出整改措施或建议；负责盘点实际库存，核算物资节超情况，为计价拨款提供依据，为后期迎审工作打好基础。

（9）参与项目验工计价，严格执行限额发料制度，做好清仓利库、物资节超分析工作。

（10）认真做好物资信息化工作，及时、准确、完整地录入物资业务信息。

（11）负责小型机具、周转材料的维护、保养、使用及核算，做好修旧利废工作。

（12）负责按合同约定及时获取增值税专用发票，进行发票验收、保管、传递和登记工作。

（13）负责做好下场材料的回收、整理、转场和处理工作，负责废旧物资处理的调查和上报工作，依据公司批复意见组织实施。

（14）贯彻执行管理体系文件，确保“三标一体”（将质量、环境和职业健康安全三个管理体系整合为一体）文件持续、有效运行，并通过内部、外部审核。

（15）负责收集整理有关资料，配合计财部门做好物资调整、索赔工作。

（16）负责各项应急预案规定的应急物资准备工作。

（17）执行公司工程项目标准化管理手册的相关规定，做好现场物资管理，为信用评价打好基础。

（18）完成项目领导及上级物资部交办的其他工作。

7. 财务部的职责

（1）严格执行财务管理制度，负责组织、管理、核查项目部资金，负责资金及账户方面的各项工作。

（2）负责项目部款项的支付、核查工作。

（3）负责收尾期间财务清算及总结工作。

8. 机电部的职责

（1）依照公司机电设备部管理办法对在本项目使用的固定资产设备做规范管理，编制适合本项目的设备管理制度和成本核算制度，并报公司机电设备部备案。

（2）根据项目施工安排，提前做好设备上场、维修、保养等计划，按程序办理业务，确保满足项目施工生产的需要。

（3）按公司规定建立健全项目各类设备台账资料，保管好各类设备资料及原始记录，按时上报各类设备报表。

（4）负责设备日常使用管理与设备维修的组织和落实、租赁与维修合同的签订与管理；参与本项目各施工阶段机械设备的调配，确保现场设备的高效使用；做好设备长期停放期间的保养工作并据实记录。

（5）协同项目计划部、财务部做好机械设备使用费用的摊销，完善设备使用、停用、结算等相关手续。

（6）参与经济活动分析，积极推行单机单车核算。

（7）按照项目分工，做好施工用水、用电的管理。

（8）负责本项目机械设备的上下场协调、组织及下场整修工作。

（9）协助项目安质部处理设备事故，并上报公司机电设备部。

（10）按照车辆管理办法管理本项目指挥车辆的维护等工作。

（11）完成公司机电设备部安排的其他工作。

9. 综合办公室的职责

（1）负责项目部行政管理及日常工作。

（2）协调项目部各部室之间的关系，确保内部沟通信息畅通。

（3）严格执行考勤制度，规范文件、印章及车辆管理等工作。

（4）负责对外接待工作，处理好与外部单位之间的关系。

（5）做好各类会议会务的安排及记录，文书档案、机要保密等工作。

（6）负责项目部的文件审核和打印，办理来往文件的收发、登记、送阅、督办等工作。

（7）负责项目部各类对外宣传报道工作。

（8）加强对各类办公用品（机具）、低值易耗品的使用、保管及管理工作。

（9）负责项目部执行法律、法规与其他要求的有效识别、建档工作。

（10）完成项目领导交办的其他工作。

4.5.5　劳务人员管理

劳务人员管理包括：

（1）劳务分包企业应具有独立承担责任能力、工商行政管理部门签发的营业执照、企业所在地税务部门签发的税务登记证、相应业务资质等级、安全资格认证书、合格劳务分包方注册证书。

（2）劳务企业的资信、报价、履约能力、业绩均符合标准。

（3）项目经理组织项目部门人员共同组成劳务用工评审组，筛选劳务施工队，不得擅自决定劳务用工。

（4）劳务分包合同应规范、全面，保证权责分明、分配合理。

（5）劳务分包企业与项目部签订正式合同后，进场前必须将其公司的资质、营业执照等资料复印件存放于项目部经营成本部、技术部资料室等相关部门。

（6）建立劳务人员考核制度，对劳务人员的工作能力、工作表现、工作业绩、工作适应性进行考核，要求包括：

① 建立严格的综合考核评价体系，综合考虑技术、安全、质量、进度控制、物资设备、文明施工等方面，对于优质完成施工任务的劳务分包企业进行嘉奖；对于不积极、不严格、未按照合同规定执行的劳务分包企业进行教育督促，按照合同规定予以处罚。

② 劳务分包方组织施工之后，由项目经理组织相关人员进行工程量核定，分别对质量、安全生产、材料消耗、文明施工等方面予以评价、考核。

③ 建立动态管理模式，建立劳务人员进出场登记及考勤制度，对劳务人员人数、出勤情况进行控制；人员递增、变更需上报领导，未经同意不得随意更换人员，劳务分包定期上报人员变更情况。

④ 建立班组长管理机制，劳务人员严格服从班组长管理，对不服从管理者出具书面通知，并制订适当的惩罚措施。

（7）钢筋工应掌握相关识图知识、钢筋知识、常用钢筋加工机具使用和保养知识、钢筋混凝土结构常识、安全生产常识及相关法律法规知识；应具有其对应等级技能资格证书且岗位培训合格后，方可上岗作业。

（8）木工应具有其对应等级技能资格证书及岗位培训合格后，方可上岗作业。

（9）砌筑工应具有识图与构造知识、力学与砌筑材料知识、砌筑工具及设备知识、安全生产和环境保护知识、相关法律法规知识；应具有其对应等级技能资格证书及岗位培训合格后，方可上岗作业。

（10）混凝土工应掌握混凝土材料、混凝土搅拌、混凝土泵送、混凝土模板、混凝土浇筑、安全文明生产与环境保护知识及相关法律法规知识；应具有其对应等级技能资格证书及岗位培训合格后，方可上岗作业。

（11）焊工应掌握识图知识、常用金属材料知识、常用金属材料的热处理知识、焊接材料知识、焊接设备知识、焊接知识、焊接检验知识、安全和环境保护知识、相关法律法规知识；应具有其对应等级技能资格证书及岗位培训合格后，方可上岗作业。

（12）汽车驾驶员应掌握燃料及润料知识、轮胎的分类及使用知识、汽车维护及检修知识、法定计量单位的基本知识、灭火器使用知识、相关法律法规知识；应具有其对应等级技能资格证书及岗位培训合格后，方可上岗作业。

（13）劳务人员入场程序包括：

① 提交入场人员花名册及身份证复印件。

② 安排临时住所，组织人员体检。

③ 安全教育、考核合格后方可上岗作业。

④ 特殊工种操作证原件上交项目安全部门备案。

⑤ 施工队伍必须主动接受项目各项管理制度，积极配合项目各项检查，并严格对待。

4.5.6 人员培训管理

人员培训管理包括：

（1）建设单位应贯彻落实“安全第一、预防为主、综合治理”方针，加强职工专业技能，增强安全防护意识及防护能力，防止和减少安全事故的发生。

① 建立学习培训制度，定期组织建设管理人员学习管理和业务知识。管理人员培训包括岗前培训、在岗培训、转岗培训及专项培训。

② 应依据工程实际和人员状况制订详细的管理人员培训计划，包括时间、地点、对象、培训内容、培训目标、培训形式及授课教师等。

③ 管理人员岗前培训包括公共科目和专业科目。

a．公共科目主要为普遍掌握的政治理论、法律法规、政策常识、行为规范、纪律要求等，一般采用脱产方式进行培训。

b．专业科目主要为所在岗位所需的理论、知识、技术、技能等，一般采用脱产、网络方式进行培训。

（2）项目部安全教育培训制度编制依据为年度安全管理工作计划、项目部安全保证计划及国家有关规定，要求包括：

① 安全教育培训内容由项目部安全员编制，项目经理审批，施工员负责实施。项目部安全员负责制订专兼职安全员名册、特种人员名册及管理人员安全教育计划。

② 岗前三级培训教育针对所有管理范围内的员工；三级教育要具备执行制度、培训计划，认真记录三级教育内容、时间及考核结果；配备满足施工需要的合格劳动保护用品，安全教育之后合格者方可上岗。

③ 安全教育培训针对不同的培训对象分别进行、分级实施，按照不同的培训内容和培训时间具体实施；在季节变换、一定施工进度、节假日等节点，应对施工人员进行阶段性、针对性安全教育。

④ 安全专职人员安全资格培训时间不得少于 48 学时，每年再培训时间不得少于 16 学时。

⑤ 其他管理和技术人员每年安全教育培训时间不得少于 20 学时。

⑥ 劳务人员在安全质量部监督管理下，安全教育培训时间不得少于 16 学时。

⑦ 乘用车驾驶员每年安全教育培训时间不得少于 20 学时。

⑧ 换岗、离岗及待岗 3 个月以上重新上岗人员必须进行安全培训教育，培训教育时间不少于 20 课时，考核合格后方可上岗。

（3）特种作业人员上岗作业前，必须具备国家认可机构颁发的有效证件，经指定部门技术和安全培训合格后，取得中华人民共和国特种作业操作证，方可上岗工作，并按照规定进行复审。严禁无操作证者上岗作业。

（4）监理单位应对施工单位的三级安全教育、安全技术交底、专项安全教育培训等安全活动进行旁站监理，并形成旁站记录。

（5）建立完善的培训考核记录（文字形式），记录内容应具体、完整，考核内容应包括出勤考核、成绩考核等内容。

（6）培训考核的过程记录及考核结果应进行分类编目、装订保存。

第 5 章　施工材料的标准化

5.1　施工材料标准化的目的和对象

5.1.1　施工材料标准化的目的

建筑材料管理工作是建设与施工企业管理的重要环节之一，主要包括编制材料计划、采购定货、组织运输、库存保管、合理供应、领发、回收等内容。加强施工项目材料管理，可以有效合理地利用资金，合理地控制材料价格，相对减少仓库存量，降低运输成本费用和管理人员工作强度，使材料的供应储备齐全、经济、合理，保证项目施工的物料需求；可以合理有效地使用材料，节约材料，并做好材料消耗分析，从材料消耗上查明超耗的原因，及时制订防止超耗的措施，控制项目工程成本[25-29]。

5.1.2　施工材料标准化的对象

施工材料标准化的对象包括：

（1）施工材料采购环节的标准化。

（2）施工材料进场环节的标准化。

（3）施工材料存放环节的标准化。

（4）施工材料使用环节的标准化。

（5）施工材料废料处理环节的标准化。

5.2　施工材料采购环节的标准化

施工材料采购环节具体内容包括市场调查、材料计划策划、材料审批、检验及验收等内容。

5.2.1　市场调查

1. 市场调查的目的

（1）了解市场营销信息和资料，分析市场情况。

（2）了解市场的现状及其发展趋势，为材料选购提供充分依据。

（3）为项目物资成本分析、估算报价和生产经营提供参考。

2. 市场调查的内容

（1）主要材料：直接构成工程主体结构的永久性材料，如钢筋、水泥、钢绞线、沥青、锚具、桥梁用板、隧道用型钢、格栅等。

（2）地方性材料：一般在项目附近通过开采或购买而获取的材料，如砂、石料、粉煤灰、石灰等。

（3）特殊材料：新型材料、特定用途或特别指定的材料，如支座、伸缩缝、防水板、排水板、外加剂、炸药等。

（4）辅助材料：最终不构成永久性工程的一部分，但在施工过程中发挥重要作用，影响工程质量、安全的材料，如各种模板、支架、扣件、管材、焊条、铁丝等。

对于城市轨道交通工程建设而言，商品混凝土、水泥、钢材、防水材料和盾构管片是地铁工程建设中最重要的 5 类建筑材料。城市轨道交通建设项目前期材料市场调查，应重点对施工使用的材料（如砂、石料、粉煤灰、水泥、钢材等）价格，以及影响价格的客观和主观因素进行动态掌握和及时采集。其重点调查内容包括：调查当地的政策法规及收费标准，调查当地的土源地、石料材质等情况，调查当地的道路情况。

3. 市场调查的程序与步骤

（1）成立专业的物资市场调查小组：明确分工和人员组成。调查小组依据调查内容进行分组，包括物资价格调查组、物资运输线路组、物资相关费用组、资料收集分析组、后勤协调组等组别；或者依据调查地区进行分组，以及依据材料的分布、储量、产量、运输、成本等方面的内容进行分组。

（2）明确调查小组工作内容：调查工程项目所需物资及存量情况，物资生产厂家的资质、业绩、人员素质和技术管理能力，物资价格，物资市场供求关系，办理相关证件需提交的资料，调查影响价格的因素等。

（3）制订调查实施计划：对产品技术标准和质量规范、数量要求、工作内容、调查经费预算进行详细计划，报予调查领导小组审批实施。

（4）准备所需调查表格及调查设计，调查完成后进行填写。

（5）调查和收集资料：可采用多种方法进行资料调查，如寻访、实地察看、发送邮件、电话调查等，优先选用寻访和实地察看。对于特殊产品和服务的生产厂家，调查小组应会同项目相关部门进行实地考察并重点关注。实地考察内容包括：生产或服务能力、现场控制结果、相关风险评估。对承压产品、有毒有害产品和重要设备实施调查时，调查小组应要求生产厂家提供有效的安全资质、生产许可证、其他相关要求的证明文件。

（6）调查整理和分析：调查结束后，逐一检查调查表格及各种资料，剔除不合格的调查表，将合格调查表标号，进行统计和收集。

（7）提交调查报告及补充调查：调研成果以文字形式呈现，撰写调查报告。调查结论应保证完整性及系统性，呈现调查结论的推理过程。调查报告包括：正文、收集过程、结论及建议、必要的附件、表格及计算过程。

5.2.2 材料计划策划

1. 材料计划策划的目的

（1）为工程采购提供基本原则，在原则基础上进行采购计划策划与实施。
（2）制订采购管理制度，明确采购流程及方案，明确责任与分工。
（3）提供采购材料计划资料，对采购计划进行统筹安排。

2. 材料计划策划的内容

材料计划策划包括确定采购方式、明确采购项目的相关事宜、准备采购计划文件、编制采购计划。

（1）确定采购方式：物资设备部会同项目部及相关单位采用公开招标、邀请招标及政府管理部门允许的其他方式采购。

（2）明确采购项目的基本功能、性能要求、产品说明、采购分工及有关责任：需要材料的相关部门填写材料申请，主要内容包括使用工序、使用原因、使用数量、规格型号等，由其主管部门领导签字。

（3）准备采购计划文件：施工单位提前将原材料使用计划报驻地监理单位，由驻地监理负责人对材料采购计划进行统筹安排，派遣监理员作为材料监督员，专人负责对进场原材料的过程管控。

（4）进行采购策划，编制采购计划：采购计划包括采购工作范围、内容及管理标准，产品或服务的数量，技术标准和质量规范，检验方式和标准，供方资质审查要求，采购控制目标及措施，并确认采购方式。

5.2.3 材料审批

1. 材料审批的目的

（1）选择最优供方，为项目提供最好的生产厂家，从而保证工程质量好、安全、经济、文明、合理。

（2）保证工程合同的规范性、合法性、全面性。

2. 材料审批的内容

材料审批的内容包括相关生产厂家审批、备选供方材料审批、工程合同审批。

（1）对采购项目的材料生产厂家进行有关技术和商务评审：经营许可、企业资质、相关业绩与社会信誉。项目物资设备部优先挑选质优、直接生产、信誉好的单位，结合质量、价格、交货期、售货服务，以重质量、遵合同、守信用、看服务为前提，通过调查、比选，初步确定供方范围。

（2）备选供方材料审批：项目物资设备部对备选供方的材料取样调查时，每种材料产品不得少于 3 家备选供方，再经过项目部工地实验室对备选供方的产品进行试验、比选。

（3）工程合同审批：按照工程合同的约定和需要，订立采购合同相关要求。采购合同应明确双方责任、权限、范围和风险，并经组织授权人员审核批准，确保采购合同或要求内容的合法性。

5.2.4　检验及验收

1. 检验及验收的目的

（1）保证采购的材料、设备、机具等数量正确。
（2）保证采购的材料、设备、机具等符合标准要求，手续全面。

2. 检验及验收的内容

验收内容：相关人员的数量和资格，主要材料、设备、构配件、生产机具与设施。

项目采用的设备、材料应检验合格，满足相关设计标准的要求，检验产品使用的计量器具、产品的取样和抽验应符合标准要求。

建立建设工程材料进场验证制度，严格核验相关生产许可证、建材备案文件、产品质量保证书、有效期内的产品检测报告等证明文件，按照规定严格把关建设工程材料采购过程，并制订工程项目材料采购检验、验收使用台账。

5.2.5　材料采购环节的标准化管理指标

材料采购环节的标准化管理指标包括：
（1）商务指标：支付周期、供货周期。
（2）技术指标：材料性能、企业生产能力、施工评审。
（3）企业资信指标：经营状况、项目业绩、企业信誉、生产经营信誉。

5.2.6　材料采购环节的标准化要求

材料采购环节的标准化要求包括：
（1）项目开工前，向材料采购相关部门提出一次性采购计划，作为供应备料依据。

（2）根据工程相关要求，结合工程的实际情况，制订科学的材料采购计划，确定合理的材料计划用量。在施工过程中，根据工程变更及调整的施工预算，及时向材料采购相关部门提出调整供料月计划，作为动态供料的依据。根据施工图纸、施工进度，在加工周期允许时间内提出加工制作计划，作为供应部门组织加工和向现场送货的依据。按月对材料计划的执行情况进行检查，不断改进材料供应。

（3）在制订采购计划过程中，应充分考虑场地面积、施工进度等各方面的要求，做好前期准备工作。

（4）在制订材料供应计划过程中，根据施工进度计划，制订年度、季度、月度材料需求计划，整合所需要的各种材料，并做好材料名称、计量单位、规格及质量标准等方面的记录。

（5）合理选择生产商和供货商。严格把控采购价格，按照招标采购的程序，避免出现作弊和投机行为，保证材料的质量及价格的合理性。

5.3　施工材料进场环节的标准化

施工材料进场环节的具体内容包括：昼间材料进场、夜间材料进场和特殊材料进场。

5.3.1　昼间材料进场

1. 昼间材料进场管理的目的

（1）明确材料进场相关负责人及签署文件，进场前做好准备工作。
（2）督促材料进场负责人员具有高度责任感，严格把关。

2. 昼间材料进场的标准化管理内容

昼间材料进场的标准化管理内容包括：规定昼间材料进场验收的交接工作、验收工作、签订文件工作，规定不入库直接发放施工队材料进场验收要求，规定相关责任人的具体职责。

（1）凡进入施工现场的材料及设备等，必须由门卫进行检查并登记，由保管员、采购员与生产厂家、送货人等当面交接，专业负责人、夜间值班人员及材料保管员共同验收材料品种、数量、规格及质量。验收合格后，填写材料进场检验记录表，并填写入库清单两份。

项目材料保管人、各专业负责人、施工队材料保管人员及供货方共同签字限额领料单，工程部、施工班组、物资部各执一份限额领料单，供需双方各执一份入库清单，供方依据该凭据，按照合同与需方进行货款结算。

（2）不入库直接发放施工队的材料，采购人员无特殊情况必须立即与保管员、专业负责人与施工队当面交接，验收各项指标，办理交接手续。如因数量短缺、材质低劣而造成不可挽回的损失，由当事人负责。

5.3.2　夜间材料进场

夜间材料进场的管理内容如下：夜间值班人员应尽职尽责，认真清点夜间进场的各种材料，严格检查夜间进场的材料质量，发现问题应及时解决，所有材料的进场均必须有项目值班人员的签字认可方可有效。

夜间进入现场的拉料车辆台班、渣土的清运车辆台班等主要由项目值班员、门卫及施工队材料保管员负责。运输材料车辆的台班及渣土清运车辆台班的确认，必须有专业负责人、项目值班员、门卫和施工队材料保管员等至少 4 人签字方可生效。

5.3.3　特殊材料进场

特殊材料的进场验收应满足轨道交通施工的技术、质量、安全标准，还必须满足相关行业、相关规范的特殊要求。

对工程结构无主要影响的材料进场验收时，项目部材料保管人员应按照该类材料的质量规范要求进行验收，直接发放至施工队中的，项目部材料保管人员与施工队材料保管人员一同进行验收。

5.3.4　材料进场环节的标准化管理指标

材料进场环节的标准化管理指标包括：

（1）技术指标：主要包括施工工期、安全、质量、成本、资金各项指标。现场施工材料的选择应依据以上指标进行综合考量，优选物资的类别、规格型号、质量等级、数量、到货时间，避免由于计划不周而导致材料损失。

（2）施工进度指标：施工材料进场时，应依据施工进度制订施工计划。

（3）现场物资情况指标：结合施工工期进度，制订物资总计划及物资月计划，合理安排物资进场时间。

5.3.5　材料进场环节的标准化要求

材料进场环节的标准化要求包括：

（1）项目部制订完善的进场验收管理制度，材料进场之后，定期检查甲控和自购原材料进场验收管理情况。定期现场检查原材料标识是否清楚、分类存放情况和使用情况，对验收和检查的问题建立原材料检查台账，并下发检查通报或整改通知书。对验收和检查发现的问题督促整改、复检和闭环管理。

（2）项目部根据工程实际进度及现场物资情况制订物资进场通知单，物资部门依据物资进场通知单安排进场。安排物资进场相关事宜时，应尽量避免由于计划不周而导致材料损失。

（3）物资一旦进入施工场地内，不论是否支付购货款、是否取得发票，都应及时进行验收，所有自购物资进场至少安排两个不同部门人员及物资部门人员进行验收签字。

（4）物资进场应尽量在昼间进行，由项目保管员、质量员或专业技术人员、门卫共同验收签字。

（5）物资夜间进场时，至少由项目保管员、值班员、门卫共同验收签字。

（6）直接发放至施工队的使用物资必须有施工队材料保管员的验收签字，签字齐全的物资接收清单方为有效凭证。

5.4　施工材料存放环节的标准化

施工材料存放环节的标准化内容包括分类堆放存储和分类标识。

5.4.1　分类堆放存储

1. 分类堆放存储的目的

（1）保证施工人员方便查找、分辨、搬运施工材料，防止误用、混用，保证施工效率。

（2）保证方便施工、道路通畅、安全可靠，尽量减少二次搬运。

（3）保证妥善保管，施工顺利进行。

（4）规范施工现场，创建良好的文明施工形象。

（5）保证施工材料的良好品质及工艺性能。

2. 分类堆放存储的要求

分类堆放存储的要求：对材料进行大体分类，包括大宗材料、水泥、钢材及金属材料、五金、水暖件、油漆、涂料和化工材料及周转材料。针对材料的各项性能指标，对存储方式及存储环境进行严格要求。

施工单位应建立并实施工程材料管理制度，并对工程材料的现场管理做出规定。材料保管分为现场存放和库房管理。现场存放应按照施工平面布置图指定的卸货地点卸货、堆码整齐。材料存放建立入库、出库台账，做到账务相符。入库、出库、试验、加工、使用记录台账一一对应，保证材料使用过程的每个环节可溯源。已检验合格的原材料和待检原材料要分开堆放，不许随进随用。

材料堆放应当依据用量大小、使用时间长短、供应与运输情况确定，用量大、使用时间长、供应运输方便的，应当分期分批进场，以减少堆场和仓库面积。材料的堆放要求结合材料特性，分类、分规格堆码，界限分明，并合理苫、垫，做到规范整齐、稳固安全。各种材料的存放建议如下：

（1）大宗材料。砌体材料应进行成行、成垛放置；砂、石料、白灰等应进行成堆、成型放置，同时应满足环保要求标准放置。

（2）水泥。水泥应在库内存放，且保证防雨、防潮、防尘，设置专人保管。不同厂家、不同品种、不同规格和批号的水泥分别堆码整齐，严禁混放。水泥堆垛高度不宜超过 10 袋，离墙不小于 10cm，垛底设置不低于 20cm 高度的架空层。发料时应遵循先进先出原则，存储期限不超过 3 个月。

（3）钢材及金属材料。钢材不论成品或半成品，均按照不同厂家、不同规格、不同型号和长度分别堆放整齐，底部放置不小于 20cm 的垫木，成品与半成品分开放置。金属材料不得露天存放。

（4）五金、水暖件。五金、水暖件均按照不同厂家、不同品种、不同规格、不同型号和质量分别堆码整齐，不得与酸、碱等化学物质混放。

（5）油漆、涂料和化工材料。油漆、涂料和化工材料均按照不同厂家、不同品种、不同规格和化学性质分别堆放整齐，存放环境保持干燥通风，禁止出现火源，与电源隔离，并设置严格的防火、防毒措施。

（6）剧毒品、易燃易爆危险品需设专人专库保管，设置警示标志。

（7）氧气、乙炔气体存放距离不小于 20m，设置专用棚，棚顶设置防晒层。

（8）周转材料。各种周转材料按照不同厂家、不同品种、不同规格堆码整齐。钢模板应扣放，大模板应对面立放，倾斜角不小于 70°。钢管应按不同长度分开堆放，垛高不超过 1.5m。

苏州轨道交通 S1 线部分站点分类堆放存储如图 5-1～图 5-16 所示。

图 5-1　苏州轨道交通 S1 线渔家灯火站现场管片堆放

图 5-2　苏州轨道交通 S1 线鹿城路站现场管片堆放

图 5-3　苏州轨道交通 S1 线渔家灯火站润滑脂堆放

图 5-4　苏州轨道交通 S1 线洞庭湖路站管片防雨存放

图 5-5　苏州轨道交通 S1 线洞庭湖路站
材料仓库

图 5-6　苏州轨道交通 S1 线白马泾站
防水卷材堆放

图 5-7　苏州轨道交通 S1 线鹿城路站
材料堆放仓库

图 5-8　苏州轨道交通 S1 线白马泾站
钢材堆放

图 5-9　苏州轨道交通 S1 线白马泾站
钢材半成品存放

图 5-10　苏州轨道交通 S1 线白马泾站
脚手架材料堆放

图 5-11　苏州轨道交通 S1 线鹿城路站材料管理制度

图 5-12　苏州轨道交通 S1 线洞庭湖路站材料库房货架

图 5-13　苏州轨道交通 S1 线洞庭湖路站模板堆放

图 5-14　苏州轨道交通 S1 线洞庭湖路站钢管堆放

图 5-15　苏州轨道交通 S1 线洞庭湖路站应急物资仓库

图 5-16　苏州轨道交通 S1 线鹿城路站废料池

5.4.2　分类标识

1. 分类标识的目的

（1）保证施工人员方便查找、分辨、搬运施工材料，防止误用、混用，保证施工效率。

（2）规范施工现场，创建良好的文明施工形象。

2. 分类标识的要求

分类标识的要求包括：对涉及工程结构安全、节能、环境保护和主要使用功能的工程材料进行标识，并具有可追溯性；对分类标识牌进行标准化规定。

（1）施工现场存放的物资均悬挂标识牌，标识牌内容由专业材料人员填写，记录内容详细并准确。标识牌标识时状态可用“待检验”“检验中”“合格”“不合格”字样。建设单位提供物资和分包单位自带物资应加注“建设单位提供”和“分包商自带”字样。

（2）对无外包装的材料，在存放处设置标识牌，写明工程名称、材料名称、规格型号、生产厂家、供应单位、进场日期、材料状态等内容。

（3）对无外包装，但有品牌或品牌本身带有规格的物资，利用产品的品牌或规格及存放处标识牌作为材料的标识。

（4）对有外包装的材料，利用产品外包装上的标识及存放处标识牌作为材料的标识。

（5）对现场加工的半成品、成品应绑上标注使用部位的标签。

苏州轨道交通 S1 线渔家灯火站材料标识牌如图 5-17 所示，苏州轨道交通 S1 线洞庭湖路站成品材料标识牌如图 5-18 所示。

图 5-17　苏州轨道交通 S1 线渔家灯火站材料标识牌

图 5-18　苏州轨道交通 S1 线洞庭湖路站成品材料标识牌

5.4.3　施工材料存放环节的标准化管理指标

施工材料存放环节的标准化管理指标包括：

（1）技术指标：材料性能、施工工期及安全。

（2）材料计划指标：采购量及到货率、供应量及配套率、流动资金占用额及周转次数、材料成本的降低率、主要材料的节约率和节约额。

（3）材料消耗指标：完成质量合格的工程所必须消耗的材料数量。

5.5　施工材料使用环节的标准化

施工材料使用环节的标准化内容包括：管理审批和跟踪监督。

5.5.1　管理审批

1. 管理审批的目的

管理审批的目的包括建立完整的管理审批制度，确保材料加工使用环节中材料的管理全面，严格审批。

2. 管理审批的内容

（1）建立完整的管理审批制度，针对材料损毁、破坏制订详细的管理办法。所有材料经项目工地实验室自检合格和监理工程师认可试验合格并经监理工程师批准后方可使用，特殊材料必须经过总监理工程师批准。

（2）进入现场发放给使用单位的物资，材料管理部门要积极调动项目全体管理人员严格管理，避免人为浪费和损坏、丢失。

（3）建立损毁、破坏审批制度，填写材料损毁申请单，向使用单位下发相关处罚规定并严格执行，项目材料部门留存相关制度文件、申请单、会议记录及罚款通知等。

5.5.2　跟踪监督

1. 跟踪监督的目的

跟踪监督的目的包括提供全面的跟踪管理台账，严格控制材料加工使用的各个环节，保证加工使用过程中的合理性、规范性。

2. 跟踪监督的内容

（1）规范材料的加工使用过程并进行跟踪监督，现场监督检查、建立跟踪管理台账。

（2）加强现场检查，及时发现材料浪费、超支现象，并及时反馈给项目领导。定期组织材料使用管理会议，分析问题，制订解决办法和措施。依据项目特点，制订项目分包施工队自购材料管理办法，从采购源头及进场检验等方面对材料质量进行严格控制和把关，扩大物资管理范畴，确保合格物资进场。

（3）建立材料跟踪管理台账，内容应包括材料名称、规格型号、厂家名称、进场日期、报告编号、领用单位、领用数量、使用部位及数量、使用情况、存在问题及处理情况等方面。对甲方及分包单位的进场材料，由材料管理部门负责与该单位签订物资管理协议，约定物资进场、搬运、存放、退场等相关要求。

5.5.3　施工材料加工的标准化要求

项目部在签订材料相关分包合同时，应提出“工完料净场清”要求，专业人员进场检查监督，制订奖罚标准，与分包单位的经济利益挂钩。

加强现场物资使用管理，督促分包单位合理使用材料，避免浪费现象。及时清理现场材料，及时分拣、整修、堆码、倒运及退场。加强现场安保和巡检，避免材料丢失及非正常损耗。

单位工程或单项工程完成后，项目部要及时清点、分拣现场剩余材料，包装完好、质量无影响的材料应尽快完成退库或退货。工程剩余、废旧物资优先内部调剂，再修旧利废，最后变卖处理。

5.6　施工材料废料处理环节的标准化

施工材料废料处理环节的标准化内容包括：废料的清理回收和余料的清理回收。

5.6.1　废料的清理回收

经项目部技术人员确认边角料、包装材料等无用时可视为废料，拆除临时设施回收的材料等不能再次利用的也视为废料。在城市轨道交通建设项目施工现场，建筑施工垃圾主要有散落的砂浆和混凝土、大量的渣土、钢材、剔凿产生的砖石和混凝土碎块、打桩截下的钢筋混凝土桩头、废金属料、竹木材料、各种包装材料及一定的生活垃圾。应妥善处理不再具有使用价值的材料，管理工程废料，对场地进行清理。

废料清理回收管理的内容包括：建立废料的清理回收管理制度，确认废料的处理方式，形成完备的废料处理管理流程。

废料的处理方式：有单位回收的，进行变卖处理；无单位回收的，按照废弃物进行处理。

规范管理废料处理，成立管理小组，公开、公正处理废料。项目材料部负责留存招标拍卖或处理情况汇总表等相关记录，并按季度汇总上报。变卖废料处理所得收入按财务规定入账。物资部对所属项目部的废料处理实行监督和管理，项目材料部对废料处理的相关资料和文件进行整理、留存。工程废料处理完毕后，将处理结果提交物资部、财务部等相关部门各一份备案。

5.6.2　余料的清理回收

经项目部技术人员确认的施工生产剩余的原材料、辅助材料，包括边角料、包装材料等有可用价值的可视为余料；妥善处理仍具有使用价值的材料，管理工程中的余料，减少占用流动资金，提高物资的利用效率，进一步降低成本。

余料清理回收管理的内容包括：建立余料的清理回收管理制度，确认余料的处理方式，形成完备的余料处理管理流程；具备转场条件时，按照内部调拨办理，由上级物资部门进行协调。没有转场条件时，可与供货商协商，由供货商进行回收，或是变卖处理。

5.7　施工材料标准化实施细则

5.7.1　实施细则说明

（1）施工材料管理是城市轨道交通工程建设单位与施工单位管理的重要组成部分，主要任务是贯彻执行国家有关方针、政策、法令、法规及上级管理规定，建立健全物资管理规章制度，以最低的成本、最佳的效益、最优的方式确保物资供应。

（2）施工材料管理主要包括计划管理、采购管理、供应管理、现场管理、消耗管理、资料管理、统计分析、信息化管理、监督检查等。

5.7.2　施工材料管理部门的主要职能

（1）施工单位建立项目材料部，负责对公司、各项目部的材料进行管理、协调，大宗材料、设备的询价、招标，采购档案建立与完善，供应商评价，处理有关材料的合同纠纷等。

（2）项目材料部设材料经理（材料员）、仓管员、收料员（看场员）、电算化仓管岗位。

（3）项目材料部有针对性地制订本项目物资供应管理细则，并组织实施。

（4）项目材料部负责本单位所需物资的申请、采购、供应与管理工作，编制物资需用计划、申请计划和采购计划。

（5）项目材料部负责供方的调查、评价及合格供方名册的上报，负责采购合同评审、采购合同签订，组织项目大宗物资招标采购工作。

（6）项目材料部负责项目部物资的验收、发放、搬运、储存、保管、核算、盘点、消耗、不合格产品的处置工作。

（7）项目材料部负责采购计划的上报、对接工作。

（8）项目材料部负责项目部物资责任成本核算工作。

（9）项目材料部负责现场文明施工物资标准化管理工作。

（10）项目材料部负责及时、准确地编制、提交各种物资业务统计报表和资料。

（11）项目材料部负责材料的安全保管。

5.7.3　施工材料的计划、采购与供应

（1）施工材料计划是材料采购供应和成本控制的主要依据，包括材料需用计划、材料申请计划、材料采购计划等。

（2）物资采购管理是保证采购质量、控制采购成本、保障及时有效供应的重要一环，要建立健全物资采购管理制度，成立采购管理组织机构，明确物资部门的采购管理权限，严禁越权采购。

① 原则上规定主材由公司材料部统筹安排，项目部材料经理（材料员）负责具体采购。

② 辅材由项目部材料经理（材料员）采购，或经同意后由分包方采购。

③ 材料均要按设计、监理要求，现场需要进料。绝不允许不合格的材料进入现场，一经发现立即清除。

（3）根据工程项目采购计划，物资人员要会同相关部门进行广泛的市场调查和供方调查，调查各类物资的资源情况、市场价格、供应渠道、供应方式，以及供方的实力、信誉和业绩情况，形成调查报告。按照采购程序要求对供方进行评价，确定合格供方，编制合格供应商名册。

（4）加强供应商管理，实行供应商评价和动态管理制度。除招标采购外，原则上均应从合格供应商名册中选择供应商。

（5）项目在施工前，工程管理部、机电设备部、生产部向物资保障部提供材料清单及材质要求，物资保障部依据要求编制物资需用计划和技术规格书，并逐级汇总上报审批，严格按照批复实施。

（6）工程项目部组建后，项目经理应参照预算部门计算的工程用料数据组织材料、技术人员，依据物资市场调查报告及采购管理权限划分，形成具有可操作性的物资采购供应组织方案。

（7）施工材料采购计划中属于建设单位或上级供应的物资编制物资申请计划，经相关业务部门会签，报至总工、物资分管领导、项目经理审批；属于项目自行采购的物资，根据实际需要，编制物资采购计划，经相关业务部门会签，报至总工、物资分管领导、项目经理审批。

（8）各种计划材料的填报应注明材料名称、规格、数量、技术要求、使用部位及计划使用起止时间。

（9）严格执行建设单位和上级部门的物资集中采购办法和工程项目物资管理规定，充分发挥电子商务平台的作用。

（10）对大额物资，在条件允许的情况下必须实行招标采购；不具备招标条件的大宗物资应根据实际情况实行询价采购。

（11）加强采购合同管理。物资采购除即时结清者外，还必须签订购销合同，合同文本应采用公司统一规定的格式，合同条款全面清楚，谨慎缜密，质量技术标准附图纸或图号。招标、投标采购资料要齐全、完整，并进行归档管理。

（12）计划外施工材料，由使用部门出具施工材料申请单，材料管理部门按申请内容组织材料进场。

5.7.4　施工材料的核算管理

（1）物资数量核算主要考核工程物资数量的节超情况。严格按工程设计用量（含设计变更）和所执行的物资消耗定额确定合理的损耗系数，准确核定需用量，对工队或工班实行限额发料和总量控制。

（2）物资管理部门要建立物资明细台账，材料科目设置要与财务部门相一致。现场材料使用要按工程实际消耗数量列入工程成本，每月编制材料消耗明细汇总表。物资管理部门要与财务部门核对往来账目，履行核账签字手续。

（3）建立健全材料成本核算台账，定期对比设计用量、计划需用量和实际消耗量，分析节超原因，并向计划部等相关部门提供责任成本预算执行表，真实地反映工程材料节超情况。

（4）物资管理部门要在保证物资质量和保障供应的前提下，以最低的采购价格、最少的储运费用和资金占用费组织工程物资的采购供应，减少各类费用支出，降低物资实际成本。

（5）建立健全物资核算管理制度和物资消耗管理控制体系。物资核算要贯穿物资供应管理的全过程，明确核算考核对象及相关责任，实行过程记录与阶段性考核相结合。

（6）做好剩余物资、包装物及废旧物资的回收利用工作，对其处置应由物资管理部门牵头、相关部门参与，共同实施。

（7）推广应用新材料、新工艺，集中下料、合理套裁，控制定额损耗，积极开展物资节约、节能降耗活动，不断降低成本。

（8）物资点验单、发料单、退料单、调整单等原始凭证应装订成册，物资统计、物资招投标、物资采购合同等信息资料要妥善保管，资料保存至本项工程决算审计结束。

5.7.5　施工材料的验收与保管

（1）施工材料现场管理包括各类材料的收料、发料、保管、使用、回收、盘点等。

（2）施工现场应结合实际需求设置与工程规模相适应的料库（棚、场），满足施工材料储备、保管要求和施工生产作业需要，并配备必要的衡器、量具、消防器材、搬运器具及安全防盗设施等。

（3）推行标准化管理，现场施工材料存储要科学合理，按品种与规格型号进行分区、分批、分类堆码，标识规范醒目，做好防盗、防火、防雨、防潮、防腐等工作，保持施工材料完好。

（4）严格执行施工材料库管员、材料使用部门授权专职人员共同验收签字制度，根据材料数量、质量、票据验收情况，抓好质量控制，做好相应记录，及时点验入库。

（5）入库施工材料填写验收记录，及时通知试验人员按规定取样试验。验收内容包括：生产厂家、数量、品种、规格型号、外观、产品标牌，以及随货的产品合格证、质量证明资料和附件。经过验收质量合格、数量相符的施工材料填写施工材料点验单登记入账。

（6）凡是进场的钢材、水泥等主要材料的验收必须过磅计量，含水率高的材料要依据试验结果扣除含水量。

（7）施工材料保管要根据施工材料的性能、特点和数量，确定适当的存放地点、堆放形式和保管方法。堆码要整齐，便于装卸，及时清点库存施工材料，保证账物相符。

（8）现场施工材料及库房材料发放必须以业务部门出具的出库单为依据，出库单必须由领用人与施工材料库管员双方签字后方可发料。

（9）施工现场及大库房发料时要坚持“三检查”：出库单填写是否准确，施工材料的品名、规格、数量是否相符，技术证件和有关单据是否齐全；“三核对”：出库单与账卡核对，出库单与发出实物核对，结存实物与账卡核对。

（10）每周、月、季度对库存施工材料和现场材料进行盘点，做好施工材料清点报表，盘点表月底交财务部门，同时上报公司业务部门。

（11）施工材料部每月月底前根据盘点数据，必须将出库材料单据分批次交财务部门及时结算。

（12）加强易燃易爆等危险品管理，对汽油、煤油、柴油、氧气、乙炔、硫酸等易燃易爆或腐蚀性危险品，按规定合理选址、安全储存、分隔存放、规范使用，采取有效的安全防护措施。

（13）严格执行施工材料发放制度，对施工材料的使用情况进行有效监控，消除各种漏洞隐患，防止施工材料外流和损失浪费。出库单及材料费核销单签字审批手续齐全。

（14）严格执行现场施工材料使用单位签收确认制度。现场施工材料使用单位必须明确专人作为唯一的物料签收人，被委托人必须认真履行职责。

（15）现场料场、料棚、仓库存放的施工材料要求进行标识，并填写施工材料标识记录。材料收、支、存要做到日清月结，严格实行月盘点制度；施工材料消耗核算真实有效，认真落实经济责任。

（16）加强施工材料管理安全意识，对项目使用的燃油、大型周转材料、高空作业等重点施工材料制订安全责任措施，定期检查、消除安全隐患。做好环境保护工作，坚持文明施工，保持现场整洁有序，做到工完、料尽、场净。

（17）加强材料的保管，未发出的材料要专人看守，防止丢失，所有材料要按规定堆码、做好“四防”（防火、防盗、防潮、防晒）工作。

5.7.6　施工材料的出库与使用

（1）施工材料使用必须有领料单，领料单须由施工（技术）员签字认可。材料保管员不得在无领料手续情况下发放材料。

（2）施工材料消耗要本着谁使用、谁负责的原则进行管理，材料管理部门负责对材料的使用进行监督。

（3）进场施工材料，除可以直接存入库房的材料由施工材料管理部门管理外，其他材料直接发放给使用部门，由使用部门作为第一责任人对材料消耗进行管控，材料管理部门负责监督指导材料使用情况。

（4）材料经理、仓管员要深入现场及时掌握材料使用情况，了解用料动态，防止偷工减料、冒支冒领、倒卖变现情况发生。

（5）材料的出库管理采用分段考核限额领料制度，实际使用数量超过预算量应及时向项目经理汇报。

（6）施工材料管理部门每月对材料消耗进行统计核算，对各部门材料消耗节超情况进行汇总，消耗控制要以计划部门出具的限额量进行控制。

5.7.7　施工材料的盘点统计与管控

（1）施工材料统计是施工材料管理工作的重要内容，是企业重要的信息资源，是进行成本分析和领导决策的主要依据。施工材料统计数据要求及时、准确、完整，要按规定上报各种统计报表。

（2）项目部每月由财务、仓管员进行材料盘点工作，及时掌握各种材料的使用状况和盈亏情况，并上报项目经理。项目结束时应对施工现场的材料进行盘点，并督促施工队伍及时办理退库手续。

（3）对超预算的材料，需要项目经理或材料管理部门提出书面解释，纳入绩效考核范围。

（4）施工材料业务档案主要包括计划、采购、验收、存储、发放、消耗全过程及合同管理、供应商管理等过程中各类文件、相关记录、流程资料、管理资料、核算资料及统计分析资料等。

（5）施工材料内业资料要有专人负责，做好收集整理、分类归档、保管及交接工作，确保资料真实完整，满足项目管理需要，以及过程与竣工审计要求。

（6）建立材料信息化管理平台，充分发挥信息化优势，规范管理行为，优化管理流程，提高工作效率，实现资源共享。

5.7.8　周转材料的管理

（1）周转材料包括贝雷架、无砟轨道施工排架、碗扣式脚手架、钢立柱、钢拱架、钢板桩、龙门吊和架桥机的标准构件、钢管式脚手架及配件、标准组合钢模板、移动模架、衬砌台车、挂篮、桥梁模板、非标准异形模板。

（2）周转材料的管理包括计划、采购、租赁、使用、费用摊销、调剂及报废处理等内容。经营权归属设备材料租赁公司的按承包合同负责管理，项目加工购置的由项目部负责管理。

（3）项目实施后必须通过调查及成本比较制订优化的周转材料配置及供应组织方案，明确新购、市场租赁、内部调剂。

（4）周转材料采购必须严格履行报批程序，未经批准不得擅自购买或加工周转材料。采购时具备条件的要实施招标采购，不具备条件的要实施询价采购，采购程序严谨，依法合规，资料完整齐全，严禁化整为零采购。

（5）周转材料租赁管理。

① 必须严格履行询价程序，先内后外，租赁程序严谨，资料完整齐全。

② 按照项目施工组织设计方案要求，严格控制租赁时间和数量。租金结算由项目物资部门每月审核，经项目经理审批后结算，及时计入工程成本。

③ 租赁合同严格按《中华人民共和国民法典》规定签订，合同条款要标明材料名称、规格型号、数量、单价、金额、结算方式及时间、进场时间、租赁双方的权利义务及违约责任等事项。

④ 严禁项目部代替施工队伍对外签订任何周转材料租赁合同。

（6）周转材料使用、维修、损坏、丢失必须明确经济责任，按项目承包模式同责任成本核算挂钩。项目物资人员每月必须对在用周转材料进行清查盘点，未经批准私自切割、焊接周转材料的，一经发现对相关人员问责。

（7）周转材料费用应在工程项目使用工期内每月末摊销计入工程成本。

（8）可再次利用的周转材料，一旦该工程项目不再使用处于闲置状态，应维修完好并逐级反馈信息，以利于及时进行内部调剂。

（9）不得私自处理报废的周转材料，报废处置必须严格履行报批程序。处置资料完整齐全，业务处理规范。报废处置严禁化整为零。

5.7.9　施工材料管理队伍的建设

（1）施工材料管理工作岗位是企业关键岗位之一，应不断加强和充实专业管理人员，保持施工材料管理队伍的相对稳定。

（2）施工材料管理人员应严格执行国家有关政策法规和企业相关管理办法及制度规定，遵纪守法，实时掌握施工材料市场动态。

（3）加强材料管理岗位培训，采取委培、举办培训班、以会代训等多种方式，全面提高材料管理人员的综合素质。

（4）材料管理人员调入和调离工作岗位，报上级施工材料业务部门核准、备案。

（5）材料管理人员要定期进行考核，落实岗位责任制。

5.7.10　检查、考核与奖罚

（1）上级施工材料部门对施工材料管理情况进行监督检查与考核，依据实际情况，采取普查和抽查、定期和不定期相结合的方法进行，坚持边查边改，不断改进、强化企业施工材料管理工作。

（2）对施工材料管理优秀单位和先进个人适时予以表彰，并及时推荐参与上级单位评优活动。

（3）施工材料监督检查内容包括施工材料计划、采购管理、价格管理、材料质量、渠道管理、收发管控、库存管理、消耗核算、合同管理、供应商管理。

（4）单位职工有权对损害企业经济利益的行为进行举报，对举报人予以保护，一经查实，将对举报人实施奖励，任何人不得打击报复。

（5）单位依据施工材料监督检查考核结果，实行通报及奖罚制度。对好的单位及相关人员实施经济奖励；对差的单位及相关人员实施经济处罚，并视情节轻重给予相关责任人相应的纪律处分，构成犯罪的依法追究刑事责任。

（6）对因管理不善造成施工材料超耗，单项材料超耗 2%以上不能追回损失的，建议对单位按超耗材料损失总额的 20%罚款，对单位主管领导和相关责任人各按超耗材料损失总额的 1%罚款。

（7）因责任心不强、管理不善造成施工材料过期变质、腐烂、损坏的，建议对单位按损失总额的 100%罚款，对相关责任人按损失总额的 5%罚款。

（8）施工材料采购中，因个人利益而采购高价施工材料的，建议对单位按采购额的 20%罚款，对相关责任人按高出市场平均价部分的 10%罚款。

（9）对非施工材料部门的单位或人员直接参与施工材料采购的，建议对相关人员按采购施工材料总额的 2%罚款并追究责任。

（10）对因责任心不强、计划不严密造成施工材料积压的，建议对相关责任人按积压施工材料总额的 1%罚款。

（11）对未经上级批准擅自购置或加工自制 50 万元以上，报废处置残值 20 万元及以上大宗周转材料的单位，建议按费用总额的 1%～5%对相关责任人进行罚款处理，对单位按费用总额的 10%罚款并追究责任。

（12）对在施工材料采购中收受贿赂、吃回扣、贪污等违法违纪人员，交纪检监察部门或执法部门处理。

（13）对因现场收料人员不认真履职、虚假签收、恶意伪造虚假单据等行为，建议对当事人按虚假金额的两倍罚款，情节严重的追究当事人的法律责任。

第6章 车站施工的标准化

6.1 车站施工的工法及标准化的目的和对象

6.1.1 车站施工的工法

地铁车站施工常用的工法主要有明挖法、铺盖法（盖板法）、盖挖法、暗挖法（矿山法）及混合法（多为明暗结合）5种工法[30-31]。

（1）明挖法是地铁车站应用较为广泛的施工工法，是传统的地下框架结构施工方法，即在地面先做基坑围护结构和临时立柱，然后从上向下进行基坑土方开挖，依次加支撑控制基坑变形，开挖到底后从下向上制作框架结构。明挖法施工造价低、技术简单、工期短，因此地铁车站施工以明挖法为主。明挖法施工的车站一般为矩形框架结构。

（2）铺盖法（盖板法）是为了不影响地铁车站站址处交通而采用的施工工法，即在基坑开挖前，在围护结构之间或在中间支承桩上铺设临时钢梁（或混凝土梁）及混凝土路面板，在临时路面板的保护下进行开挖直到基坑底，然后自下而上填筑内部结构，最后敷土、恢复路面。

（3）盖挖法分为盖挖逆作法和盖挖顺作法。盖挖逆作法是在施工期间利用围护结构与地铁车站的板、柱作为基坑支护体系，围护结构与中间支承桩施工完成后，在围护结构与中间支承桩上浇筑顶板混凝土，由上到下顺序施工各层板及边墙，各层结构板作为基坑围护结构内支撑；盖挖顺作法是在顶板下盖挖，内撑随着施工架设，开挖到基底，再由下而上顺序安装各层板及内衬[32]。

（4）在人口密集地区，地面交通不容许长期中断或地面场地比较狭小，同时管线不易改移，即在地面无明挖或盖挖的条件且地质条件允许的情况下，可考虑采用暗挖法（矿山法）。暗挖法即不开挖地面，在地下进行开挖和修筑地下结构的施工方法。

（5）混合法多为明暗挖结合。目前，城市轨道交通施工已经形成了以盾构法为主的各种方法搭配的盾构综合法，可一次采用盾构法将区间隧道和过站隧道贯通，再在盾构隧道的基础上扩挖形成地铁车站；或直接利用大直径盾构机或连体盾构机修建地铁车站。配合盾构法修建地铁车站的优点是可以发挥盾构机械的优势，提高地铁工程的建设质量，缩短施工周期，大幅度降低工程造价。这种施工方法适用于市区深埋车站和线路交会处换乘下层站等。

选择地铁车站施工工法时，应仔细分析、研究车站设计及施工的各类条件，根据各类施工工法的适用性及优缺点，统筹考虑后确定，有条件的情况下尽量按以下先后顺序选择：明挖法、铺盖法（盖板法）、盖挖法（顺作法→逆作法）、暗挖法（矿山法）。此外，城市轨道交通工程施工还会用到降水施工技术、注浆技术、高压旋喷注浆技术等辅助性工法[33]。

6.1.2　车站施工标准化的目的

地铁车站的功能主要为吸引客流、客流组织及集散、设备用房布置、运营管理和地下空间利用。车站是旅客上、下车集散地点，也是列车始发和折返的场所，是城市轨道交通路网中的重要建筑物。

地下车站主体多位于市政道路红线内，出入口和风亭等附属结构多位于周边地块或设置在绿化带内。地铁车站施工工法的选择在确保功能的同时，也直接决定工程的质量、进度、投资及施工难度。因此，在地下车站和区间设计中，必须根据工程所处的水文地质、周边环境、地面交通及市政管线分布等情况，进行技术经济比较，选择合理的施工工法，进行标准化建设。

6.1.3　车站施工标准化的对象

车站施工标准化的对象包括：

（1）车站施工场地布置的标准化。

（2）车站明挖法施工的标准化。

（3）车站盖挖顺作法施工的标准化。

（4）车站盖挖逆作法施工的标准化。

（5）车站施工测量的标准化。

6.2　车站施工场地布置的标准化

6.2.1　车站场地规划与建设内容

车站场地规划与建设内容包括：

（1）放线确定场地开挖区域，确定需要硬化的场地。

（2）确定钢筋加工场地，如场地狭小，钢筋加工场地需要二次转换的，应当确定二次场地布置。

（3）确定机电设备加工场地，并进行规划和设计。

（4）确定钢支撑、模板、钢筋、脚手架等原材料和周转材料存放场地。

（5）确定施工过程中的通道。

（6）根据场地地势和水电接入口，确定供水管网、排水系统和电气系统。

（7）确定机械设备的安装位置、行走路线等。

（8）确定临时弃土场、泥浆池等临时设施的位置和形式。

（9）确定场地内“十三牌三图”、施工标牌的摆放位置。

6.2.2　车站场地布置标准化的要求

车站场地布置标准化的要求包括：

（1）车站施工现场应当按工序转换、场地移交等现场实际条件，按计划进行施工准备。

（2）施工场地布置应当统筹安排，对钢筋堆场、弃土场等需要长期占用的场所，应当进行长远策划，保持场地相对稳定，减少搬迁次数。

（3）车站施工场地除需要开挖区域以外，在围闭范围内的区域应当进行硬化或绿化。

（4）车站施工现场应当对场地排水做统一规划，在场地硬化过程中，考虑硬化面预留坡度，宜将排水系统布置在场地边缘。

（5）基坑边缘应设置挡水墙，防止雨期雨水回灌基坑。

（6）有条件的场地，污水和雨水宜分类排放，经沉淀后分别排入市政污水管道和市政雨水管道。

（7）施工现场内应设置钢筋废料堆放区，钢筋废料宜根据其长短进行分类存放和回收。

（8）场地内应统一规划设计照明设施，确保照明条件能够满足施工现场 24h 作业。

6.3　车站明挖法施工的标准化

6.3.1　明挖法工序及技术特征

明挖法施工工序包括：管线迁改、交通疏解→围护结构（钻孔桩或地下连续墙等）施工→坑内井点降水（或坑内土体加固）→第 1 层土方开挖，设置第 1 层支撑（多为钢筋混凝土支撑）→第 n 层土方开挖，设置第 n 层支撑（多为钢支撑）→底板开挖垫层施作→底板防水层和混凝土施作→最下层支撑拆除→侧墙防水层施作→内衬混凝土结构浇筑→钢支撑拆除→顶板混凝土浇筑→顶板防水层施工→土方回填→路面恢复。

明挖法的缺点是施工期间站址内的市政道路需要进行交通疏解或者封闭，大部分管线和绿化需要临时迁改，周边环境会有一定影响；但其施工安全风险小、质量好、工期短，是车站施工的首选工法[34-35]。

6.3.2　明挖法施工标准化内容

车站明挖法施工过程包括降水、钢（混凝土）支撑架设、基坑开挖、综合接地。

主体结构施工步骤包括钢筋制作安装、立模板、架设支撑、车站移动模板台车制作、单侧壁液压大模板台车组装与固定、结构混凝土灌注、结构外防水施工等[36]。

降水方法包括轻型井点降水、喷射井点降水、管井降水和砂砾渗井降水。

明挖法施工中，施工测量控制是地铁施工的重点内容之一。测量主要控制的是主体结构的实际状况、地层和地下水的变化、建筑物的沉降、围护体系的整体安全。针对沉降观测点，要将测量的控制管理系统进行统一管理。其中，地下管线沉降测量需要按照国家二等水准来进行。

地铁车站施工测量内容具体包括：

（1）车站控制测量：包括控制点复测与加密、基坑测量控制与测量控制点布设。

（2）车站施工测量：包括围护结构（地下连续墙、冠梁、支撑位置、基坑土方开挖）施工测量和主体结构（施工控制点引测、车站底板、中板及梁、站台板、屏蔽门）施工测量。

苏州轨道交通 S1 线白马泾站降水井如图 6-1 所示，苏州轨道交通 S1 线洞庭湖路站降水井平台如图 6-2 所示。

图 6-1　苏州轨道交通 S1 线白马泾站降水井

图 6-2　苏州轨道交通 S1 线洞庭湖路站降水井平台

6.3.3　车站明挖法施工标准化的要求

车站明挖法施工标准化的要求包括：

（1）管线迁改及保护。管线迁改遵循“先探后挖，先下后上，先有压后无压”的原则。对已探出管线设置长管线标识牌，张贴安全宣传标语。

（2）冠梁施工。桩头凿毛，桩头钢筋调直，冠梁的主筋按要求布置并且放置在冠梁钢筋的内侧。主钢筋与箍筋交叉节点采用梅花形绑扎或电焊，使主筋与箍筋有效连接，控制基底标高，基底铺设垫层，保证垫层平整密实。

（3）土方开挖及支护。土方开挖控制开挖深度，分层、分段开挖，每层开挖深度不超过 1.2m，满足喷锚支护作业高度，开挖的同时进行支护。

（4）综合接地。一般把结构底板、中板、站台板、结构柱钢筋均互相焊接连通，结构柱外网钢筋互相焊接连通，形成电气通路。

（5）钢支撑架设。钢支撑进场前应除锈保养，开挖到设计标高以下 80cm 进行架设。钢支撑两端采用钢丝绳系挂，将钢支撑吊装就位固定在钢围檩上的挂板处，安装必须保证钢支撑端头与围檩或预埋铁板密贴。

（6）基础验槽。开挖至设计坑底标高以上 30cm 时采用人工清底，避免扰动原状土。画出网格线、边线，按照梅花形布置钎探点，间距为 1.5m，保留钎杆备查。

（7）基坑护壁施工。控制护壁施工进度，及时封闭开挖面。控制护壁钢筋搭接和锚固长度，喷射混凝土护壁厚度根据地质和渗水情况决定。喷锚完成后对护壁进行二次收面，保证喷射混凝土面平整度，不侵入结构限界。

（8）钢筋安装。严格限制钢筋种类、间距、焊接质量，使用支撑钢筋保证每根钢筋的正确位置，预制等强度混凝土垫块。

（9）混凝土浇筑。浇筑前清除模板内的垃圾、泥土和钢筋上的油污。混凝土浇筑配备两组混凝土泵及振捣棒，浇筑后及时对施工缝进行凿毛，安排专人养护。

（10）混凝土试块同条件养护。试块在浇筑现场随机取样，浇筑量在 1000m^3 内时每 100m^3 取样不少于一次，浇筑量超过 1000m^3 时每 200m^3 取样不少于一次，每组 3 块，尺寸为 15cm×15cm，试块与结构混凝土处于同一养护条件。

（11）防水卷材施工。通常防水卷材长边搭接宽度应该大于 80mm，短边搭接宽度大于 100mm；同层相邻两个卷材横向搭接边应错开 1500mm 以上，同时注意防火，避免刺穿，固定钉的位置必须再敷设一层防水卷材。

（12）防水涂料施工。防水涂料施工时应保证基面干燥、牢固，注意防火。

（13）基面阴、阳角处理。防水基面阳角做成 50mm×50mm 水泥砂浆倒角，阴角做成半径为 50mm 圆弧，在倒角位置做 60cm 宽防水卷材附加层。

（14）防水保护层施工。防水卷材验收合格后，水平面浇筑 50mm 细石混凝土保护层，立面砌筑 12cm 厚砖墙保护，控制保护层厚度及平整度。

部分车站明挖法施工如图 6-3～图 6-10 所示。

图 6-3　苏州轨道交通 3 号线娄江大道站基坑开挖

图 6-4　苏州轨道交通 S1 线白马泾站单侧支模

图 6-5　苏州轨道交通 6 号线中塘公园站混凝土浇筑

图 6-6　苏州轨道交通 3 号线 4 标华山路站主体结构封顶

图 6-7　苏州轨道交通 5 号线 2 标金山路站主体结构封顶

图 6-8　苏州轨道交通 5 号线 5 标港务路站一区主体结构底板施工

图 6-9　苏州轨道交通 S1 线唯亭站钻孔灌注桩

图 6-10　苏州轨道交通 6 号线 9 标南施街站铺盖预制桥梁架设

6.4　车站盖挖顺作法施工的标准化

6.4.1　盖挖顺作法的技术特点

盖挖顺作法的技术特点包括：

（1）有必要的临时路面支撑体系，确保地面交通顺畅。

（2）施工进度较明挖法慢，较暗挖法快。

（3）钢支撑的架设和拆除需要临时起吊设备。

（4）便于主体结构施工。

（5）挖土和出土是决定工程进度的关键工序。

盖挖顺作法适用于地面交通繁忙不能中断，且有一定交通疏解条件的地下工程施工。盖挖顺作法多用于车站跨路口或有纵向重要管线的车站，可将横跨车站基坑管线一次改迁到已覆土的顶板上，避免了管线的临时悬吊和二次迁改，且顶板覆土回填后就可永久恢复交通。盖挖顺作法的缺点在于需要比较完整的竖向与横向支护，需要大量的临时支护措施，会增加工程投资，因此其多与明挖法组合使用。目前一般采用盖挖顺作法施工，但当施工受地面或地下建筑物限制、地表沉降控制要求高、开挖跨度大，或需恢复路面交通但缺乏覆盖结构时，可采用盖挖逆作法施工。

6.4.2　盖挖顺作法的标准化工序

盖挖顺作法施工是在现有场地上，按设计在地表完成围护结构及中间桩后，以定型的预制标准构件覆盖于围护结构上，形成“盖”，以维持场地的正常使用；然后向下逐层进行土方开挖及架设横撑，直至开挖到设计的底标高，再依序自下而上施作建筑结构主体及防水工程。在主体结构完成后，拆除临时路面系统的“盖”并回填土，恢复路面交通使用性能。

6.4.3　车站盖挖顺作法施工的标准化要求

车站盖挖顺作法施工的标准化要求包括：

（1）盖挖顺作法中顶板、底板、中板的施工过程都需要地模，在地模的施工作业中，开挖和基底作业十分关键。

（2）钢支撑安装前技术部门应详细检算，保证满足支撑围护结构的强度及刚度要求。

（3）车站与通道接口是重点防水部位，除按设计要求设置止水带外，在结构建成后接口的外防水层及变形缝处的防水层应适当加厚，将车站与通道的防水层相互搭接，并在变形缝两侧一定距离分别设置隔水止水条，防止车站与通道之间的地下水窜渗，提高接口和车站的防水能力。

（4）结构混凝土质量的控制过程包括原材料选定和配合比设计→混凝土拌和及运输→浇筑前的准备→混凝土浇筑、捣固→混凝土养护。

6.5　车站盖挖逆作法施工的标准化

6.5.1　盖挖逆作法技术特征

1. 盖挖逆作法的技术特点

（1）对围护结构和中间桩柱的沉降量要求严格，防止影响上部结构。

（2）中间柱如果是永久结构，则安装就位困难，但施工精度高。

（3）为了保证不同时期施工的构件连接达到设计的状态，应严格控制各种施工误差，并有可靠的连接构造措施。

（4）不是非常软弱的地层，一般不需要再设置临时横撑。

（5）挖土和出土是决定工程进度的关键工序。

2. 盖挖逆作法的优缺点

1）优点

（1）自上而下由顶板、中隔板和水平支撑构成的挡土结构体系刚度大，可营造一个相对安全的作业环境。

（2）适用于任何不规则形状的平面或大平面。

（3）已完成的结构自重由立柱直接承担并传递给地基，减少了开挖时卸载对持力层的影响，降低了地基回弹量。

2）缺点

（1）需要设临时立柱及立桩柱，增加了施工费用；另外，由于支撑为建筑结构的一部分，自重大，因此立柱必须有足够的承载力，防止产生不均匀沉降。

（2）混凝土的浇筑在盖挖逆作法施工的各个阶段都产生先后交接处，容易产生裂缝和渗水问题，给工程带来隐患。

3. 适用盖挖逆作法的情况

是否采用盖挖逆作法应从周边环境条件、地质条件、工期、造价、安全性、建筑物规模等多方面进行考虑。以下情况可采用盖挖逆作法：

（1）大平面的地下工程。对开挖平面的某一边长超过 100m 的大面积工程，由于平面为大跨度，因此内支撑长度将超过其适用界限。

（2）大深度的地下工程。大深度开挖时，基底会产生回弹，使建筑物在施工后出现中央下凹的现象。采用盖挖逆作法，逆作结构的重力作用替换了释放的荷载，能有效地控制中央下凹情况。

（3）复杂形状的地下工程。当平面形状是一种复杂的不规则形状时，内支撑的压力传递很难分析。采用盖挖逆作法，结构本体就是与平面形状相吻合的钢筋混凝土或型钢钢筋混凝土支撑体系，提高了安全性。

（4）周边状况复杂、环境要求高的工程。当要求围护结构变形量特别小时，可采用盖挖逆作法施工。逆作结构是结构本体，本身具有很大的刚度，能有效地控制整体变形，从而降低了对周围环境的影响。

6.5.2　盖挖逆作法的标准化工序

盖挖逆作法的标准化工序如下：施工围护结构及中间柱→土方开挖至顶板标高→清理顶板地模→施工顶板结构钢筋混凝土→待顶板混凝土达到设计强度后开挖下层土石方至中板标高→清理中板地模→施工中板结构钢筋混凝土→待中板混凝土达到设计强度后开挖下层土石方至基底→施工底板垫层混凝土→施工底板结构钢筋混凝土→施工站台层侧墙→施工站厅层侧墙。

6.5.3　车站盖挖逆作法施工的标准化要求

车站盖挖逆作法施工的标准化要求包括：

（1）顶板、中板、底板都通过围护桩和中间柱受力，所以结点的施工非常重要。

（2）采用钻孔桩+旋喷桩刚柔搭配的联合围护结构时，钻孔桩既是围护结构，又是主体结构的一部分。

（3）旋喷桩在围护结构中起挡土和防水作用，施工质量直接影响地铁车站的防水效果，必须保证成桩质量，要有良好的防渗性能、足够的强度和稳定性。旋喷桩的成桩质量是围护结构施工的技术关键。

（4）中间柱必须一次成功。

6.6　车站施工标准化实施细则

6.6.1　车站施工场地布置

车站施工场地布置内容包括：

（1）开工前应做好施工红线内的征地、房屋拆迁、管线改移、名木古树移植工作，保证施工用地和临时设施建设。

（2）施工便道从原有城市道路引入，在征地范围内修建，基底碾压密实。

（3）场区围墙连续，生活区与生产区分开。场区内排水通畅，必要时设双沟排水，围绕基坑便道向外侧设坡。进出场地的大门口必须设洗车槽，并备有高压洗车水管。

（4）场区内电缆（线）主路沿围墙采用支架布设，支架间距统一，支架间电缆（线）下垂不超过 10mm，便道浇筑时预埋电缆（线）过路通道管。架空过路时，安装杆架空，线下净空不小于 5m。临时电线采用绝缘支架离地，离地高度统一。

（5）变压器房、发电机房、配电房一般应靠近施工、加工区域。

（6）基坑临边防护的围栏上杆高度不宜低于 1.2m，下杆高度不宜低于 0.6m，同时采用钢管焊接形式，防护网应密闭。

（7）现场采用的各种脚手架、井架、作业平台等都应有设计方案，按方案制作，质量牢固、可靠，并进行检查验收，确认合格后方可使用。

6.6.2　轻型井点降水

（1）轻型井点降水分单层轻型井点降水和多层轻型井点降水。轻型井点降水适用于渗透系数为 0.1～50m/d 的黏土、粉质黏土及砂土地层。单层轻型井点降水最大降低水位深度不大于 6m，多层轻型井点降水最大降低水位深度不大于 12m，井点间距 0.8～2m。

（2）施工准备。平整场地，测量放线定出井点位置，准备砂砾滤料、封口黏土、井点管。

（3）钻孔。易破碎松软地层采用清水或稀泥浆钻进成孔或高压水套管冲击成孔；自稳性较好地层采用地质钻机或长螺旋钻机，钻孔应垂直，孔径上下一致，孔底比管底深 0.5～1m。

（4）下管滤料投放前应清孔稀释泥浆，含泥量不大于 5%，返清水 3～5min 后，可向孔内下放直径 38～55mm 的钢管。

（5）填滤料。滤料应洁净，采用直径 4～6mm 中粗砂，沿井管周围投放滤料，滤料填至井口下 1m 时应用黏土填平夯实。

（6）安装泵组、连接总管的要求包括：

① 泵组应设在平整、坚实、无积水的地基上。

② 水箱吸水口与集水总管、井点管口等高程应一致。

③ 泵组应置于集水总管中部。

④ 集水总管与井点管应采用高压软管连接。

⑤ 各组集水总管之间宜采用阀门隔开。

（7）调试及运转。各组井点系统安装完成后，应进行试抽水调试，检查管路连接质量、井点出水和各泵组工作水压力、真空度及运转等情况。

（8）设置水位观测孔，监测降水效果。

（9）基坑周围上部应挖好水沟，防止雨水流入基坑。井点位置应距坑边 3m 以上，防止边坡产生流砂、流土、潜蚀、塌方等现象。

（10）在降水过程中，要对降水影响范围内的周围建筑物进行连续监测，直至变形影响稳定或降水结束为止。

6.6.3　喷射井点降水

（1）喷射井点降水是在井点管内装设特制的喷射器，用高压水泵通过井点管中的内管向喷射器输入高压水形成水气射流，将地下水经井点外管与内管之间的间隙抽走。喷射井点降水适用于渗透系数为 0.1～50m/d 的黏土、粉质黏土及砂土地层，最大降水深度不大于 20m，井点间距 1.5～3m。

（2）施工准备。平整场地，测量放线确定井点位置，准备砂砾滤料、封口黏土及井点管材料。

（3）钻孔。孔口应设置护筒，孔径应比管径大 200～300mm，孔径应垂直，上下一致，孔底比管底深 0.5～1m。

（4）安装喷射井点管。下管时，水泵应先开始运转，以便每根井管安装后立即与总管接通并及时进行单根试抽排泥，测定真空度，待井管出水变清后为止。地面测定真空度不宜小于 93.3kPa。

（5）填滤料。滤料投放前应清孔稀释泥浆，沿井管周围均匀投放，投放量不得小于计算量的 95%，滤料填至井口下 1m 左右时用黏土填平夯实。

（6）接通总管，与水泵或空气压缩机接通并通到循环水箱。

① 泵组应稳固地设在平整、坚实、无积水的地基上。

② 水箱吸水口与集水总管、井点管口等高程应一致。

③ 各套进水总管应用阀门隔开，各套回水管应分开。

④ 管路系统各部件应连接严密。

（7）调试要求包括：

① 各组井点系统安装完毕，应及时进行试抽水调试，全面检查管路连接质量、井点出水和泵组工作水压力、真空度及运转等情况。

② 开泵时压力要小于 0.3MPa，然后逐步增大压力。若发现井点管周围有翻砂、冒水现象，应立即关闭并对井管进行检修。

③ 工作水应保持清洁，试抽两天后更换清水，此后视水质污浊程度定期更换清水，以减轻工作水对喷嘴和水泵叶轮等组件的磨损。

（8）设置水位观测孔，或开挖后观察降水效果。

6.6.4 管井降水

（1）管井降水是指通过埋置深于基底的井管，使用在基底的潜水泵将地下水抽出的降水方法。管井埋设的纵向深度和水平距离根据需要的降水量、场地条件及渗透系数确定，一般间距 10～50m，最大埋深可达 80m。管井降水适用于含水层颗粒较粗的粗砂、卵石地层，渗透系数较大、水量较大且降水较深的潜水或承压水地区。

（2）管井降水成孔的钻进方法可根据地层条件选用，如冲击钻、螺旋钻、旋挖钻、回转钻或反循环钻，特殊条件可人工成孔。

（3）成孔施工采用孔内自然造浆，钻进过程中泥浆比重控制在 1.10～1.15，以防止孔壁坍塌。

（4）成孔至设计标高后，将钻杆提至离孔底 0.50m 处，冲孔清除孔内杂物，同时将孔内的泥浆密度逐步调至孔底沉淤小于 30cm，返出的泥浆内不含泥块为止。

（5）下井管。下管时严禁井管强行插入，过滤管顶端应始终低于设计动水位埋深，井管顶端应高出地面 0.3～0.5m。

（6）滤料投放前应清孔稀释泥浆，沿井管周围均匀投放，投放量不得小于计算量的 95%，滤料填至井口下 1m 左右时应用黏土填平夯实。

（7）采用活塞洗井，活塞从滤水管下部向上拉，将水拉出孔口。当活塞拉出的水基本不含泥砂后，可用空气压缩机抽水洗井，吹出管底沉淤，直到水清不含砂为止。

（8）降水运行。抽水时需要每天 24h 派人现场值班，并做好抽水记录。降水井要配备独立供电电源，以确保降水连续进行。

（9）封井。封井采取在井管内先填瓜子片，然后注浆再灌注混凝土的封堵方法。降水井的封堵宜采用“先内后外，先深后浅”的原则。

（10）加强水位观测，使靠近建筑物的深井水位与附近水位之差小于 1.0m，防止周边建筑物出现不均匀沉降。

（11）含泥砂的污水应集中排入指定地点，严禁随地排放。

6.6.5 砂砾渗井降水

（1）砂砾渗井降水适用于基坑地层上部分布上层滞水或潜水含水层，下部存在不透水层，且上下水位差较大，下部含水层的渗透性较好，厚度较大的地层地质情况。井点间距根据地层含水情况设置为 2～6m。

（2）渗井的钻进方法和钻具应根据地层特性、场地条件、井身结构和钻进设备等因素确定，孔口应设置护筒。

（3）井孔孔径不应小于 300mm，其深入强导水层不应小于 3m。

（4）清孔换浆。冲孔清除孔内杂物，同时将孔内的泥浆比重逐步调至 1.10，孔底沉淤小于 30cm，直到返出的泥浆内不含泥块为止。

（5）填滤料。应沿井管周围均匀投放滤料，滤料投放量不得小于计算量的95%。

（6）洗井运行。洗井至管井孔内清净，且水中不含有泥浆等施工材料，井口封闭保护。

（7）严格管理钻孔桩排出的污水、废弃泥浆，外运过程中不得外漏。

（8）采取有效措施控制现场的粉尘土、废气、污水、噪声振动对环境的污染和危害，不燃烧各种有毒物质。

6.6.6　钢支撑

（1）做好场地清理及规划，材料必须经检验合格后才能施工使用。

（2）钢支撑制作。三角钢支架与预埋钢板必须双面满焊，焊好后的钢支架应保证两直角边相互垂直，并有足够的稳定性，不得出现歪扭、虚焊现象。

（3）钢围檩架设时应紧贴地连墙内边，距地连墙如有空隙，需将空隙填满，将围檩水平压力传至地连墙，防止围檩变形。

（4）钢支撑安装。拼接钢支撑后，两头中心线的偏心度应符合规范要求。钢支撑应采用两点吊装，禁止一点吊装施工，吊点一般距离端部1/5结构长度左右。

（5）钢支撑两端应有附加可靠的支托或吊挂措施，严防因围护变形或施工撞击而发生脱落。支撑轴力应按设计及规范要求分级施加，预应力施加完成且稳定后，方可卸除钢支撑吊绳。

（6）支撑拆除。拆除支撑前，先对上一层钢支撑预加轴力，达到设计要求后，分级释放需拆除的钢支撑轴力。拆除钢支撑轴力时，应避免瞬间预加应力释放过大而导致结构局部变形、开裂；轴力释放完后，取出所有楔块，用龙门吊或吊机将钢支撑轻放至稳定平面上。

（7）吊装过程中严禁钢支撑下面有作业人员，严禁在吊臂旋转半径内有作业人员，现场设置安全警示标志牌。

（8）设计时从加载速度的快慢、加载时间间歇的长短、分级荷载的大小、加载循环的次数方面考虑对钢支撑的影响，选取最合适的结构。

（9）钢支撑在使用前要检查外观质量、节点构造及尺寸，同时检查其试拼装的长度、平直度（偏差控制在20mm以内）。

（10）钢支撑安装时应保证两端板与地墙面或斜撑钢牛腿密贴，防止偏心受力带来隐患。

（11）钢支撑安装完成后，保证支撑端面与围护墙面或围檩侧面平行，各节点连接完好，符合工程要求。

6.6.7　混凝土支撑

（1）准备工作。测量定位，将支撑处清平并施工垫层。

（2）钢筋绑扎。钢筋绑扎应符合设计及规范要求，确保支撑与冠梁或腰梁连接体系质量安全。

（3）模板安装。模板安装后结构尺寸应符合设计及规范要求，模板加固稳定可靠，经报验检查合格后才能进行混凝土浇筑。

（4）混凝土浇筑。混凝土浇筑完成后，应及时进行养护，待混凝土强度达到设计强度 80%后，进行下一步开挖。

（5）在需拆除的钢筋混凝土支撑下施工临时支架，支架应邻近支撑底面，且稳定可靠，能承载拆除的支撑质量。

（6）先分段切断支撑混凝土，再分段切割钢筋，随后吊至地面后进行破除。

（7）吊装拆除支撑时，起重机旋转半径内及支撑下方严禁有人员作业，设置警戒线。

（8）及时清理现场各类杂物、废料，各种原材料、半成品按规范堆放，标识清楚。

6.6.8　基坑明挖法施工

（1）开挖准备。开挖前做好内业和外业各项准备工作，做好基坑内降水，并及时跟进水位监测，保证水位在开挖面以下不小于 1m。

（2）开挖中须遵循“先撑后挖、随挖随撑、同步对称、及时封闭”的原则，防止基坑变形及周边建筑物变形。

（3）基坑开挖过程中严禁超挖，基坑纵向放坡不得大于安全坡度，严防纵向滑坡。

（4）加强基坑稳定性的观察和监控测量工作，当发现施工安全隐患时，要通过监测反馈及时调整开挖程序。

（5）基坑清理。基坑开挖后，采用人工清除坑底松土，其间测量组跟班进行标高测量，确保基坑底部开挖标高符合设计要求，防止超挖。

（6）吊车作业区域设置警戒线，并设专人指挥，吊装半径内严禁人员进入。

（7）基坑开挖、钢筋模板安装及混凝土浇筑过程中严禁上下垂直、交叉作业。

（8）基坑临边设置符合要求的临边防护及安全警示标志，临边堆载必须符合《建筑深基坑工程施工安全技术规范》（JGJ 311—2013）规定要求。

6.6.9　基坑盖挖顺作法施工

（1）中间立柱结构施工时，应根据立柱的支承方式编制合理的施工方案，保证立柱的强度、刚度和稳定性。

（2）中间支承柱施工时定位及标高应符合设计要求，垂直度应满足设计及规范要求。

（3）开挖前做好场地规划与机械人员准备，做好基坑内降水，并及时跟进水位监测，保证水位在开挖面以下不小于 1m。

（4）铺盖系统。严禁超挖破坏原始稳定土层，保证铺盖系统结构标高准确。如铺盖系统标高段地基承载力不能满足要求，必须进行回填、夯实等地基处理后方可进行施工。

（5）基坑开挖遵循“先撑后挖、随挖随撑、同步对称、及时封闭”的原则，防止基坑变形及周边建筑物变形。

（6）加强基坑监控测量工作，确保基坑安全。

（7）开挖时加强标高控制测量，防止超挖。

（8）出土口宜靠近地面运输道路设置，布置在基坑端头或侧边，便于安装提升设备。

（9）出土口处结构构件应预留结构钢筋，后期进行封闭时保证结构质量。

（10）基坑临边设置符合要求的临边防护及安全警示标志，临边堆载必须符合《建筑深基坑工程施工安全技术规范》（JGJ 311—2013）规定要求。

（11）中立柱定位过程中设专人指挥，作业人员按规范穿戴劳动保护用品。

（12）渣土必须吊运至指定临时存渣场，按规范要求做好防护、标识，并定期进行清理。

6.6.10　基坑盖挖逆作法施工

（1）主体结构自上而下逆作施工，需特别注意防止主体结构墙、柱等结构构件预留钢筋漏留，且必须预留准确，保证后期结构施工质量。

（2）钻孔桩施工时设置与主体结构相连接的预埋件。

（3）基坑盖挖逆作法施工细则参考盖挖顺作法施工细则。

6.6.11　综合接地施工

（1）测放定位。土方挖至设计标高后，人工平整场地，测放出接地网垂直接地体的位置，用地质钻机按设计要求的深度和位置成孔埋设定位标记。

（2）基坑上测放出接地网水平接地体的位置，人工开挖网沟，沟深满足设计要求；接地网连接良好，接地网参数应满足设计及规范要求。

（3）接地线保护与检测。在结构施工过程中保护接地线不受损坏，结构完成后注意保护和标记，完工后及时测量接地电阻、接触电位差及跨步电位差等技术参数是否满足要求。

（4）特殊工种人员必须持证上岗，规范作业。

（5）现场各种材料堆码整齐，废料、杂物及时清理。

6.6.12　主体结构钢筋制作

（1）钢筋规格、品种应符合设计要求，对抽取的试件进行力学性能检测，质量符合规范设计要求。

（2）钢筋表面洁净，清除表面油污、泥土和锈蚀。调直后的钢筋不能有局部弯曲、扭转和波浪。

（3）根据钢筋下料表中的编号、直径、数量、尺寸合理切断钢筋，先断长料，后切短料，尽量减少钢筋接头。

（4）钢筋接头采用帮条焊或搭接焊时，焊缝长度单面焊不得小于 10 倍钢筋直径，双面焊不得小于 5 倍钢筋直径。

（5）直螺纹套筒连接，标准型套筒每端外露丝扣长度不应超过 2 倍螺距。接头用扭力扳手校核拧紧扭矩，扭矩数值应符合规范相应的标准值。

（6）钢筋绑扎前将构件内杂物清理干净。绑扎时按从下到上、由主到次的顺序进行，合理统一安排。

（7）现场各种机器具必须有良好的安全防护装置。

（8）特种作业人员必须持证上岗。

（9）现场氧气、乙炔按规范放置，严格按规定配置消防器材。

（10）各种原材料、半成品、废料堆码整齐，标识清楚，做到下垫上盖。

6.6.13　模板支立

（1）模板构件选用。所选用的模板支架材料质量、形状及位置正确；使用前对材料进行取样抽检，合格后方可施工。

（2）立杆脚部设置横向、纵向扫地杆。在模板支架四边与中间每隔 4 排支架立杆设置一道剪刀撑，从底部至顶部连续设置。

（3）模板安装。模板支架体系检查确认合格后才能浇筑混凝土，模板的接缝不应漏浆。在浇筑混凝土前，将模板内的杂物清理干净。安装木模板应浇水湿润，但模板内不应有积水；钢模板涂刷隔离剂。

（4）模板体系拆除。拆除模板体系时遵循先支后拆、先板后梁，侧墙由上向下拆、梁板由中间向两边拆的原则。

（5）拆下的模板应在指定地点堆放，及时清理、维修及刷涂隔离剂，以备待用。

（6）严禁人员上下垂直同时作业，拆除作业应从上向下，严格遵循“先支后拆，后支先拆”原则进行，高处作业禁止抛投各种物件。

6.6.14　车站移动模板台车制作

（1）根据现场需要设计模板台车加工生产方案，并用模型验算强度、刚度、稳定性是否符合设计规范要求。

（2）因模板台车制作费用较高，设计时应考虑地铁车站的适用性，重复使用。

（3）模板台车加工生产。按照模板台车设计方案加工生产，所有构配件出厂前必须严格验收。

（4）模板台车厂内预拼装。按照设计方案，对模板台车进行预拼装，并进行受力检验，符合要求才能允许出厂。

（5）模板台架拼装、吊装。构配件进场后，按照设计方案在车站底板、中板进行单节段台架拼装，拼装应从上至下进行，完成后组织验收。

（6）安装顶模板。每一节段模板台架安装完成后，安装顶模板（面板），顶模板安装完成后，模板台车安装完成。

（7）检查模板位置、平整度。面板就位后，启动液压系统，调平消除间隙，检查模板位置并检查平整度，检查各个螺栓是否锁紧，全部合格后，涂刷隔离剂。

（8）模板台车移动。待中板、顶板混凝土达到设计强度后，松开液压系统，调低面板，拆开整体模板台车为单组模板台车，安装轨道，移动到下一个工作断面后再拼装成整体模板台车。

（9）模板台车拆除。车站中板、顶板施工完成后，开始拆除模板台车。拆除模板台车时应从上至下进行，专人进行指挥作业。

（10）模板台车在拼装、移动、拆除时需派专人进行安全防护和统一协调指挥。

6.6.15　单侧壁液压大模板台车侧墙施工

（1）在地面进行模板台车整体分段组装，分段长度根据吊装能力及吊装孔洞尺寸确定。

（2）台车首次拼装时应对模板面进行打磨并涂刷脱模剂。

（3）台车下基坑吊装作业采用吊车分节吊装。

（4）按台车轨距要求铺设轨道，轨道要求平直，无明显三角坑，接头无错台，前后、左右高差小于 5mm；中心线尽量与隧道中心线重合，其误差小于 15mm，钢轨采用 38kg/m 重轨。

（5）利用汽车吊将组装好的模板台车分段从结构板预留孔吊入，安装于已铺设好的走行轨道上，并用法兰螺栓及三脚架底纵梁连接成整体。

（6）利用集成于模板台车上的液压千斤顶横向调整模板与矮边墙密贴，竖向与矮边墙有 10cm 搭接，模板就位。

（7）模板调整就位后，安装模板与支撑架间的连接丝杆并紧固，在模板支撑架顶安装抗浮顶，在支撑架连接纵梁与轨道之间安装支撑顶，安装地锚杆，施加配重。

（8）堵头模板支设。堵头模板采用普通木模板加固，木模板接缝处用快易收口网封闭，避免漏浆。

（9）混凝土浇筑时应设专人观察模板台车变形情况，特别针对上口、下口及堵头模板进行巡视，如出现较大变形，应立即停止浇筑并进行加固处理。

（10）浇筑过程中，不得将泵管放置于模板台车上，以免泵送振动导致模板台车移位。

（11）脱模及滑移走行。混凝土达到设计强度后，松开连接丝杆和支撑顶，拆除地锚杆，卸下配重，通过液压千斤顶液缸回油，将模板与侧墙混凝土面分离脱模。脱模后利用台车自带的电动机走行系统，整体滑移至下一施工节段。

6.6.16　结构混凝土灌注

（1）施工准备。清理场地，人员、机械就位准备。

（2）混凝土型号应符合设计要求，从搅拌车卸下的混凝土不得发生离析现象，混凝土坍落度满足设计要求。

（3）混凝土浇筑时，根据现场情况合理安排混凝土供应量，确保混凝土浇筑连续、有序。

（4）采用泵送混凝土方式浇筑时，输送泵接头严密，不得有硬弯，输送泵间歇时间超过 45min 或混凝土出现离析现象时，要立即冲洗管内残留混凝土。

（5）主体结构分层浇筑时，捣固应穿越两层之间的接缝，伸入下一层约 5cm，保证层与层之间的结合，振捣点间距 30～40cm。

（6）主体结构相邻两层混凝土的浇筑时间间隔不应超过 2h，在初凝后用抹子抹平、压实，以闭合收水裂缝。

（7）混凝土应在浇筑完成的 12h 内进行覆盖和浇水养护，使水泥充分水化，将毛细孔封闭，使水泥石结晶致密，提高混凝土的抗渗性。

（8）混凝土终凝后覆盖塑料薄膜及麻袋，保温保湿，保证混凝土的强度增长，控制温度应力，防止混凝土干缩产生裂缝。

（9）泵车浇筑混凝土时必须有专人指挥，泵车现场设置警戒线，严禁非作业人员进入。

（10）设置混凝土浇筑作业平台，严禁作业人员直接踩踏钢筋。

（11）施工混凝土泵车、罐车停放场地平整、无杂物。

（12）已浇筑混凝土未达到 $12N/mm^2$ 强度前，严禁人员踩踏及堆放荷载。

6.6.17　结构外防水施工

（1）施工准备。审核主体结构防水施工图，制订合理的防水施工方案，材料检验进场，并做好排水措施。

（2）中埋式钢边橡胶止水带设置在结构中线位置，绑扎牢固可靠，避免浇筑和振捣混凝土时固定点脱落导致止水带倒伏、扭曲。

（3）中埋式钢边橡胶止水带位置的模板应安装定位准确、牢固，避免跑模、胀模等影响止水带定位的准确性。

（4）外贴橡胶止水带应整根悬吊安装，现场不宜出现接头。

（5）外贴橡胶止水带纵向中心线应与接缝对齐，安装完毕后，不能出现翘边、过大的空鼓等。

（6）外贴橡胶止水带转角部位应采用转角预制件或采取其他防止齿条倒伏的措施。

（7）镀锌钢板止水带可焊接于主体钢筋上，应固定牢靠。

（8）钢板止水带搭接与交叉连接均应满焊，搭接长度应满足设计要求，交叉连接贴合四边满焊。

（9）涂膜防水层的基层应牢固，表面洁净，平整阴阳角处呈圆弧形或钝角。

（10）涂膜防水层一般采用 3～4 遍涂刷完成，每层涂料涂刷之后应让涂膜有充分的时间固化，上下两层涂膜涂刷间隔时间不宜少于 24h。

（11）涂膜防水层施工时，应先在阴阳角和施工缝等特殊部位涂刷防水涂膜加强层，加强层厚 1mm；然后开始大面的涂膜防水层施工。

（12）防水层施工完毕并验收合格后，应及时做防水层保护层。

6.6.18　车站施工测量

（1）基坑开挖及结构施工测量主要包括围护桩施工测量、主体基坑开挖测量、结构主体施工的控制导线测量、水准控制测量、开挖定位测量、中线测量、细部结构定位测量等，在施工过程中及时发现并调整各项误差。

（2）工程竣工测量主要包括车站主体结构净空测量、主体结构尺寸测量、线路中线贯通测量等。

（3）车站与相邻区间施工时间和施工方法不同，为避免出现偏差，作业过程中不仅要做好本车站范围的施工测量，还要按照监理工程师要求与相邻标段进行贯通联测，做好测量的相互衔接。

（4）布设足够的控制点，并做好标志，加强对控制点的保护和检查。

（5）施工现场监控测量点位采用预埋钢筋头设置于圆形凹槽内，不得冒出地面，影响施工；埋深要做到牢固可靠，不受地面施工影响。测量点上部设圆形钢板遮盖保护，按照现场布置情况、断面统一编号，将对应编号喷涂于监控测量点旁，如发现磨损不清应及时更新。

（6）现场监控测量点旁边设置监控测量标识牌，内容包括车站站名、监测项目、测点编号、监测情况、监理单位、第三方监测单位。每次监控测量后应及时将测量情况如实标注于标识牌上。

（7）平面控制测量。

① 以 GPS 控制网为基础，建立二级地面精密导线，平均边长 150m，标石埋设在主体结构附近，并避开变形区。

② 采用三维坐标法进行测量，净空断面尺寸采用解析法测量。

③ 施工中平面测量控制采用极坐标定位法、铅垂线控制法、中心线十字校核法，对车站进行平面定位和校核。

（8）高程控制测量。

① 以Ⅱ等水准网为基准，设Ⅱ等加密水准网，并且贯通联测到相邻标段所用的水准控制点一个以上。

② 水准网在Ⅱ等水准点之间布成附合环线，往返较差，使用仪器、标尺的精度指标均按Ⅱ等水准测量标准。

③ 遵循设置两个以上高程水准点的原则，满足控制精度要求。通过工作竖井传递高程，将井上水准点的高程传递到井下水准点，高程传递两次或独立进行 3 组较差。

④ 精密水准点埋设混凝土普通水准标石或采用平面控制网点，其规格按《城市测量规范》（CJJ/T 8—2011）有关要求确定。

（9）接口测量。为保证施工的顺利连接和接口几何尺寸的准确，施工前与邻近区间的控制网进行复核测量。施工中应对这些位置轴线、高程进行复核，并与有关部门确认，如发现误差超过容许范围，及时与监理工程师联系，同监理工程师制订处理措施，保证接口正确连接。

（10）施工放线测量。

① 平面控制测量使用全站仪三维坐标法，高程传递和高程测量采用铟钢尺水准测量、悬挂钢尺水准测量和三角高程间接法。仪器使用前应由计量专业部门标定，并出具标定证书。

② 每次测量作业前按照有关规范要求进行全面细致的检查。

③ 水平角观测过程中，四等以上导线点的水平角观测，当观测方向的垂直角超过±3°时，宜在测回间重新整置气泡位置。在总测回中以奇数测回和偶数测回分别观测导线前进方向的左、右角。

（11）水平角方向观测技术要求。对四等以上导线测量时满足光学测微器两次重合读数之差小于 3″，半测回归零差小于 8″，一测回中 2 倍照准差变动范围小于 13″，同方向值各测回较差小于 9″。

（12）测距要求。测边在成像清晰和气象稳定时进行，雨天和大风天气不作业，不顺光、逆光测量。

（13）四等导线使用Ⅱ等测距仪测距时，观测次数往返各一次，总测回数 4～8 次；一测回读数较差小于 10mm，单程各测回读数较差小于 15mm。

（14）测量标志用不锈钢或铸铁件制作，在软土中，钢钉嵌入大小合适的混凝土块中，并保证永久固定，铭文持久且清楚。埋设在地下的测量标志用混凝土管或框架加以保护，并加盖以防止被泥土和雨水弄脏。

（15）每新设一个固定点，须核对与该点原始数据之间的误差。

（16）保证测量仪器精度及设备安全。

① 测量操作过程中，有专人对测量仪器进行看护，以免交通机械及非测人员对仪器造成损坏。

② 仪器在运输过程中，安排专人对测量仪器进行看护，避免车辆的颠簸对仪器造成损坏，保证测量仪器的精度稳定。

③ 按规定对测量仪器进行鉴定及自检，保证测量仪器的操作精度。

（17）测量人员的安全。

① 在交通繁忙地段进行测量时，人员必须穿戴反光背心，安排专职人员进行交通疏导。

② 在建筑物下及暗挖段测量时，人员必须戴好安全帽，并注意高空落物。

③ 在高压线下测量时，注意塔尺的伸缩空间，避免触电。

④ 在地形复杂的地段测量时，注意地面的孔洞及危险物品。

第 7 章　盾构施工的标准化

7.1　盾构施工的工作内容及标准化的目的和对象

7.1.1　盾构施工的工作内容

盾构施工内容主要包括施工准备（端头加固、场地规划）、盾构到达接收、盾构始发、盾构掘进、收尾等[37-38]。

7.1.2　盾构施工标准化的目的

盾构施工是我国地铁区间施工的首选工法，也是地铁区间施工的重要方法，是保证工程质量和安全的重要环节。盾构施工主要包括盾构始发、吊装、掘进、到达，同时还包括盾构施工场地布设及附属设施的施工。

盾构施工现场管理作为一项跨度大、涉及面广、多专业参与的综合性与系统性管理工作，项目管理方应提前规划，统筹考虑。在正式施工前确定管理标准与层次，积极制订各项规章制度，明确各参与方责任与权利，加强过程把控，严格落实各项施工指令；及时开展分析总结与效果评价工作，在施工过程中充分发挥管理的作用，确保盾构施工安全、高效、有序进行。

7.1.3　盾构施工标准化的对象

盾构施工标准化的对象包括：

（1）盾构施工场地规划的标准化。

（2）盾构的前期准备、始发、掘进、到达接收技术标准化。

（3）盾构施工管片制作的标准化。具体内容详见 7.6 节。

（4）联络通道冻结施工法的标准化。

（5）盾构施工监测的标准化。

7.2　盾构施工场地规划的标准化

7.2.1　地面辅助设施区布置

1. 地面辅助设施区布置的目的

（1）保证盾构正常施工，针对盾构的类型和具体施工方法配备必要的辅助地面设施。

（2）规范地面设施的具体布置要求，做到地面设施布置合理化、整洁化。

2. 地面辅助设施区布置的内容

地面辅助设施区布置的内容包括拌浆间、配电间、地面运输系统、出土设施、通信设备、车架转换、井底车场等。

3. 盾构施工场地规划及辅助设施标准化的要求

（1）施工场地内车辆通行道路在场地允许的情况下，应具备双向通行能力，有单独划定的卸料区域；如果场地条件受限，也应具备管片等材料的运输车辆与渣土车等其他车辆的会车、错车条件。

（2）砂浆站应采取与始发端头井就近的原则，在保证不影响龙门吊行走线路前提下，保证运输水泥、膨润土等大型车辆的临时停靠，以及管片运输车辆、渣土运输车辆的会车、错车条件。

（3）龙门吊安装位置应采取就近原则，在跨度有所保证的前提下，将行走轨道基础建立在现有的围护结构之上；如果条件不允许或跨度条件受限，则应对龙门吊行走轨道基础施工区进行土体加固，以保证基础承载能力。

（4）充电设备应满足所有蓄电池车、蓄电池组不间断供应，且每条隧道应具备一个备用充电柜。充电柜搭设遮雨棚，电池组充电区域砌筑冷却水池，一般为砖混结构或素混凝土结构，为方便吊装应配备推拉式、可折叠式遮雨棚。

（5）风机、冷却塔每条隧道至少一台。

（6）循环水泵应满足隧道长距离输送水压力要求，且每条隧道应配备一台备用。

（7）龙门吊配备两台，同时满足盾构施工出土和管片材料下井需要。

（8）循环水蓄水池容量及吞吐量应满足盾构机用水需求。

（9）盾构渣土集土坑应至少满足容纳所有施工隧道 48h 正常掘进的排土量，转运能力应至少满足所有隧道正常掘进排土速度。

7.2.2 隧道内人行通道

隧道内人行通道是指隧道洞口到盾构车架末端的人行通道，规范隧道内人行通道的强制性要求，保证隧道内施工人员的安全。

隧道内人行通道规划的内容包括人行通道两端上下小梯的组成、安全防护及其与电机车轨道的距离等。

7.3 盾构的前期准备、始发、掘进、到达接收技术标准化

7.3.1 前期准备工作

1. 前期准备工作的目的

（1）盾构施工前应完成设计、测量等准备工作，充分了解地质情况，制订符合工程实际的盾构施工方案。

（2）确定盾构选型与配置及设施，选用符合工程实际要求的施工设备，保证工程顺利进行。

2. 前期准备工作的内容

在盾构施工时应进行前期调查、技术准备，确定盾构选型与配置及设施。为满足盾构始发和接收的要求，应设置工作井。针对前期准备工作，提出设计、施工、测量、土体加固、盾构管片、监控测量、应急准备、设备机具、水电、洞门密封等方面的具体要求。针对盾构接收，提出到达接收、盾构拆解及吊出等方面的具体要求。

7.3.2 盾构始发

1. 盾构始发的内容

针对盾构始发，提出端头加固、始发托架安装、导轨制作、机组调试、反力架安装、洞门破除、负环管片安装等环节的具体要求。盾构始发主要施工工序包括：

（1）始发基座安装。

（2）洞门帘布安装。橡胶止水帘布的作用主要是紧密包裹盾构机盾体，与刀盘形成密闭空间，防止喷水、漏泥及保压。

（3）盾构机吊装下井及组装调试。

（4）反力架安装。反力架主要为盾构机提供轴向推进力。

（5）洞门密封装置安装。

（6）洞门凿除。

（7）负环管片安装。在盾构机调试完成，且反力架安装加固完成后，进行负环管片安装。

（8）始发掘进。

2. 盾构始发标准化的要求

（1）盾构始发基座应满足盾构机整体重量承载力及运转负荷要求。测量放线时，基座安装位置尺寸及标高应满足盾构机始发时隧道设计轴线偏差。基座组装完成后，应对其进行支撑加固，防止因盾构机推进、扭转导致基座偏移，一般采用工字钢焊接支撑加固。

（2）盾构始发前，始发洞口应安装橡胶止水帘布。洞门帘布一般采用螺栓紧固于洞门环梁上，以扇形板或折叠板压紧帘布。

（3）盾构机吊装下井应由具备相应施工资质的专业吊装单位负责进行。盾构机一般由施工单位自行组装或聘请专业队伍进行组装。盾构机组装完成后应对其进行调试，调试过程一般分系统、分逻辑关系顺序进行。

（4）反力架安装位置尺寸应满足基准环中心与盾构机机身轴线位置相符。反力架一般采用钢结构，吊装设备配合人工进行组装与加固。

（5）在始发前，始发洞门端头应施工水平探孔进行探水，确保端头加固效果。在止水效果良好的情况下，可以进行洞门凿除作业。洞门范围内车站围护若为钢筋混凝土结构，则应剔凿至内侧钢筋面，在盾构机刀盘及盾体进入始发洞之前割除掌子面钢筋，间隔时间不宜过长。

苏州轨道交通 S1 线洞庭湖路站盾构始发前准备如图 7-1 所示，渔家灯火站管片拼装如图 7-2 所示。

图 7-1　苏州轨道交通 S1 线洞庭湖路站盾构始发前准备

图 7-2　苏州轨道交通 S1 线渔家灯火站管片拼装

7.3.3　盾构掘进

1. *盾构掘进的内容*

盾构始发后进入正常掘进阶段。盾构掘进施工是一个循环往复的流水线作业流程，各个环节之间的衔接直接影响盾构施工效率。

盾构施工过程中需要的施工材料分为消耗型材料、周转性材料及其他零星耗材，其中消耗型材料又包括固定型耗材和非固定型耗材。

（1）固定型耗材主要包括管片、管片螺栓、橡胶止水胶条、遇水膨胀止水胶条、水泥、膨润土、砂子等。

（2）非固定型耗材主要包括润滑油脂（EP2）、主驱动密封油脂（黑油脂）、盾尾油脂、液压油、齿轮油、盾构刀具等。

（3）周转性材料包括盾构施工需要的水管、走道板、走道板支架、轨道、轨道连接板、轨枕、高压电缆等，该类材料可在不同施工项目中循环使用。

（4）其他零星耗材一般包括设备配件、照明设备、电线电缆等。

2. *盾构掘进标准化的要求*

（1）一般情况下，根据设计要求，每推进一环消耗固定型材料的数量大致相同。

（2）因地层不一，设备性能及配置不同，设备故障率不同，故非固定型材料的消耗并无定量。

苏州轨道交通 S1 线盾构掘进后现场图如图 7-3～图 7-6 所示。

图 7-3　苏州轨道交通 S1 线渔家灯火站推进中隧道

图 7-4　苏州轨道交通 S1 线洞庭湖路站成型隧道

图 7-5　苏州轨道交通 S1 线渔家灯火站隧道内人行通道

图 7-6　苏州轨道交通 S1 线轨道交通展览中心站—陆家站盾构区间内管片运输车运输作业

7.3.4　盾构到达接收

1. 盾构到达准备工作的内容

（1）端头加固。盾构机到达前，接收井端头应进行土体加固（即端头加固），其作用与始发前端头加固作用相同。

（2）洞门帘布安装。盾构机到达接收井前，接收井洞口应安装洞门止水帘布。与始发时相同，橡胶止水帘布的作用主要是紧密包裹盾构机盾体，在穿越土体与盾体之间形成密闭空间，防止喷水、漏泥及保压。

（3）接收基座安装。盾构机接收基座安装应满足对盾构机的整体重量承载力。经过对盾构机几何形位复核后，基座安装位置尺寸及标高应满足与盾构机出洞时姿态相符，一般应低于盾构机 5～10mm，以便于盾构机顺利接收。

（4）接收井洞门凿除。盾构机到达前，洞门范围内车站围护结构若为钢筋混凝土结构，则应剔凿至内侧钢筋面，盾构机刀盘露出后，在保证安全下将内侧钢筋割除。

2. 盾构到达接收标准化的要求

（1）刀盘穿过止水帘布后，盾构机推进速度不宜过快，以免造成盾构机到达姿态发生大幅度变化；同时，后方成型管片应频繁复紧，以免造成错台超限。

（2）盾构机接收时，应确保最后一环成型管片外侧凸出洞门止水帘布之外，起到继续密封的效果，防止洞口塌方。

（3）盾构机接收后，对接收洞门进行洞门封堵。洞口封堵完成后，开始盾构机的拆卸工作。

（4）隧道清理及管片修补。区间贯通后，应对盾构隧道进行彻底清理，并对隧道内所有管片螺栓进行最终紧固，查漏补缺，同时对破损管片进行修补。

（5）隧道清理完成后，应保持隧道有良好的通风，以使隧道内管片干燥。管片干燥后，对隧道内渗、漏水处进行统计并上报。

（6）根据统计上报的渗漏点进行堵漏处理，堵漏的同时观察并统计新出现的渗漏点。依此循环，直至隧道渗漏不再发生，并定时巡查，记录巡查结果。

（7）一般联络通道在一条隧道掘进的盾构机到达后开始施工，施工工艺多为暗挖法。

7.4　联络通道冻结施工法的标准化

冻结施工法安全可靠，可有效隔绝地下水，适用面广，灵活性好，可控性好，污染性小，经济合理。

7.4.1　冻结施工法设计

1. 冻结施工法设计标准化的目的

冻结施工法设计标准化的目的是规范冻结帷幕、冻结孔布置及制冷设计，为后续施工作业及验收提供符合工程实际的设计要求。

2. 冻结施工法设计标准化的内容

（1）冻结壁结构方案比较与选择。

（2）冻结壁的承载力和变形验算。

（3）冻结孔布置设计。

（4）冻结壁形成验算。

（5）冻结制冷系统设计。

（6）冻结壁的监测与保护要求。

（7）可能对周围环境和建（构）筑物产生影响的分析。

（8）对周围环境和建（构）筑物的影响监测与保护要求。

7.4.2　冻结孔设计与施工

1. 冻结孔布置原则与施工工序

冻结孔布置原则为根据所处地层及深度来确定冻结帷幕厚度，满足在设计时间内达到设计冻结帷幕的要求，使土层内形成一个封闭的板块。冻结孔布置位置应避开管片主筋、螺栓、止水条，避免对管片结构及防水结构造成破坏。

冻结孔的施工工序如下：定位开孔及孔口管安装→孔口装置安装→钻孔→测量→封闭孔底部→打压试验。针对冻结孔施工，提出冻结孔施工顺序、定位、开孔、钻孔质量控制等方面的标准化要求。

2. 冻结孔施工标准化的要求

（1）根据联络通道施工的孔位，先施工穿透孔，根据穿透孔的偏差，进一步调整有关的钻进参数；再按由上向下的顺序施工，防止因下层冻结孔的施工引起上部地层扰动，减小钻孔施工时的事故发生率。

（2）钻孔偏斜率应控制在 1%以内，在确保冻土帷幕厚度的情况下，单排孔相邻终孔间距不得大于 1.2m，集水井部位群孔相邻终孔间距不得大于 1.6m，冻结孔成孔最大允许偏斜 150mm，否则应补孔。

（3）冻结孔钻进深度应不小于设计深度，不参与制冷循环的长度不大于 150mm。

7.4.3　冻结站设计与安装

1. 冻结站标准化的内容

冻结站设备主要包括冷冻机、盐水箱、盐水泵、清水泵、冷却塔及配电控制柜等。根据需冷量等计算结果，合理配置冻结设备，满足施工需要。针对冻结站设计与安装，提出需冷量计算、冻结设备选型、冻结用电、管路选择及布设、设备安装及保温等方面的标准化要求。

2. 冻结站标准化的要求

（1）冷冻机组的蒸发器及低温管路用棉絮保温，盐水箱和盐水干管用 50mm 厚的保温板或棉絮保温。

（2）由于混凝土和钢管片散热性比土体好，为加强冻土墙与管片胶结，联络通道两侧管片内表面应采取保温措施，以减少冷量损失。

7.4.4　冻结系统的运行

1. 冻结系统运行标准化的目的

（1）提出冻结系统的运行要求，满足冻结系统运行的基本原则。

（2）提出测温孔温度监测及泄压孔监测方案，确保冻结系统有效运行。

2. 冻结系统运行标准化的内容

针对冻结系统的运行，提出试运转、积极冻结、维护冻结、解冻原则及方法、融沉控制方法、监控监测等方面的要求。

3. 冻结系统运行标准化的要求

（1）设备安装完毕后进行调试和试运转。在试运转时，要随时调节压力、温度等各状态参数，使机组在有关工艺规程和设备要求的技术参数条件下运行。

（2）在冻结过程中，定时监测盐水水位、盐水温度、测温孔温度和冻土帷幕扩展情况，必要时调整冻结系统运行参数。

（3）在积极冻结过程中，要根据实测温度数据判断冻土帷幕是否交圈和达到设计厚度，同时要监测冻土帷幕与隧道的胶结情况，测温判断冻土帷幕交圈并达到设计厚度且与隧道完全胶结后再进行探孔试挖，确认冻土帷幕内土层基本无压力后再进行正式开挖。

7.4.5　冻结施工法监测内容

冻结施工法监测内容包括：

（1）水平孔施工监测：钻孔长度、冻结管铺设长度、冻结管偏斜、冻结器密封性能、供液管铺设长度。

（2）冻结系统监测：冻结器去回路盐水温度、冷却循环水进出水温度、冷冻机吸排气温度、盐水泵工作压力、冷冻机吸排气压力、制冷系统冷凝压力、制冷系统汽化压力。

（3）冻结帷幕监测：冻结帷幕温度场、开挖后冻结帷幕暴露时间内冻结帷幕表面位移、开挖后冻结帷幕表面温度。

（4）周围环境和隧道土体变形监测：隧道变形监测、隧道的沉降位移监测、隧道的水平及垂直方向的收敛变形监测。

7.5　盾构施工监测的标准化

7.5.1　盾构施工地层变形及监测目的

盾构施工地层变形的原因包括：①盾构施工过程中产生地层损失；②盾构隧道周围受扰动或受剪切破坏的重塑土再固结。盾构隧道施工引起的地层位移可分为五个阶段：盾构到达前的初始沉降、盾构到达时的沉降或隆起、盾构通过时的推进沉降、盾构通过后的盾尾空隙沉降、地层后期固结变形。

由于盾构穿越的地层地质条件千变万化，以及施工前工程地质勘察的局限性，只靠工程地质勘察不可能完全揭示地质条件和岩土介质的物理力学性质，因此盾构法的设计和施工方案总是存在一些不足。通过对盾构推进全过程的监测，可以掌握由盾构施工引起的周围地层的移动规律，将监测结果及时反馈，合理调整施工参数和采取技术措施，可以极大地减小地层位移，确保邻近建筑物的安全。施工监测是对周围环境进行积极保护的关键措施[39-40]。

7.5.2　盾构施工监测内容

1. 岩土介质和周围环境的监测内容

1）地下水的监测内容

根据地下水的监测结果，可预测开挖面的稳定情况，检验降水效果，改进挖土、运土等施工方法。

（1）监测地下水位变化和孔隙水压力。

（2）监测井点降水效果。

（3）监测隧道开挖面、隧道及其他渗流处的地下水渗流水量、带有土粒的渗流情况。

2）土体变形的监测内容

（1）地表变形监测。用普通水准仪观测隧道中心线上预设的地表桩，观测与隧道中心线相垂直的地表桩，进行纵向和横向地面变形监测。

（2）地下土体沉降监测。观测盾构顶部正上方土体中一点的沉降量和在盾构正上方的垂直线上几个点的沉降量，以确定影响地层损失的因素。

（3）地表水平位移及应变监测。对设在垂直于隧道轴线的断面上的地表桩进行观测，随时分析建筑物的安全。

（4）地下土体的水平位移监测。沿盾构前方、两侧设测点，用测斜仪测量盾构推进中的土体水平位移，研究减轻盾构扰动的施工措施。

（5）土体回弹监测。监测在盾构施工中盾构底部以下土体的回弹量，分析这种回弹量可能引起的隧道下卧土层的再固结沉陷。

（6）盾尾空隙中坑道周边向内移动的监测。通过衬砌环上的压浆孔，埋置监测桩于衬砌环外的土体中，监测隧道周边土体自开始脱出盾尾后的位移发展过程，了解土体挤入盾尾空隙的速度。

3）附近建筑物的监测内容

对附近建筑物的监测可以确定施工对建筑物的影响，保证重要建筑物和公用设施的安全和正常使用，并为处理损坏问题取得法律依据。附近建筑物的监测内容包括：

（1）监测建筑物在盾构穿越前后的变化。

（2）监测建筑物在施工过程中的沉降。

（3）监测建筑物的水平位移及应变。

（4）监测建筑物墙身和地板的倾斜。

（5）监测公用管道的应变及其地基沉降和水平位移。

（6）当穿越铁路时，监测两条轨道的轨面和轨道枕木下地基面的沉降量、水平位移、沉降差及沉降速率。

2. 盾构隧道结构的监测内容

（1）监测隧道各衬砌环自脱出盾尾后的沉降。
（2）监测隧道应变，包括用应变计测量结果计算结构构件的轴力和弯矩。
（3）监测隧道收敛位移。
（4）监测隧道外侧土压力、水压力。
（5）监测预制管片凹凸接缝处法向应力。

7.5.3　盾构施工监测标准化的要求与建议

盾构施工监测标准化的要求与建议包括：

（1）盾构法隧道施工监测项目一般根据工程的具体情况、特殊要求、经费投入等因素综合确定，目的是使施工监测能最大限度地反映周围土体和建筑物的变形情况，避免对周围环境产生破坏。

（2）土体深层位移测孔一般布置在隧道中心线上，尤其是盾构正前方一点的沉降；也可监测离开盾构中心线一定距离的土体深层沉降。

（3）地下土体的水平位移监测应沿盾构前方、两侧设测孔，用测斜仪测量。

（4）土体回弹监测点设在盾构前方一侧的盾构底部以上土体中。

（5）隧道沉降由衬砌环的沉降反映。衬砌环的沉降监测是在盾构施工全过程中通过在各衬砌环上设置沉降点进行监测，曲线段每 10m 设一个点，直线段每 20m 设一个点，设在拱底块的两肩上，按时测量其高程变化。

苏州轨道交通 S1 线渔家灯火站盾构施工监测如图 7-7 所示，盾构区间标示如图 7-8 所示。

图 7-7　苏州轨道交通 S1 线渔家灯火站盾构施工监测

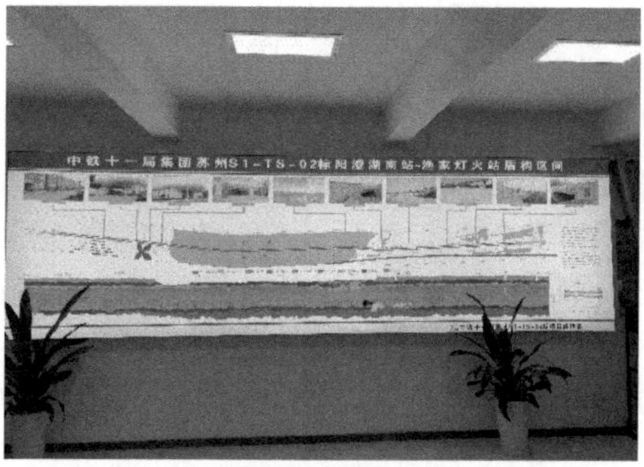

图 7-8　苏州轨道交通 S1 线渔家灯火站盾构区间标示

7.6　盾构施工标准化实施细则

7.6.1　实施细则说明

（1）盾构施工标准化的主要任务是制订统一的基本制度、工作流程及工作标准，形成规范、稳定的管理体系，并在实施过程中加以完善和改进，确保盾构施工顺利、安全、高效进展。

（2）盾构施工标准化内容主要包括盾构施工场地布设、临建施工、盾构施工、设备管理、监测管理、安全文明施工的标准化。

7.6.2　地面辅助设施布置

（1）进行施工场地的控制网测量，保证施工位置准确。

（2）进行三通一平，根据施工组织设计中的平面布置，设计施工围墙、场区道路、管片堆场，铺设水管、电缆、排水设施，布置场地照明等。

（3）布置管片堆放场地，场地内应设置行车或其他起吊和运输设备，便于进行管片处理。根据工程或施工条件，搭设大型工棚或移动式遮雨棚，设置防水材料仓库和烘箱。

（4）拌浆间用于拌制管片壁后注浆的浆体，并配有堆放原材料的仓库。

（5）配电间应由两个电源的变电所供盾构施工用电，且两路电源能相互迅速切换，以免发生电路故障造成工程安全事故。

（6）充电间负责井下电机车的蓄电池充电，配有蓄电池箱吊装设备，充电量应满足井下运输电箱更换所需，充电间地坪应进行耐酸处理。

（7）当采用气压施工时，应设置提供必要用气量的空气压缩机和储气筒，管路系统应装配符合卫生要求的滤气器、水分离器等设备。

（8）采用水力机械掘进或水利管道运土时，应设置水泵房于水源丰富处。

（9）地面运输系统中，主要通过水平、垂直运输设备，将盾构施工所需材料、设备、器具运入工作井的井底车场。

（10）盾构法施工中掘进是主要工序之一，应配备盾构出土的配套设施。干出土可采用汽车运输，并配有弃土坑来确保土体外运；水力机械掘进运土应配备合适的排放容量的沉淀池；泥水盾构应配备泥浆拌制及泥水分离等设施。

（11）配备油库、危险品仓库、设备料具间、机械维修间等生产设施。

（12）为保证盾构施工安全，各作业点之间配备通信设备，通信设备应采取防潮、防爆措施，气压施工闸墙内外应有信号联系。

7.6.3　盾构施工前期准备工作

盾构施工前期准备工作包括：

（1）施工前，应对施工地段的工程地质、水文地质及周边地面建筑物进行现场踏勘和调查。

（2）制订盾构法施工专项方案和应急预案，根据盾构类型、地质条件和工程实践制订。

（3）施工前，应具备下列资料：

① 工程地质和水文地质勘察报告。

② 隧道沿线环境、地下管线和障碍物等的调查报告。

③ 施工所需的设计图纸资料和工程技术要求文件。

④ 工程施工有关合同文件。

⑤ 施工组织设计。

⑥ 拟使用盾构的相关资料。

（4）盾构选型依据包括：

① 工程地质和水文地质勘察报告。

② 隧道线路及结构设计文件。

③ 施工安全要求。

④ 施工环境及保护要求。

⑤ 工期要求。

⑥ 辅助施工方法。

⑦ 类似工程经验。

（5）辅助设施应根据盾构类型、掘进方法和施工工艺要求等配置。

（6）测量前应对施工现场进行勘探，收集相关测量资料，办理测量资料交接手续，并应对既有测量控制点进行复测和保护。

（7）施工前根据周边环境、地面控制网、盾构进入隧道方式、贯通长度和贯通精度，以及盾构导向系统的精度、特点和人工测量仪器精度等，制订施工测量方案。

（8）洞门圈、密封及其他预埋件等应在盾构始发或接收前按要求完成安设，并应符合质量要求。

（9）盾构掘进前，应完成下列工作：

① 复核各工作井井位里程及坐标、洞门圈制作精度及安装后的高程和坐标。

② 检查验收盾构基座、负环管片和反力架等设施及定向测量数据。

③ 储备管片。

④ 完成盾构掘进施工的各类报表。

⑤ 检查验收洞口前土体加固状况和洞门圈密封止水装置。

7.6.4　盾构吊装

（1）根据施工现场实际情况，编制切实可行的盾构吊装方案。地基采取加固措施，须符合承载力要求。各类机具设备符合方案实施需求。

（2）吊装之前组织安全交底会。

（3）盾构吊装一般需要两台吊车。一台为主吊，主要负责盾构吊装下井（吊出）；一台为副吊，主要配合主吊进行盾构部件的翻转。

（4）翻转完毕后，起吊机头离地 500mm 下落试吊，检查地面承载情况，完好无异常后方可继续吊装。

（5）盾构机分块吊至井内预先安置好的基座上。下井吊装过程中，操作人员须坚守各自岗位，有条不紊，密切配合。

（6）起重机司机、司索、指挥必须经过岗位培训，持证上岗，遵守“十不吊”（起重机及其安全装置、制动装置有异响、故障不吊，物体状态和重量不明、超负荷不吊，吊索具不合格、吊索具损坏不吊，重物捆绑、吊挂不牢、不平衡不吊，快口、棱边等未加可靠衬垫不吊，斜拉歪拽、利用吊挂作加工支撑不吊，带电物体、埋地物体不吊，危险化学品未采取安全措施不吊，重物上有人或浮动物品不吊，无专人指挥、指挥信号不清或光线不好看不清不吊）原则，拒绝违章和冒险作业，穿戴好必要的防护用品。

（7）进入施工现场的所有人员必须佩戴安全帽，严禁违章作业。

（8）遇有恶劣天气禁止吊装作业，临边观察、高空作业时一定要扣挂好安全带。

（9）采取边焊接、边探伤方式严格控制焊接质量。

7.6.5　盾构始发

（1）盾构掘进前如需破除洞门，应在节点验收前进行。

（2）始发掘进前，应对洞门外改良后的土体进行质量检查，合格后方可挖掘前进。

（3）制订洞门围护结构破除方案，并采取密封措施保证始发安全。

（4）反力架安装主要工艺流程为测量定位、安装反力架立柱、安装反力架下八字撑、安装反力架上八字撑、安装斜撑及直撑、焊接加固。

（5）始发掘进前，应对反力架进行安全验算。

（6）始发掘进时，应对盾构姿态进行复核。

（7）当负环管片定位时，管片环面应与隧道轴线相适应。拆除前，应验算成型隧道管片与地层间的摩擦力，并应满足盾构掘进反力的要求。

（8）负环管片拼装工艺流程为安装定位圆钢、拼装落底块、拼装标准块、拼装邻接块、拼装封顶块、负环后移与钢环连接。

（9）负环管片拆除工艺流程为施工准备、拆除反力架、拆除第一环负环、拆除剩余负环。

（10）当分体始发掘进时，应保护盾构的各种管线，及时跟进后配套设备，并应确定管片拼装、壁后注浆、出土和材料运输等作业方式。

（11）盾尾密封刷进入洞门结构后，应进行洞门圈间隙的封堵和填充注浆，注浆完成后方可掘进。

（12）始发掘进时应控制盾构姿态和推力，加强监测，并应根据监测结果调整掘进参数。

（13）洞门凿除工艺流程为洞门中心复核、脚手架搭设、洞门探孔检测、凿除外层混凝土、割除外层钢筋、凿至 1/2 围护结构厚度。

7.6.6　盾构掘进

（1）根据工程地质和水文地质条件、隧道埋深、线路平面与坡度、地表环境、施工监测结果、盾构姿态及盾构始发掘进的施工参数经验值，设定盾构刀盘转速、推力、扭矩、螺旋输送机转速。

（2）盾构掘进所需的管片、油脂、泡沫、走道板、轨道、水管、水泥、膨润土、粉煤灰等材料需提前进场到位。

（3）盾构掘进所需要的材料通过龙门吊垂直吊装、蓄电池车有轨运输运送至隧道内；避免管片吊装过程中发生崩角等损坏；管片在蓄电池车上用方木垫稳、卡实，防止管片在运输中发生碰撞。

（4）根据配套设备情况，按车辆最大行车速度、最小半径、最大坡度、轨道材料、连接方式等要求铺设运输轨道。运输轨道应铺设顺直，固定牢靠，轨枕间距均匀，轨道面平整。运行中对轨道、轨枕的维修保养指派专人负责。

（5）盾构机上配置专用的泡沫剂及膨润土注入设备，向刀盘面、土仓或螺旋输送机内注入膨润土及泡沫剂，利用刀盘的旋转搅拌、土仓搅拌装置的搅拌或螺旋输送机的旋转搅拌，使添加剂与土渣混合。

（6）每环实际出土量=理论出土量×松散系数，掘进时盾构司机严格按照盾构掘进指令参数进行推进，同时做好出土量的记录。

（7）发现超、欠挖情况及时上报。

（8）必须使土充满土仓，并使排土量与开挖土量平衡。

（9）根据工程地质和水文地质条件，注入适当的添加剂，保持土质流塑状态。

（10）洞内运输严格控制车速，保证蓄电池车安全。

7.6.7　盾构接收

（1）盾构接收可分为常规接收、钢套筒接收和水（土）中接收。

（2）盾构接收前，应对洞口段土体进行质量检查，合格后方可接收掘进。

（3）当盾构到达接收工作井 100m 时，应对盾构姿态进行测量和调整。

（4）当盾构到达接收工作井 10m 内时，应控制掘进速度和土仓压力等。

（5）当盾构到达接收工作井时，应使管片环缝挤压密实，确保密封防水效果。

（6）盾构主机进入接收工作井后，应及时密封管片环与洞门间隙。

7.6.8　盾构解体

（1）盾构解体前，应制订解体方案，并应准备好解体使用的吊装设备、工具和材料等。

（2）盾构解体前，应对各部件进行检查，并应对流体系统和电气系统进行标识。

（3）对已拆卸的零部件应及时清理。

7.6.9　管片预制

（1）模板要求。选择具有钢模生产资质的专业厂家制造钢模，钢模要能满足工厂化、程序化的生产要求和产品的精度要求。

（2）原材料要求。水泥、粉煤灰、砂石料、外加剂、水等原材料应符合设计要求，经检验合格后方可进场。

（3）配比采用自动计量拌和系统。上料系统和搅拌系统要定期检验，使电子称量系统的精确度满足要求，搅拌机保持完好状态。

（4）浇筑。从下料到振捣完成的时间为 4～5min，坍落度控制在（50±20）mm 范围内，下料时间控制在 3min 以内，振动频率控制在（70±3）Hz。

（5）振捣。料斗开口对准模具中间进行放料，混凝土注入模具一定量后才能启动振动台。全部振捣完成后，视气温及混凝土凝结情况掀开盖板呈光面。

（6）养护。蒸养前必须预养，时间不宜小于 2h，升温时控制升温速度不超过 15℃/h，防止升温过快管片出现收缩裂纹。最高养护温度不高于 50℃，恒温时间不少于 2h，降温速度不大于 10℃/h。

7.6.10　管片防水材料粘贴

（1）管片外防水涂料涂刷前需搅拌均匀，若管片过于干燥，需在施工前用清水充分润湿施工面。涂料第一次涂刷于基面后，间隔 3h，再进行二次涂刷。涂刷基面为安装密封垫处及外侧衬砌背面，涂刷完成 8h 内严禁管片遭雨水侵袭，涂料不粘手，养护满足设计要求后方可用于拼装。

（2）沟槽内粘贴面浮灰、油污清除干净，保持干燥、平整，密封垫用木锤连续敲击，粘贴后应牢固、平整、严密、位置正确，不得有起鼓、超长和缺口现象。

（3）传力衬垫的黏结剂为单组分氯丁-酚醛黏结剂。粘贴前将传力衬垫和管片粘贴处清理干净，将黏结剂均匀涂于管片和传力衬垫上，待不粘手时再粘贴。粘贴后应表面平整，不得出现脱胶、翘边、歪斜等现象。

（4）纵缝传力衬垫沿挡水槽内边缘粘贴，在每块管片的右侧贴一片，环向螺孔处留孔。

（5）变形缝环的传力垫粘贴在背千斤顶环面，封顶块贴一片，其他管片贴四片，纵向螺栓孔处留孔。

7.6.11　同步注浆

（1）施工准备：原材料进场、注浆系统配置、参数设计、检测试验。

（2）原材料具有良好的长期稳定性及流动性，并能保证适当的初凝时间，以适应盾构施工及远距离输送要求。

（3）注浆材料具有良好的充填性能，在满足注浆施工的前提下，尽可能早地获得高于地层的早期强度。

（4）浆液在地下水环境中不易产生稀释现象。浆液固结后体积收缩小，泌水率小。

（5）同步注浆浆液的主要物理力学性能应满足下列指标：

① 胶凝时间一般为 6～10h。根据地层条件和掘进速度，通过现场试验加入促凝剂及变更配比来调整胶凝时间。

② 固结体强度要求 1d 不小于 0.2MPa（相当于软质岩层无侧限抗压强度），28d 不小于 2.5MPa（略大于强风化岩天然抗压强度）。

③ 浆液结石率大于 95%，即固结收缩率小于 5%。

④ 浆液稠度为 8～12cm/m。

（6）泥、粉煤灰、膨润土不可有结块现象，采用细度模数为 1.6～2.3 的细砂，不可含有大粒径的异物。

（7）原材料计量误差要控制在规范要求范围内，其中水泥误差控制在 1%以内，其他控制在 2%以内。

（8）注浆量控制。注浆率根据注浆压力产生的压密系数、地质情况的土质系数、施工消耗系数、超挖系数等因素考虑，根据施工经验，以砂、砾石为主的渗透地层中，要考虑较大的土质系数，可取 1.3～1.5。综合其他方面，浆液的注入率一般取值为 130%～180%。

7.6.12　管片拼装

（1）管片拼装顺序。先拼装标准块，再拼装邻接块，最后拼装封顶块。

（2）邻接块拼装。管片拼装应平顺相接，减小错台。调整时动作要平稳，避免管片碰撞破损，严格控制环面平整度。

（3）每环管片拼装时，应测隧道椭圆度，不合格时及时纠正，椭圆度满足规范要求后方可进行下一环的推进。

（4）封顶块拼装。封顶块先径向插入 1/3，然后用液压缸轴向顶入。拼装过程中注意防止因插入角度不对，损害弹性止水条，从而影响管片的防水效果。

（5）管片螺栓复紧。必须使用气动扳手对管片螺栓进行 3 次复紧，第 1 次在拼装过程中，第 2 次在拼装完成后掘进过程中，第 3 次在拼装完成后脱出盾尾过程中。

（6）管片连接螺栓紧固扭矩应符合设计要求。

（7）拼装精度。管片拼装时，相邻管片的径向错台允许偏差≤5mm，相邻环片环面错台允许偏差≤6mm。

（8）掘进控制精度。水平偏差≤±100mm，高程偏差≤±100mm。

7.6.13　盾构到达

（1）土压、出土量控制。当盾构机刀盘离接收洞门小于 100m 时，开始降低推力、推进速度和刀盘转速，控制出土量并时刻监测土仓压力变化，避免较大的地表隆陷。贯通前 7～8 环，进一步降低盾构掘进推力，注意维持土仓压力不变；在贯通前的最后 4 环，要求掘进速度控制在 10～20mm/min。

（2）穿越加固区施工。加固区内刀盘转速控制在 0.8～1.0r/min，推进速度控制在 10～20mm/min。要密切注意刀盘油压、螺旋机油压等参数。

（3）止水环施作。在盾构接收前通过对管片的各个注浆孔逐个注入双液浆形成止水环，以阻断盾构后方渗漏通道。根据注浆压力及时调整注浆量，压注顺序为从下到上。

（4）最后几环管片安装。刀盘露出洞门后，加快最后几环管片拼装速度。盾构机进洞前在洞内最后10～15环管片范围内，环向布设6道槽钢进行纵向拉紧。

（5）管片安装完毕，需用风动扳手拧紧所有纵向和环向螺栓，且在下一环掘进过程中再次紧固螺栓。

7.6.14　盾构机的维护与保养

1. 建立维护保养制度

（1）建立维护保养相关组织机构，进行人员配置。
（2）落实相关人员的岗位职责。
（3）建立维护保养日常管理制度。
（4）监督维护保养的执行情况。
（5）做好维护保养工作记录。

2. 刀盘的维护保养要点

（1）定期进入土仓检查刀盘各部分的磨损情况，检查耐磨条和耐磨格栅是否过度磨损，必要时进行补焊。
（2）检查刀盘内搅拌棒的磨损情况，以及搅拌棒上的添加材料注入孔是否堵塞。
（3）在有条件的情况下检查刀盘面板、各焊接部位是否有裂纹产生。

3. 回转接头和仿形刀维护保养要求

（1）经常检查回转接头的泡沫、泥浆管是否有渗漏，如有渗漏应及时进行处理。
（2）每天对回转接头部分的灰尘进行清理，防止灰尘进入主轴承内圈密封（主轴承密封的薄弱环节）。
（3）检查回转接头润滑脂的注入情况，如有堵塞应及时处理。
（4）经常检查回转中心的转动情况，如有异常须立即停机并进行处理。
（5）在仿形刀工作前应检查油箱油位，必要时加注液压油。
（6）定期对仿形刀进行功能性测试，检查其伸出和缩回动作的工作压力。

4. 主轴承的检查与保养事项

（1）每天检查主轴承齿轮油油位，并做好记录。
（2）检查主轴承齿轮油温度，如温度不正常须立即停机并查找原因。
（3）检查主轴承密封油脂分配电动机动作是否正常。
（4）在检查刀盘时，进入土仓检查主轴承密封油脂的溢出情况，正常应有油脂从密封处溢出。

（5）检查主轴承外圈润滑脂注入情况，观察油脂分配器工作是否正常，溢流阀是否有油脂溢出。如有油脂溢出，则表明管路堵塞，要及时检查清理。

（6）每天给主轴承内圈密封注润滑脂，并检查内圈密封的工作情况。

（7）定期提取主轴承齿轮油油样送检，根据检查报告决定是否需要更换齿轮油或滤芯。更换齿轮油的同时必须更换滤芯。

（8）定期检查齿轮油滤芯，并根据进出口压力差开关反映的情况判断是否更换滤芯。

（9）定期检查主轴承与刀盘螺栓连接的紧固情况。

5. 变速箱的维护保养要求

（1）检查变速箱油位，如油位过低，应先找出漏油故障点，解决故障后补充齿轮油。

（2）检查变速箱温度是否在正常范围内，观察冷却水的流动情况。

（3）检查变速箱的温度开关，定期清除上面的污垢。

（4）第一次工作 50h 后需要更换所有齿轮油。

6. 主驱动电动机的维护保养要求

（1）检查电动机的工作温度和泄漏油温度。

（2）定期检测电动机的工作压力。液压驱动检查液压油工作压力，电动机驱动检查电动机电流。

（3）定期检查电动机的转速传感器和移动传感器，紧固其插头和连线。

7. 推进液压缸、铰接液压缸的保养要求

（1）及时清理盾壳内的污泥和砂浆，防止长时间污染液压缸杠杆。

（2）推进液压缸与铰接液压缸的球头部分加注润滑脂。

（3）检查推进液压缸靴板与管片的接触情况，正常时二者边缘平齐。如二者有较大的偏差，应及时调整推进液压缸定位螺栓。

（4）润滑推进液压缸定位调整螺栓，防止锈蚀。

8. 铰接密封的保养要求

（1）及时清理盾壳内的污泥和砂浆。

（2）检查铰接密封有无漏气和漏浆情况，必要时调整铰接密封的压板螺钉，以缩小间隙。

（3）铰接密封注脂，每个注入点注入量为 0.5L/d。

（4）检查铰接密封情况，如有漏水和漏浆要及时处理，并检查铰接油脂密封系统的工作情况。

（5）在每环管片安装之前清理管片的外表面，防止残留的杂物落入铰接密封系统内。

9. 盾尾密封的维护要求

（1）盾尾密封应在每次启动前及推进过程中予以润滑。如果盾尾密封没有定期润滑，则加注材料会透过密封刷并填充密封之间的间隙，从而使密封刷被浆液固化，失去弹性而达不到密封效果。

（2）如果停机时间较长，应注意不要让密封件被加注的砂浆所固结。为避免这种情况发生，在砂浆粘结前，应将盾构机向前移位若干厘米，并使用盾尾密封油脂填充当前间隙。

10. 盾尾油脂泵站的保养事项

（1）检查油脂桶是否还有足够的油脂，如不够应及时更换。

（2）经常检查油脂泵站的油水分离器，加注润滑油。

（3）检查油脂泵的工作情况，工作压力控制在 1.8bar（1bar=10^5Pa）左右。

（4）检查油脂泵的气管是否有泄漏现象，如有泄漏应及时修理或更换。

（5）更换油脂桶时应对油脂量位置开关进行测试。

（6）检查盾尾密封注脂次数或压力是否正常，若不正常应检查油脂管路是否堵塞，特别是重点检查气动阀是否正常工作。

11. 管片吊机维护保养要求

（1）经常清理管片吊机行走轨道，注意给吊链加润滑脂。

（2）检查控制盒按钮、开关动作是否灵活正常，必要时检修或更换。

（3）检查电缆卷筒和控制盒电缆线滑环，防止电缆卡住、拉断。

（4）定期检查管片吊具的磨损情况，必要时进行修理和更换。

12. 管片输送小车维护保养要求

（1）及时清理盾构底部的杂物和泥土。

（2）每天给需要润滑的部位加注润滑脂。

（3）定期检查和调整同轴同步齿轮电动机的工作情况。

13. 管片拼装机维护保养要求

（1）清理工作现场杂物、污泥和砂浆。

（2）检查抓举和平移液压缸及管路有无损坏或漏油现象，如有故障应及时处理。

（3）检查电缆、油管的活动托架，如有松动和破损要及时修理或更换。

（4）定期（每周）给液压缸铰接轴承、旋转轴承、伸缩滑板等需要润滑的部位加润滑脂，并检查公差和磨损情况。旋转轴承加注油脂时，应加注一部分油脂后旋转一定角度，充分润滑轴承的各个部位。

（5）定期检查管片安装机驱动电动机旋转角度编码器工作是否正常，如有必要对角度限位进行调整。

（6）检查抓取机构和定位螺栓，如有破裂或损坏必须立即更换。

（7）定期检测抓取机构的抓紧压力，必要时进行调整。

（8）检查油箱油位和润滑油液的油位。

（9）检查各按钮、继电器、接触器有无卡死、粘连现象。测试遥控操作盒，如有故障及时处理。

（10）检查充电器和电池，电池应及时充电以备下次使用。

14. 泡沫系统维护保养要求

（1）定期清洗泡沫箱和管路，清洗时应将箱内沉淀物和杂质彻底清除干净。

（2）检查泡沫泵的磨损情况，必要时更换磨损的组件。

（3）检查泡沫水泵的工作情况，给需要润滑的部分加注润滑油或润滑脂。

（4）检查水泵压力开关的整定值，必要时进行校正。

（5）检查压缩空气管路情况，必要时清洗管路。

（6）检查电动阀和流量传感器的工作情况，电动阀开闭动作是否正常，流量显示是否正确，如有必要进行维修或更换。

（7）定期检查回转接头处的泡沫管路有无堵塞，如发生堵塞应及时清理。

15. 膨润土系统维护保养要求

（1）检查膨润土泵工作是否正常，润滑轴承和传动部件。

（2）检查气动泵动作是否正常。

（3）检查油水分离器和气管路，定期给油水分离器加油。

（4）检查膨润土管路，清理管路的弯道和阀门部位，防止堵塞。

（5）检查流量调节阀和压力传感器。

（6）定期清理膨润土箱和液位传感器。

16. 螺旋输送机维护保养要求

（1）检查螺旋输送机液压泵、液压电动机及液压管路有无漏油现象，如漏油则停机处理，并注意清洁。

（2）检查螺旋输送机液压泵电动机温度是否过高，如果温度过高，应查明原因并进行处理。

（3）检查变速箱油位，如果变速箱油位过低，须添加齿轮油。

（4）检查轴承、闸门、伸缩缸的润滑情况，及时清理杂物并添加润滑脂。

（5）检查螺旋片磨损情况，如果磨损严重，应补焊耐磨层。

（6）用超声探测仪检查螺旋输送机管壁厚度，记录检测数据。

（7）清洁传感器电路灰尘，检查电路接线端子有无松动，如松动应紧固。

17. 皮带输送机维护保养要求

（1）检查各滚子和边缘引导装置的滚动情况，如滚动不好，应清洗并润滑。
（2）检查皮带的磨损情况，如皮带磨损严重，应更换皮带。
（3）检查皮带是否有跑偏现象，如皮带跑偏须校正。
（4）检查驱动装置变速箱油位，如变速箱油位过低，须添加齿轮油。
（5）检查各轴承润滑情况，有需要时添加润滑脂。
（6）检查皮带松紧情况，必要时增加皮带张力。
（7）清洁电路、电机，检查电路接线端子有无松动，如松动须紧固。
（8）检查断路器、接触器、继电器触点烧蚀情况。

18. 同步注浆系统维护保养要求

（1）每次注浆前应检查管路畅通情况，注浆后及时将管道清理干净，防止残留的浆液不断累积堵塞管道。

（2）每次注浆前应对注浆口的压力传感器进行检查，紧固其插头和连线。

（3）注浆前要注意整理疏导注浆管，防止管道缠绕或扭转，从而增大注浆压力。

（4）定期检查注浆管使用情况，如发现泄漏或磨损严重、应及时修理或更换。

（5）经常对砂浆罐及其砂浆出口进行清理，防止堵塞。

（6）定期对注浆系统的各阀门和管接头进行检查，修理或更换有故障的设备。

（7）定期对注浆系统的各运动部分进行润滑。

（8）经常检查注浆机冷却水池的水位和水温，必要时加水或换水。注意防止砂浆或其他杂物进入冷却水池。

7.6.15　隧道内人行通道

（1）隧道施工中，应在一侧设置宽度不小于 0.7m 的安全通道，安全标志明示其位置。

（2）洞口开挖作业应设置防护栏杆、防护网及人员专用上下通道。

（3）人行通道两端必须设置上下小梯，小梯用角钢和花纹钢板制作，并设有扶手栏杆。

（4）上下小梯必须和电机车轨道保持安全距离。

7.6.16　顶管吊装

（1）机械人员在吊装前应首先验收吊装环境，根据施工现场实际情况，编制盾构吊装方案；吊装之前组织安全交底会。

（2）各类机具设备符合方案实施要求，设备性能满足要求。

（3）地基采取加固措施，须符合承载力要求。

（4）试吊。翻转完毕后，起吊机头离地 500mm 下落试吊，检查地面承载情况，完好无异常后方可继续吊装。

（5）吊装。顶管机分块吊至井内预先安置好的基座上，下井吊装过程中，操作人员各司其职，有条不紊，密切配合。

7.6.17　顶管始发

（1）施工准备。严格按照地层加固方案和顶管吊装方案实施，做好技术和组织准备工作。

（2）始发架和后座安装。根据测量定位线进行焊接加固，以确保良好的始发姿态。

（3）钻孔和洞门凿除。参见盾构施工钻孔和洞门凿除内容。

7.6.18　顶管掘进

（1）施工准备。严格按照地层加固方案和顶管吊装方案实施，做好技术和组织准备工作。

（2）管节防水要求包括：

① 锯齿形弹性密封止水圈采用胶黏剂粘贴于管节基面上，粘贴前确保管节基面干燥、整洁，以确保止水圈粘贴牢靠。

② 管节上部凹槽采用聚氨酯密封胶嵌注，聚氨酯密封胶涂抹应连续、均匀，并充满整个凹槽。

③ 管节与管节之间采用中等硬度的木质材料-胶合板作为衬垫，胶合板采用模板取孔器取孔，取孔、切割完成后，射钉固定于管节基面，板接头采用企口方式连接。

（3）顶管掘进施工要求包括：

① 根据地质和埋深设定土压。

② 严格控制掘进参数，即顶进推力、顶进速度、螺旋机速度，控制好出土量，保证掌子面的稳定。

③ 根据施工现场实际情况，对渣土进行改良，使渣土具有较好的塑性、流动性和止水性。

④ 顶管管节设置 10 个注浆孔，压注触变泥浆填充管道的外周空隙，以减少地层损失，控制地面沉降和减少顶进阻力。

⑤ 顶进时压浆要及时，确保形成完整、有效的泥浆套，遵循“先压后顶，随顶随压，及时补浆”的原则。

⑥ 纠偏可采用泥土泵打土充填方式进行。

（4）拌浆。严格按照技术交底进行配料，保证浆液质量。

（5）拼装。管节吊装过程中，管节下方严禁站人，并采用绳索进行牵引。吊装作业由专人指挥，并应缓慢进行，严禁大幅度管节升降。

（6）管节安装设置定位架，管节下放应缓慢靠近定位架，不得大幅度摆动、冲撞。

（7）预应力张拉。预应力张拉程序如下：零应力→初应力→张拉控制应力（持荷 2min 锚固）。初应力为张拉控制应力的 10%～15%，预应力钢束应根据设计分批对称张拉，左右对称。钢束两端张拉时，应保持两端张拉同步。

（8）预应力钢绞线张拉完成后，应及时进行孔道压浆，完成压浆后及时浇筑封锚混凝土。封锚混凝土的强度等级应符合设计要求，不宜低于结构混凝土强度的 80%，且不低于 30MPa。

7.6.19　顶管到达

（1）顶管穿越加固区，顶进速度控制在 5～10mm/min，匀速推进。

（2）检查洞门加固质量后，在洞门钢环内焊接一道钢丝刷，外侧安装帘布橡胶板和折页压板。

（3）到达加固体后、掌子面前时，低推力、低转速，尽可能地多出土，晚破坏掌子面。

（4）掌子面破坏后要快速推出，防止漏泥漏水。

（5）推进时要密切关注顶管姿态突变情况，勤测量，勤纠偏，并在顶进最后 3 环管节时，在顶管机后注入高稠度泥浆，防止到达时漏浆。

7.6.20　盾构施工监测

（1）监测方案制订。收集和阅读有关场地地质条件、周围环境和相邻建（构）筑物构造的有关材料；现场踏勘，重点掌握地下管线和道路的走向，以及相邻建（构）筑物的状况；拟定监测方案初稿，提交建设单位等讨论审定。

（2）监测方案在实施过程中可根据实际施工情况进行适当调整与补充，但大的原则一般不能更改。埋设元件的种类和数量、监测频率和报表数量等应严格按照商定的方案实施。

（3）按照监测方案在现场布设测点，当实际地形不允许时，在靠近设计测点位置设置测点，以能达到监测目的为原则。

（4）各类监测测点的布置在时间和空间上有机结合，力求同一监测部位能同时反映不同的物理变化量，以便找出其内在的联系和变化规律。

（5）测点在施工过程中一旦破坏，尽快在原来位置或尽量靠近原来位置补设测点，以保证该测点观测数据的连续性。

（6）地表变形和沉降监测需布置纵剖面监测点和横剖面监测点，要求包括：

① 监测纵断面布设：沿轴线方向监测点间距一般小于盾构长度，通常为 3～5m 一个测点，出洞区 30m 范围内测点宜加密。

② 监测横剖面布设：当埋置深度 $H\geqslant 2B$（B 为隧道宽度）时，20～50m 布设一个测点；当 $2B>H\geqslant B$ 时，10～20m 布设一个测点；当 $H<B$ 时，10m 布设一个测点。

③ 在横剖面上从盾构轴线由中心向两侧按测点间距从 2～5m 递增布设测点，布设范围为盾构外径的 2～3 倍。

（7）土体深层位移测孔一般布置在隧道中心线上，尤其是盾构正前方一点的沉降。

（8）地下土体的水平位移监测应沿盾构前方、两侧设测孔，用测斜仪测量。

（9）土体回弹观测点设在盾构前方一侧的盾构底部以上土体中。

（10）隧道沉降由衬砌环的沉降反映，衬砌环的沉降监测是在盾构施工全过程中通过在各衬砌环上设置沉降点进行监测，曲线段每 10m 设一个点，直线段每 20m 设一个点，设在拱底块的两肩上，按时测量其高程变化。

（11）对于建筑物，监测点应布置在建筑物变形变化较显著的部位，如建筑物的四周角点、中点及内部承重墙（柱）上，并应沿建筑物周长每隔 10～12m 设置一个监测点，在每幢建筑物上面至少设置两个观测点。

（12）对于工业厂房，每根柱子均应埋设监测点，如有裂缝须进行裂缝观测，必要时应拍照存档。

（13）道路沉降监测应将地表桩埋入道面下的土层中，以真实地测量地表沉降。

（14）铁路的沉降监测中，必须同时监测路基和铁轨的沉降。

（15）对于重点保护的管线，应将测点设在管线上，并砌筑保护井盖，一般的监测也可在管线周围地面上设置地表桩。管线监测点的间距为 15～20m。

（16）监测频率要求包括：

① 监测工作从隧道掘进开始到全线贯通后延长 1 个月止。

② 对地表沉降、邻近地下管线、邻近建（构）筑物的监测，应在盾构掘进施工前精确测定两次，取平均值为初始值。

③ 各监测项目在前方距盾构切口 20m，后方离盾尾 30m 的监测范围内，通常监测频率为 1～2 次/d。其中，在盾构切口到达前 1 倍盾构直径时和盾尾通过后 3d 以内应加密监测，监测频率加密到 2 次/d，以确保盾构推进安全；盾尾通过 3d 后，监测频率为 1 次/d；以后每周监测 1～2 次，直至变形稳定。

7.6.21　联络通道

（1）管片注浆。通道前后各 5 环进行管片壁后注浆，以水泥浆为主，注浆压力为 0.2～0.4MPa，注浆顺序为从前后往中间、从下而上。

（2）管片拉结。对管片拉结螺栓进行检查、复紧，采用槽钢通过管片吊装孔对邻近 10 环管片进行纵向拉结。

（3）管片支撑。在冻结前或通道开挖前（非冻结加固）对通道两侧管片进行支撑支护，支撑架采用型钢制作。

（4）钢管片焊接。钢管片之间接缝采用满焊方式焊接，以提高其整体性。焊接前进行除锈、除垢处理，采取对称方式焊接，焊接材料为 J422 型结构钢焊条，用手工电弧焊焊接。

（5）在开挖侧正线隧道内布置中间平台、材料平台及应急物资平台。

（6）在盾构井底板及隧道内储备应急物资。隧道内应急物资包括：砂袋储备量≥$3m^3$，袋装水泥储备量≥1t，双块水泥储备量≥0.5t，水玻璃储备量≥1t，潜水泵 2 台，双液注浆机 1 台，空气压缩机 1 台，电焊机 1 台，各种规格尺寸的钢板、型钢、方木等若干。

（7）安全防护门开关应便于人工操作，紧固螺栓、风管及其连接件、扳手等操作工具应准备到位。防护门应能灵活开闭，关闭后能承受水土压力，开启不影响施工。

（8）安全门安装后应进行打压检验，耐压值应大于水土压力。打压检验流程如下：关闭防护门→注水→空气压缩机加压至设定值。

（9）探孔布置。联络通道上、中、下位置均需布设探孔，观察探孔情况，确保加固效果满足开挖要求方可进行下一步工作。

（10）管片切割（混凝土管片）。利用水钻或其他破除器械切割破除管片。开口处管片从上向下分 2 块切割，切割过程严密监控切口、管片的变化情况，出现异常立即停止切割，采取相应措施。

（11）管片拆除。利用手拉葫芦将已切割的管片拉出，并运输至井口吊出。钢管片采用千斤顶及手拉葫芦先将上部 4 块拉开，待通道贯通后拆除安全门再拉下部。千斤顶及手拉葫芦拉拔期间要注意观察管片外移情况。

7.6.22　冻结施工设计

（1）在隧道内钻冻结孔时，根据联络通道的结构采用近水平成孔或斜成孔，每个钻孔都设孔口管，并安装孔口密封装置，以防钻进时大量泥水涌出。

（2）每个钻孔完成后及时计算该孔流出物的方量，同时结合地表沉降监测数据的变化及时注浆。

（3）冻土帷幕的厚度及强度应满足联络通道开挖要求，保证喇叭口处冻结帷幕的厚度，同时确保冻结帷幕与隧道管片完全胶结。

（4）为减小冻胀对隧道的影响，在左、右线隧道管片靠近喇叭口侧敷设冷管和保温层。减小冻结孔与对侧隧道管片的距离，并采用小开孔距、较低盐水温度、较大盐水流量等措施，加快冻结速度；同时，在适当部位布设泄压孔，以减小土层冻胀对隧道的影响。

（5）联络通道开挖时在隧道内设预应力支架，防止打开预留钢管片时产生隧道变形和破坏。施工完联络通道临时支护层后，再打开对侧隧道联络通道的预留钢管片。

（6）在联络通道衬砌中预埋压浆管，采用注浆方式以补偿土层融沉。

（7）为提高联络通道掘砌安全性，选用可靠的冻结施工机械，加强停冻时的冻土帷幕监测；尽快施工衬砌，必要时用堆土法密闭开挖工作面。

（8）通过测温孔和泄压孔，监测冻土帷幕的形成过程和形成状况，特别要监测冻土帷幕与对面隧道管片的胶结情况。

（9）在联络通道底板、两侧、顶部及泵房混凝土中预埋注浆孔，必要时在隧道管片上钻注浆孔，以便注浆，防止冻土融沉引起的地面沉降及隧道、联络通道的沉降变形。

（10）为减小冻融的不利影响，应采用自然解冻融沉注浆方案，控制地面的不均匀沉降。

（11）由于冻胀力和冻土融沉会影响周围土层的力系平衡，使隧道产生水平位移和沉降，因此在整个施工过程中应加强隧道变形监测，确保隧道安全。

（12）在冻土帷幕关键部位多布置测温孔，监测冻土帷幕的形成过程和形成状况。

（13）加强地表沉降监测频率，及时掌握地表沉降变化情况。

（14）按冻结孔施工图进行冻结孔孔位放线，孔位布置要依据管片配筋图和钢管片加强筋的位置，在避开主筋、管缝、螺栓及钢管片肋板的前提下可适当调整。

（15）在正式开孔前，利用检查孔（即利用隧道管片上的补浆孔钻小孔径探孔）检查地层稳定性。

（16）在钢管片开孔前，应先采用速凝混凝土充填开孔部分的钢格栅，然后按照混凝土管片开孔方法开孔。

（17）根据旁通道施工的孔位，采用由上向下的顺序进行施工，即先施工穿透孔，根据穿透孔偏差，进一步调整有关的钻进参数；再按由上向下的顺序施工，防止下层冻结孔引起上部地层扰动，减小钻孔施工时的事故发生率。

（18）用水钻将结构墙和连续墙钢筋层钻开，用台钻钻到设计深度，且保证钻孔水平。

（19）安装冷冻钢管时，应保证冷冻钢管的焊接质量。完成后应进行打压测试，保持 30min 压力不变。

（20）根据需冷量选择螺杆机组型号。配置冻结站盐水循环泵两台，一台运转，一台备用；配置冻结站冷却循环系统泵两台，一台运转，一台备用；配置两台冻结站冷却塔；配置冷冻机油、制冷剂及冷媒剂。

（21）冻结站安装位置应考虑冷量、冷量损失、散热条件、用电负荷，以及工作面、端头井等因素，安装标准应符合相关规范要求。

（22）冻结站的运行要求包括：

① 在充注制冷剂过程中，制冷剂、盐水、冷却水系统应运转正常，盐水温度逐渐下降。

② 配电系统应能连续正常供电。

③ 冷冻站内配置灭火器材、防毒面具、防雷装置、电气接地等安全设施。

④ 冷冻机易损件、仪表和冷冻机油均应储备充足。

⑤ 备用发电机就位。

（23）测温孔温度监测要求包括：

① 测温孔布置应满足判断冻结壁形成质量的要求，在薄弱部位及交界面内外应有测点。

② 测温管内安装测温电缆和测温元件后，管口应进行密封和保护，防止测温元件及电缆被移位损坏。

③ 开始冻结前应测量原始地温。从开始冻结至试挖，所有测点应每隔 12～24h 观测一次以上；在开挖和结构施工期间，所有测点每隔 4～12h 观测一次以上；停冻后至冻结壁全部融化期间，宜每隔 1～3d 测量一次，监测点可以适当减少；冻结壁全部化冻后，可停止温度监测。

④ 在冻结壁解冻期间，可在旁通道内布置测温孔，监测冻结壁温度回升和解冻情况。

（24）泄压孔监测要求包括：

① 在与旁通道相接的隧道管片上均必须布置两个以上泄压孔。

② 泄压孔布设在开挖区非冻土区，用来判断冻结壁交圈情况，释放冻胀压力。

③ 泄压孔孔径不宜小于 38mm，孔口应安装压力表和用于泄水的旁通道及控制阀门，压力表精度应达到±0.02MPa 以上。

④ 在冻结站运转前，必须监测地层初始水压，并与泄压孔附近水文勘察资料比较，发现异常必须查明原因并及时进行处理，确保泄压孔畅通。

⑤ 冻结站运转前期，应每隔 12～24h 观测一次；水压开始上涨后，应每隔 6～12h 测量一次以上。所有观测应有原始记录。

⑥ 泄压孔水压上涨超过初始压力 0.2MPa 时应放水泄压，如泄压孔中有水呈线状持续流出，应立即关闭阀门，继续观测。

第 8 章　暗挖施工的标准化

8.1　暗挖施工标准化的目的和对象

8.1.1　暗挖施工标准化的目的

暗挖施工方法主要包括顶管法、钻爆法、掘进法、盾构法、浅埋法、沉管法等[41-42]。由于地铁线路多分布在建筑与地下管线密集、人流量大的区域，因此在施工过程中必须对地表沉降进行有效控制，尽可能降低对周边建筑、地下管线与行人的影响。地铁暗挖施工地质条件变化大，周边环境复杂，洞内施工环境恶劣，属于“有限空间”作业，解决暗挖法地铁施工技术的相关难题，实现暗挖作业生产设施标准化配置，有利于达到施工安全、环保、科学、反馈信息及时、改善地下暗挖工程作业环境的目的，从而提升地铁施工建设的质量和效率[43-45]。

8.1.2　暗挖施工标准化的对象

常用的开挖方式有全断面法、台阶法和分部开挖法。其中，台阶法分为长台阶法、短台阶法、超短台阶法；分部开挖法分为环形开挖预留核心土法、单侧壁导坑法、双侧壁导坑法、中洞法、中隔壁（center diaphragm，CD）法、交叉中隔壁（center cross diaphragm，CRD）法。

暗挖施工的标准化对象包括：

（1）区间暗挖施工场地布置。

（2）开挖支护控制方法。

（3）台阶法开挖。

（4）CD 法开挖。

（5）CRD 法开挖。

（6）全断面法开挖。

（7）喷锚暗挖（初期支护、仰拱及仰拱填充施工、防水层铺贴、二次衬砌）的施工工艺。

（8）暗挖施工监测及风险管控。

8.2　暗挖施工的支护控制

8.2.1　暗挖施工的支护控制内容

暗挖法遵循“新奥法”原理，按照“十八字”（管超前、严注浆、短开挖、强支护、早封闭、勤测量）原则进行隧道的设计和施工。

（1）管超前：隧道土方开挖前，在隧道前方土体中打设超前小导管（钢花管）。

（2）严注浆：通过超前小导管注浆，加固改良隧道前方土体，以增大围岩稳定性和自承力。

（3）短开挖：控制开挖步距，每次进尺不宜过大。进尺越大，土体坍塌的危险就越大。市政地铁项目的进尺一般为50～55cm。

（4）强支护：暗挖隧道支护结构承担隧道上覆盖层的全部或部分土柱的地层压力，若初期支护结构刚度不足，会产生不可控的地表沉陷，严重威胁施工安全。初期支护方式包括锚杆支护、格栅支护、喷混凝土支护。

（5）早封闭：为确保结构及围岩的稳定性，初期支护结构应满足能够在短时间内形成封闭环的条件。

（6）勤测量：通过提高变形监测的频率，不断对监测数据进行分析处理，达到实时调整支护参数的目的（信息化施工）。

8.2.2　隧道支护马头门开口施工控制

（1）开洞前利用超前预注浆加固掌子面及周边一定范围内的土体，提高土体自身稳定性及抵抗变形能力。同时，周边预注浆管棚或导管可起到棚架支撑的辅助作用。

（2）在隧道开口处增加排列钢格栅拱架等加强措施，形成开洞处内贴加强环梁，达到提高开口处初期支护强度、刚度和整体性，弥补因开口施工造成的初期支护强度损失，控制交叉开口部位变形的目的。

（3）开口隧道增设临时仰拱，保证开口稳定。群洞开挖施工控制措施一般包括：

① 拱部超前支护采用小导管、长管棚或小导管+长管棚形式。

② 注浆加固中间土体。

③ 对斜通道的隧道断面进行超前地层加固时，应扩大其注浆加固面积。

④ 对每步拱脚采取加设锁脚锚杆或增加拱脚喷混凝土厚度的方式，控制拱脚变位。

⑤ 相距小于一倍隧道开挖跨度的两条平行隧道（包括导洞），其前后开挖面错开距离不应小于15m。

8.2.3　暗挖施工支护的要求

1. 管超前、严注浆要求

管超前、严注浆是两项工作一体施工：①改良工作面前方的地层在开挖工作面以外（尤其是顶部）形成厚度为0.5～1.0m的加固圈；②超前小导管与地层形成超前支护结构，从而保证开挖工作面的稳定，防止工作面坍塌，控制地表沉降。暗挖施工必须按照“先注浆，后开挖，注浆一段，开挖一段”原则进行。

（1）打导管必须注浆，防止导管施工扰动前方土体导致坍塌。

（2）保证注浆质量，根据地层条件选取注浆材料。粉细砂、中粗砂、砂含量较高的砂卵石地层采用改性水玻璃或固沙剂，卵石含量较高的砂卵石地层及卵石圆砾地层采用水泥水玻璃双液浆。

（3）严格控制配比、注浆压力、注浆量。

（4）超前围岩预注浆加固施工中，注浆结束的条件是注浆压力达到设计终压，浆液注入量达到设计值的 80%以上。

2. 短开挖要求

（1）必须开挖一段，封闭一段，段段推进，禁止两榀钢架一次开挖。

（2）对于稳定性很差的地层，开挖时应缩短每循环进尺。

（3）短进尺是早封闭的前提。

（4）预留核心土，放坡开挖。

（5）环形留核心土法施工，应先开挖上台阶的环形拱部，并及时施工。

（6）微震爆破控制标准：最大爆破振速控制在 1.5cm/s 以内或更小，沉降控制在 2.5cm 以内或更小。

（7）微震爆破控制措施：缩短每循环进尺，一般为 0.5～1.5m。选用震动烈度小的炸药，多分段，减小单段用药量。

（8）关键部位采用静态爆破或人工开挖。

3. 强支护要求

（1）采用刚性支护结构，应严格控制钢架的材料质量、加工的骨架尺寸及钢架节点法兰的焊接质量。

（2）严格控制钢架安装质量：①严格控制钢架安装的垂直度，倾斜钢架承受土压力的能力显著减小；②节点法兰连接，螺栓连接牢固，必要时进行绑焊；③连接筋焊接牢固，保证钢架的整体受力。

（3）严格控制喷射混凝土的配合比，控制水及速凝剂的掺量，喷射混凝土、砂浆所用水泥强度不得低于 42.5MPa。

4. 早封闭要求

（1）控制台阶长度，根据地质条件，一般台阶长度为 1～1.5 倍洞径。

（2）隧道掘进前做好施工准备：支护材料齐备，满足进尺要求，施工机具和风水电等齐全完好，抢险物资充足到位等。

（3）遇到不良地质条件或重大环境影响风险时，应在上半断面台阶上设临时仰拱，提前封闭。

（4）隧道掘进应连续作业，因故停止掘进时，应对掌子面进行临时封闭处理，包括挂网喷混凝土、打设导管注浆等。

5. 勤测量要求

（1）勤测量，获取更多监测数据。

（2）重视数据分析：①查看内拱顶和对应的地面沉降值、洞内两侧收敛值，对照预警值进行分析；②根据沉降数据结合地质条件进行风险分析；③进行周边结构的差异沉降分析。

（3）根据分析结果，及时采取相应措施。

8.3 区间暗挖施工方法分类及选用

8.3.1 台阶法开挖

1. 台阶法工艺特点及优缺点

台阶法是最基本、运用最广泛的施工方法，而且是实现其他施工方法的基础。台阶法的工艺流程包括：

第 1 步：施作超前支护。

第 2 步：上台阶土体开挖。

第 3 步：上台阶初期支护施作。

第 4 步：下台阶土体开挖。

第 5 步：下台阶初期支护施作。

第 6 步：防水施作。

第 7 步：二次衬砌施作。

台阶法适用于隧道跨度较小的情况，一般跨度小于 8m。正台阶法开挖能较早地使支护闭合，有利于控制其结构变形及由此引起的地面沉降。上台阶长度一般控制在 1～1.5 倍洞径，当开挖断面较高时可进行多台阶施工，每层台阶的高度常为 3.5～4.5m，或以人站立方便操作来选择台阶高度。反台阶法则用于稳定性较好的岩层施工中，也将整个坑道断面分为几层，在隧道底层先开挖宽大的下导坑，再由下向上分部扩大开挖。进行上层的钻眼时，须设立工作平台或采用漏斗棚架，后者可供装渣用。

2. 台阶法标准化施工要求

（1）台阶数不宜过多，台阶长度要适中。台阶一般分为长台阶（5 倍洞跨）、中台阶（1.5～5 倍洞跨）、短台阶（1～1.5 倍洞跨）、微台阶（3～4m）。

（2）开挖过程中，根据地层需要采取一些辅助施工措施，如回填注浆、增加锁脚锚管等。

8.3.2　CD 法开挖

1. CD 法工艺特点及优缺点

CD 法是指将隧道断面分为左右两个洞室进行开挖，中间增设一道临时中隔壁，每个洞室开挖后及时施作初期支护，封闭成环。

CD 法的工艺流程包括：

第 1 步：利用超前小导管超前预注浆加固地层，开挖左上部导洞并施作永久及临时初期支护，封闭成环，采用锁脚锚管加固拱脚。

第 2 步：开挖左下部导洞并施作永久及临时初期支护，封闭成环，采用锁脚锚管加固拱脚。

第 3 步：利用超前小导管超前预注浆加固地层，开挖右上部导洞并施作永久及临时初期支护，封闭成环，采用锁脚锚管加固拱脚。

第 4 步：开挖右下部导洞并施作永久及临时初期支护，封闭成环，采用锁脚锚管加固拱脚。

第 5 步：初期支护背后注浆，进行换撑，施作仰拱二次衬砌，预留钢筋、防水板接头。

第 6 步：拆除剩余临时支撑，施作拱部二次衬砌，结构封闭成环，进行二次衬砌背后注浆。

CD 法主要适用于地层较差、岩体不稳定且地面沉降要求严格的工况。CD 法虽然将较大跨度的断面划分成若干个部分施工，其各个部分自上而下（步步成环）、及时封闭，既有利于保证开挖面的稳定，同时也可以较好地控制沉降，但二次衬砌施工时需拆除中隔壁和临时仰拱，若处理不当，有可能造成结构较大的变形。同时，CD 法工序多，施工较复杂。

2. CD 法标准化施工的要求

（1）开挖方式均采用机械辅以人工。

（2）工序变化处的钢架（或临时钢架）建议设ϕ42mm 锁脚钢管，以确保钢架基础稳定。

（3）钢架之间纵向连接钢筋应按要求设置，及时施作并连接牢固。

（4）右部导洞开挖应滞后于左部导洞，距离以不小于 6m 为宜。

（5）待洞身主体结构初期支护施工完毕并稳定后，方可拆除临时钢架。

（6）施工中应按有关规范及标准图的要求进行监控测量，及时反馈结果，分析洞身结构的稳定，为支护参数的调整、灌注二次衬砌的时机提供依据。

8.3.3　CRD 法开挖

1. CRD 法工艺特点及优缺点

CRD 法是指将隧道分为多个导洞（视隧道断面大小确定导洞的划分数量），依次、分别进行开挖，增设临时中隔壁及临时仰拱，每个小导洞开挖后及时封闭成环，导洞与导洞之间保持一定的纵向安全距离。CRD 法适用于地质条件差、隧道断面大、沉降控制要求较高的隧道开挖。CRD 法优于 CD 法，可以有效减小地面沉降，但 CRD 法施工工序复杂，隔墙拆除困难，成本较高，进度较慢，一般在地面沉降要求严格时使用。

2. CRD 法标准化施工的要求

（1）保持各分部开挖断面和各分部的纵向间距，开挖轮廓线要圆顺，避免出现应力集中现象。

（2）每块小断面应紧邻核心土，及时设置临时仰拱封闭，步步成环，尽量缩短成环时间，必要时进行掌子面喷射混凝土临时支护。

（3）中隔壁设置为弧形临时支护，隧道左右开挖小断面底部临时仰拱保持在同一断面上，各节点的连接一定要对齐，螺栓连接牢固，并及时施作锁脚锚管。

（4）必须保证中隔壁和临时仰拱钢架的规格、数量和混凝土厚度满足要求，及时施作钢架之间纵向连接钢筋并连接牢固。

（5）为减小支护结构对地基的压力，提高地基的承载能力，在钢拱架的底部设置 20cm×20cm×20cm 的枕木支垫。

（6）中隔壁混凝土拆除时，要防止对初期支护系统形成过大振动和扰动。可采用风镐由上至下逐榀拆除钢支撑之间的喷射混凝土，以及临时支护与初期支护连接部位附着在钢架上的喷射混凝土。

8.3.4 全断面法开挖

1. 全断面法工艺特点及优缺点

全断面法主要适用于Ⅰ～Ⅲ级围岩，施工操作简单，能够减少对地层的扰动次数。全断面法有较大的作业空间，有利于采用大型配套机械进行作业，提高施工速度，且工序少，便于施工组织和管理；但由于开挖面较大，围岩稳定性降低，且每个循环工作量较大，深孔爆破引起的震动较大，因此要求进行精心的钻爆设计，并严格控制爆破作业过程。

全断面法施工时断面一次开挖成型，然后支护衬砌。全断面法开挖优点是可以减少开挖对围岩的反复扰动，有利于保护围岩的天然承载力且施工方便；缺点是对地质条件要求较严，要求围岩的自稳性能好。

2. 全断面法标准化施工的要求

（1）加强对开挖面前方工程地质和水文地质条件的调查。对于不良地质情况，要及时进行预测、预报、分析研究，随时采取应急措施（包括改变施工方法），以确保施工安全和工程进度。

（2）加强各种辅助作业和辅助施工方法的设计与施工检查，尤其在软弱破碎围岩中使用全断面法开挖时，应对支护后围岩进行动态测量与监控。对于各种辅助作业的三管两线（高压风管、高压水管、通风管、电线和运输路线），要求保持技术上的良好状态。

（3）全断面法开挖选择支护类型时，应优先考虑锚杆和锚喷混凝土、挂网、撑梁等支护形式。

8.3.5　暗挖工法比选的要求

暗挖法施工地铁隧道时，应根据工程特点、围岩地质条件、环境要求及施工单位的技术状况等，选择适宜的开挖方法和掘进方式。

（1）区间及部分风道、出入口为小断面时，主要施工工法有全断面法、台阶法（跨度一般小于 8m）。

（2）风道、出入口、换乘通道等断面介于大断面及小断面之间时，主要施工工法有 CD 法、CRD 法、双侧壁导坑法等（跨度一般在 6～15m）。

（3）地铁车站及渡线段一般为大断面，主要施工工法有中洞法、侧洞法、洞桩（pile-beam-arch，PBA）法等。

（4）除小断面施工工法外，其余工法的特点是将大断面划分为小断面，分部开挖，做临时中隔壁及仰拱，然后分段拆除，施作二衬。

8.4　暗挖施工的防水

8.4.1　防水方法及质量控制关键

城市轨道交通建设应结合工程场地实际功能、特点，将防水作为重点工作，将排水、截水、堵水作为辅助工作。在防排水工程中，采用构件保护层和刚柔相济的加固设防措施，设立多层防护，科学有效地进行防排水。防排水的一般原则为“以防为主，刚柔相济，多层防护，因地制宜，综合治理”。

（1）防、排水体系。二衬防水混凝土、防水层等形成防水体系，防水层背后排水盲管、侧沟形成排水体系，用来解决水压问题。

（2）防、堵水体系。初支防水+防水层+二衬防水形成复合防、堵水体系，主要用途为解决地表失水沉降问题，减少或避免人工排水。

（3）复合防水体系。复合防水体系主要包括：

① 喷射混凝土防水效果差，需要在初期支护完成后进行注浆处理，同时填充初支与围岩之间的空隙。

② 防水层。防水板+无纺布形成第二道防线，防水板焊接质量是关键。

③ 二衬防水。二衬混凝土自防水能力一般达到 S8 级，特殊地段达到 S10 级。

④ 施工缝、沉降缝防水措施。注水泥浆填充二衬与初支之间的空隙及混凝土本身的空隙。

8.4.2 暗挖施工防水标准化的要求

隧道防排水设计应考虑地表水、地下水、毛细水及人为因素引起的附近水文地质改变等影响，从工程规划、建筑结构设计、材料选择、施工工艺等方面完善防排水体系。防水等级及标准包括：

（1）地下车站、出入口及通道和机电设备集中区段防水等级为一级，不允许渗水，结构表面无湿渍。

（2）车站风道、区间隧道及连接通道等附属结构防水等级为二级，不允许漏水，结构表面可有少量湿渍，总湿渍面积不应大于总防水面积的2/1000。

（3）任意100m^2防水面积上的湿渍不超过3处，单个湿渍或水膜面积的最大面积不大于0.2m^2，其中平均渗水量不大于0.05L/(m^2·d)，隧道工程还要求平均渗水量不大于0.15L/(m^2·d)。

8.5 暗挖施工监测

8.5.1 施工监测内容

暗挖法强调信息化施工，因此现场监控测量是实施暗挖的重要手段。监测内容主要包括结构（支护结构变形及内力）及环境［土体位移、地上及地下建（构）筑物、管线等］两大类。环境监测点的布置必须在施工前完成，并及时采集初始数据，且环境监测需要和洞内支护结构监测尽可能形成相互对应关系，便于数据的分析和处理[46-47]。

安全监测应看成整个工程设计的一个重要组成部分，根据暗挖结构及既有车站建筑等级确定监测项目，监测设计统一安排，制订相应的变形控制标准，包括总变形量、差异沉降量、变形速率及预警值等。

8.5.2 施工监测原则及依据

施工监测从施工开挖开始，直至结构及既有车站稳定终止。施工监测应遵循如下原则：

（1）重点监测原则。暗挖段主要监测内容包括地表沉降、结构收敛、轨面沉降、既有结构沉降等。

（2）各监测物理量应尽量设置在同一监测断面或相近的监测断面内，以便对监测资料进行相关性分析及相互验证。

（3）监测设计要遵循经济合理、技术可行的原则，监测断面的选择要综合结构、地质、施工、周边环境等多方面的因素进行考虑。

（4）监测信息应及时反馈，对监测中出现的异常情况应及时上报给建设、监理、设计等单位，便于采取相应措施，降低施工带来的不利影响。

监测方案编制依据包括《城市轨道交通工程监测技术规范》（GB 50911—2013）、《工程测量标准》（GB 50026—2020）、《国家一、二等水准测量规范》（GB/T 12897—2006）、

《建筑地基基础设计规范》(GB 50007—2011)、《建筑变形测量规范》(JGJ 8—2016)、《城市轨道交通工程测量规范》(GB/T 50308—2017)。

8.5.3　暗挖施工监测标准化的要求

1. 地表监测项目

地表监测项目包括地面下沉监测、建筑物下沉监测、建筑物倾斜监测、建筑物裂缝监测、地下管线下沉监测、土体倾斜监测。测点布置要求包括：

（1）横向间距：隧道至地面 45° 范围内 2～5m。

（2）纵向间距：建议不大于隧道埋深。

（3）建筑物重要特征点。

监测仪器包括精密水准仪、经纬仪、游标卡尺、测缝针、测斜管等。

2. 初支变形监测项目

初支变形监测项目包括拱顶下沉监测、水平收敛监测、边墙沉降监测、仰拱隆起监测。

监测仪器包括精密水准仪、收敛仪、全断面扫描仪。

3. 压力、应力、应变监测项目

压力、应力、应变监测项目包括围岩对初支压力监测、钢筋应力监测、混凝土表面应变监测。

监测仪器包括钢弦式压力盒、液压枕式压力盒、钢筋应力计、混凝土表面应变计。

4. 围岩内位移监测

围岩内位移监测的目的为反映围岩土体内部位移，判断土体内部稳定情况，依据监测位移数据及时修正设计参数。

监测仪器包括土体多点位移计。

5. 爆破震速监测

爆破震速监测的目的为控制爆破震动速度、评估爆破危害情况、指导修正爆破参数，一般用于城市建筑物密集地段。

监测频率要求包括：

（1）前 3 次爆破时应进行监测。

（2）爆破参数有修正时应进行监测。

（3）爆破点靠近保护对象时应加大监测频率。

（4）其他时间一般每周一次。

监测仪器包括爆破震速监测仪。

8.6　暗挖施工标准化实施细则

8.6.1　暗挖施工现场布置与管理

（1）施工现场应及时硬化，在竖井边、基坑边及沟槽边设置排挡水设施，保持排水设施畅通。

（2）施工材料、机具设备应放置在规定区域，堆放整齐有序。现场内各种材料应按照施工平面图统一布置，分类码放整齐，材料标识清晰准确。材料存放场地应平整，有排水设施。

（3）根据施工场地现场和人员数量合理设置消防通道和紧急疏散通道，人员疏散通道最小净宽度不小于1.4m，布置符合《建筑设计防火规范（2018年版）》（GB 50016—2014）中紧急疏散标志和消防设施的相关要求，保持消防通道和紧急疏散通道畅通。

（4）在显著位置设置进入施工生产区（如竖井、明挖深基坑）施工人员名牌。施工现场必须挂牌明示，并安排专人巡查，离开施工现场的人员必须进行清点。

（5）空气压缩机房尽量靠近工作点，距离电源近，距离水泥库、充电间、烘炉、焊接场有一定距离。空气压缩机房应采用封闭结构，建设在地基坚固、地势高、不受洪水威胁的位置，与使用面的风管连接短直平顺，严禁采用“回头弯”。

（6）竖井及提升系统外刷防锈漆，由有资质单位加工制作，验收合格后投入使用。

（7）龙门架施工要合理划分出土和存土区域。吊装设备专人负责，及时保养，定期维修，交接班记录完整。

（8）垂直提升信号联络系统采用点对点式电话系统，确保上下联络畅通，同时设置备用联络系统（如电铃）。

（9）挂钩、各类绳卡及时检查、更换，以确保安全。

（10）竖井的设置要求包括：

① 竖井口设置挡水和排水设施，加装防护栏杆，并用钢丝网封闭。

② 竖井垂直运输系统设专人指挥，统一协调，确保不发生违规操作，并定期检查系统各项技术性能指标，确保垂直运输安全。

③ 竖井内严禁堆放物资，做到物资吊装出入及时清运到合理位置。竖井内要经常清理泥浆、渣土、残留水，保证竖井内的清洁。

（11）上下楼梯坡度和材料的要求包括：

① 楼梯坡度不应小于45°，宽度不小于1m，踏板采用防滑板。

② 楼梯间要求做好隔离设施，防止高空坠物，确保安全。

（12）洞内材料的要求包括：

① 应根据施工进度合理安排洞内材料数量，保证施工进度的同时不应过度堆放。

② 不同规格材料要分类清晰，不同材料堆放不应混杂，所有材料要摆放整齐、稳固、标识齐全，不易受到突发情况的干扰。

③ 抢险物资与其他物资不能混放。

（13）设置紧急疏散通道、紧急疏散标志、应急灯等应急设施。

（14）洞内必须设置电话、无线电通信设备等。

（15）根据作业内容的不同，在适当且明显的位置悬挂安全警示牌，如戴安全帽警示牌、防物体坠落警示牌、防触电警示牌、防火警示牌、禁止吸烟警示牌等。

（16）在作业面入口悬挂本作业面位置指示图，明确显示本作业面在总体施工系统中的位置。

（17）洞内悬挂车站总体平面布置图、工程施工工艺步序图、紧急疏散通道平面布置图、安全责任分区平面图、区间隧道位置标识图。

8.6.2　超前小导管注浆

（1）制作。前端做成尖锥形，尾部建议焊接ϕ8mm 钢筋加劲箍，管壁上每隔 10～15cm 钻梅花形孔，孔直径 6～8mm。尾部长度不小于 30cm，作为不钻孔的止浆段。

（2）每一循环后及时放出开挖轮廓线。

（3）对已完成的隧道中线、高程进行复测。

（4）钻孔。

① 孔径较设计导管管径大 20mm 以上。

② 按设计倾角、间距、孔深钻孔。钻孔允许误差如下：方向角为 2°，孔口距为±50mm，孔深为+50.00mm。

（5）清孔。用高压风从孔底向孔口清理钻渣、积水。

（6）安装。成孔后，将小导管插入孔中或用凿岩机直接将小导管打入，外露 20cm 焊接于格栅上。

（7）相邻两排小导管搭接长度符合设计要求，且不小于 1m。

（8）注浆按由下至上的顺序进行，单孔注浆压力达到设计要求值，持续注浆 10min 且进浆速度为开始进浆速度的 1/4 或进浆量达到设计进浆量的 80%及以上时注浆方可结束。

（9）注浆后堵塞注浆孔，浆液强度达到设计要求或 4h 后方可进行工作面的开挖。

（10）安全文明施工。

① 钻孔前应先清除掌子面危岩。

② 注浆残液不得随意排放。

③ 材料及机具堆放整齐。

④ 注浆管路连接器件应牢固。

8.6.3　台阶法开挖

（1）超前地质预报。探测前方地层岩性、地质构造，综合分析后调整和确定施工方法和参数。

（2）每一循环后及时放出开挖轮廓线。

（3）对已完成的隧道中线、高程进行复测。

（4）开挖，流程包括：

① 施作拱顶超前支护。

② 进行上台阶开挖，预留核心土。

③ 打设锁脚锚管，架设上台阶初期支护格栅，安装钢筋网片，施作上台阶初期支护。

④ 下台阶开挖。

⑤ 打设锁脚锚管，架设下台阶初期支护格栅，安装钢筋网片，施作下台阶初期支护。

（5）台阶长度根据地质条件和开挖断面跨度等情况确定，一般长台阶不小于 50m，短台阶为 10～15m，超短台阶不大于 5m。

（6）在上台阶初期支护结构基本稳定、喷射混凝土达到设计强度 70%以上时，下台阶方可开挖。

（7）断面检查。

（8）支护。及时施作初期支护，尽早封闭成环。

（9）严格控制台阶长度和开挖断面，杜绝安全隐患。

8.6.4 CD 法开挖

（1）CD 法开挖的要求包括：

① 施工左导洞顶部超前支护，开挖上台阶并施作初期支护，预留核心土。

② 开挖左导洞下台阶，施作下台阶初期支护，上下台阶间距符合设计要求。

③ 施工右导洞顶部超前支护，开挖上台阶并施作初期支护，预留核心土，左右导洞施工间距符合设计要求。

④ 开挖右导洞下台阶，施作下台阶初期支护，上下台阶间距符合设计要求。

（2）开挖中各台阶长度、循环进尺、左右台阶错开长度、上下台阶高度根据设计及规范要求确定。

（3）下台阶在上台阶初期支护结构基本稳定、喷射混凝土达到设计强度 70%以上时方可开挖。

（4）开挖前按设计施作超前支护。

（5）开挖后及时施作初期支护和中隔壁。

（6）严格观察断面形状。施工过程中检测开挖断面超欠挖值，严格控制欠挖，拱脚和墙脚以上 1m 内断面严禁欠挖。

（7）严格控制上下台阶、左右台阶的长度及间距。

（8）洞身主体结构初期支护稳定后，方可拆除临时钢架。

（9）加强监控测量，信息化指导施工。

8.6.5 CRD 法开挖

（1）CRD 法开挖的要求包括：

① 施工左上导洞顶部超前支护，开挖左上导洞并施作初期支护，含临时仰拱。

② 开挖左中导洞，施作左中导洞初期支护，上下导洞间距符合设计要求。

③ 施作右上导洞顶部超前支护，开挖右上导洞并施作初期支护。

④ 开挖右中导洞，施作初期支护，上下导洞间距符合设计要求。

⑤ 开挖左下导洞，施作初期支护，上下导洞间距符合设计要求。

⑥ 开挖右下导洞，施作初期支护，上下导洞间距符合设计要求。

（2）开挖中严格控制各台阶长度、循环进尺、左右台阶错开长度、上下台阶高度。

（3）支护的要求包括：

① 开挖前按设计施作超前支护。

② 开挖后及时施作初期支护和中隔壁。

（4）断面检查。施工过程中严格控制欠挖，拱脚和墙脚以上 1m 内断面严禁欠挖。隧道允许超挖值符合规范要求（同台阶法）。

（5）严格控制各导洞间距，通过不间断测量进行误差修正。

（6）按照设计要求拆除中隔壁和临时仰拱。

8.6.6 全断面开挖

（1）炮眼要求包括：

① 掏槽炮眼的眼口、眼底间距允许偏差均为 50mm。

② 辅助炮眼眼口排距、行距允许偏差均为 100mm。

③ 周边炮眼间距允许偏差为 50mm，外斜率不大于孔深 3%～5%，眼底不超过开挖轮廓线 100mm。

④ 周边炮眼至内圈炮眼的排距允许偏差为 50mm。

⑤ 周边炮眼与辅助炮眼的眼底在同一垂直面上，掏槽炮眼加深 100mm。

⑥ 装药完毕，炮眼堵塞长度不小于 200mm。

（2）爆破后及时通风，使用多功能气体检测仪检测洞内空气合格后，方可进行清除作业面危石等后续工作。

（3）喷射混凝土。排危后施工喷射混凝土，封闭围岩。

（4）严格观察断面形状，施工过程中严格控制欠挖，拱脚和墙脚以上 1m 内断面严禁欠挖。隧道允许超挖值符合规范要求（同台阶法）。

（5）严格按爆破设计进行装药，设置爆破警戒区，由专人负责。

8.6.7 出渣与运输

（1）出渣与运输作业前，应对所有施工人员进行安全技术交底，确保施工人员人身安全。

（2）装渣。

① 选用能在隧道开挖断面内发挥高效率的机械，其装渣能力应与每次开挖土石方量及运输车辆的容量相适应。

② 装渣作业应安排专人指挥指导施工。

③ 装渣作业前及装渣过程中，应安排专人负责检查开挖断面围岩的稳定状况，若出现松动岩石或塌方征兆，必须施工处理后再进行装渣作业。

④ 人工装渣作业时，装载车辆应停稳并制动。

⑤ 机械装渣作业时，装渣机械的回转范围内不得有人通过。机械装渣操作人员应严格遵守机械操作规程，避免损害洞内已有的支护结构和其他相关设施。

⑥ 漏斗装渣作业时，漏斗处应有防护设备和联络信号，装渣结束后漏斗处应加盖。

⑦ 采用有轨装渣机械时，轨道紧随开挖面铺设，调车设备应及时向前移动，或采用梭式矿车、转载机等设备装渣。

⑧ 装渣作业区域通风、照明、找顶等符合规范要求。

（3）卸渣。

① 卸渣作业应综合考虑卸渣场地地形条件、石渣利用情况、车辆类型等因素，合理布置卸渣路线，卸渣应在布置的卸渣路线上依次进行。

② 卸渣时必须安排专人指挥，严格按照设计的卸渣路线进行。卸渣宜采用自动卸渣或机械卸渣设备。

③ 特殊情况下采取人工卸渣时，应将车辆停稳制动，严禁站在斗车内扒渣。

④ 轨道运输卸渣时，卸渣码头应搭设牢固，并设挂钩、栏杆，轨道末端应设置可靠的挡车装置。

⑤ 卸渣场地应修筑永久排水设施和其他防护工程，确保地表径流不致冲蚀弃渣堆。

（4）运输设备。

① 运输设备的选型配套应综合考虑出渣能力、运输能力和开挖能力等因素，装运能力大于最大开挖能力，确保机械设备充分发挥性能。

② 进洞的各类机械与车辆，宜选用带净化装置的柴油机动力。

③ 有轨式运输，洞外应依据需要设置调车、编组、出渣、进料、设备整修等线路。有轨运输车辆装载宽度、车辆间距及车辆速度均应符合规范要求。

④ 无轨运输车辆装载宽度、车道宽度及车辆速度均应符合规范要求。

⑤ 运输过程中，严禁人料混载、超载、超宽、超高运输等违法行为。

（5）运输路线或道路需设置专人负责养护维修，保持路面平整、畅通。路线周围安排专人巡查，散落废渣及时清除。

（6）在洞口、平交道口、狭窄的施工场地，必须设置明显的警示装置，必要时应设专人指挥交通。

（7）在单道地段，应依据装渣作业时间和行车速度铺设错车道、调车设备，增加岔线和岔道等，错车线有效长度应符合最长列车的运行要求。

8.6.8　通风设备

（1）暗挖隧道空间密闭，必须进行洞内通风，以改善洞内空气质量。

（2）通风系统应依据隧道施工方法、运输方式及施工要求综合考虑设置，保证满足通风要求，保证有毒气体及粉尘含量符合标准要求。

① 通风机安装时应保证风向标志与隧道通风方向一致，通风机轴线应与隧道中心线平行，保证通风机吊挂预埋件及安装位置符合要求。

② 通风机外表面应保证整洁、美观；吊装应稳固，并有防松动装置；安装通风机的构件应符合设计要求；焊接应牢固，焊缝应饱和、均匀。

③ 通风管应与通风机配套，同一管路的直径宜一致。

④ 通风机应有适当的备用数量。

⑤ 通风管应设置专人定期维护、修理，如有破损应及时修补或更换。

⑥ 当采用软风管时，靠近风机部分应采用加强型风管。

（3）当通风管较长，需要提高风压时，可采用多台通风机串联。

（4）巷道式通风无大功率通风机时，也可采用数机通风并联。串联与并联时通风机应采用同一型号。

（5）制订有针对性的有毒有害气体监测制度，施工现场配备专人进行 24h 的有毒有害气体监测，监测人员做到分工、责任明确，认真记录监测数据并填写有毒有害气体监测记录表，及时汇总分析，指导隧道安全施工。

8.6.9　应急通信设备

（1）隧道内应急通信系统应包含有线通信电话、无线电通信、声光报警系统、应急照明灯。

（2）无线电通信应采用无线对讲机或将移动信号引入洞内。

（3）洞内各工作面与洞外调度应始终保持通信畅通，备作突发事故的应急通信设备宜选择有线电话。

（4）保护有线电话电线的线管宜用钢管，应布置在不易被机械、落石损伤的地方。

8.6.10　初期支护

（1）钢筋网加工采用的钢筋种类、型号、规格符合设计要求。

（2）钢筋调直后截成钢筋条再制作钢筋网，钢筋网尺寸根据拱架间距和网片之间搭接长度综合确定。

（3）钢筋网加工允许偏差如下：钢筋间距±10mm，钢筋搭接长度±15mm。

（4）制作成型的钢筋网必须轻抬轻放，避免摔地产生存放变形。

（5）钢筋网安装铺设平整，并与钢筋格栅或锚杆连接牢固。

（6）钢筋格栅采用双层钢筋网时，先铺设第一层，再铺设第二层。

（7）每层钢筋网之间搭接牢固，且搭接长度不小于 200mm。

（8）钢筋网安装时，注意观察喷射混凝土是否有开裂、掉块等现象。

（9）钢筋格栅原材料采用的钢筋种类、型号、规格符合设计要求。

（10）根据钢筋格栅截面设计模具，模具材料使用钢筋。

（11）格栅加工时，钢筋使用机械弯制，弯制符合设计及规范要求。

（12）钢架安装前检查开挖断面的中线及高程，并确定格栅安设位置及标高准确。

（13）格栅安装基面坚实并整洁，必要时进行预加固。

（14）喷射混凝土原材料。

① 水泥：优先选用普通硅酸盐水泥，标号不低于 32.5。

② 细骨料：采用中砂或粗砂，细度模数大于 2.5，含水率控制在 5%～7%。

③ 粗骨料：采用卵石或碎石，粒径不大于 15mm。

④ 速凝剂：初凝时间不超过 5min，终凝时间不超过 10min。

（15）机械选择。采用湿喷工艺，喷射机具有良好的密封性，输料连续均匀，输料能力满足施工需要。

（16）喷射混凝土拌和。

① 配合比：水泥与砂石质量比为 1∶（4～4.5），砂率为 45%～55%，水灰比为 0.4～0.45。

② 称量允许偏差：水泥和速凝剂为±2%，砂石为±3%。

③ 喷射混凝土在拌和站集中拌和，运输和存放时严禁受潮，大块石等杂物不得混入，存放时间不得超过 20min。

（17）混凝土喷射前准备。

① 清理场地，清扫受喷面。

② 检查开挖尺寸，清除浮渣及堆积物。

③ 埋设控制喷射混凝土厚度的标志。

（18）混凝土喷射。

① 分片依次自下而上进行，先喷钢筋格栅与壁面间混凝土，再喷两钢筋格栅之间混凝土。

② 每次喷射厚度：边墙为 70～100mm，拱顶为 50～60mm。

③ 分层喷射，在前一层混凝土终凝后进行。

④ 爆破作业时，喷射混凝土终凝到下一循环放炮间隔时间不小于 3h。

（19）喷射混凝土养护及质量检查。

① 喷射混凝土 2h 后进行养护，养护时间不少于 14d。

② 喷射混凝土密实、平整、无裂缝等现象，平整度允许偏差为 30mm，且矢弦比不大于 1/6。

8.6.11　仰拱及仰拱填充施工

（1）开挖长度。仰拱及时施工，一次开挖长度不超过 6m 且满足设计要求。

（2）基底处理。清理隧底虚渣，超挖部分采用同等级混凝土回填。

（3）仰拱施工整体浇筑一次成型。施工前将上一循环接头凿毛处理，并按设计要求设置止水带。

（4）填充在仰拱混凝土终凝后浇筑。施工前必须将上一循环接头凿毛处理，并按设计要求设置止水带。

（5）通行要求。

① 填充混凝土强度达到 5MPa 后允许人通行。

② 填充混凝土强度达到 100%后允许通车。

（6）安全文明施工。

① 仰拱栈桥两侧设限速警示标志（车辆通过速度不得超过 5km/h）。

② 车辆通行时，人员暂时撤离作业区。

③ 专人指挥仰拱栈桥移动。

8.6.12　防水层铺贴

（1）隧道防水层铺贴施工主要包含 3 道工序：①基面处理；②衬层铺设；③防水板铺设。

（2）施工准备。

① 防水层在初期支护结构趋于基本稳定且检验合格后方可进行铺贴。

② 防水层材质符合设计要求。

③ 测量断面，对隧道净空进行测量检查。

（3）基面处理。

① 清除各种异物和尖锐凸出物体，凹处复喷至平整，不平整度为 50mm。

② 漏水处采用注浆堵水或埋设排水管进行处理。

（4）衬层施工。沿隧道环向由拱顶向两侧依次铺贴平顺，并与基面固定牢固，其长、短边搭接长度不小于 50mm。

（5）塑料卷材铺贴。

① 沿隧道环向由拱顶向两侧依次铺贴，其长、短边搭接长度不小于 100mm。

② 相邻两幅卷材接缝错开，错开位置距结构转角处不小于 60mm。

③ 卷材搭接处采用双焊缝焊接，焊缝宽度不小于 10mm，且均匀连续。

④ 卷材附于衬层上，固定牢固，不得渗漏水。

（6）安装质量。

① 焊接牢固，人力无法撕开。

② 焊缝检测用 5 号注射针与压力表相接，用打气筒进行充气，在 0.25MPa 压力作用下保持 15min，控制压力下降低于 10%，否则补焊至合格为止。

8.6.13　二次衬砌

（1）二次衬砌施工主要包含 3 道工序：①钢筋制作安装；②台车拼装；③混凝土浇筑。

（2）钢筋要平直、无损伤，表面无裂纹、油污、颗粒状或片状老锈。

（3）钢筋加工允许偏差如下：

① 受力钢筋顺长度方向的全长：±10mm。

② 弯起钢筋的弯起点位置：±10mm。

③ 箍筋宽和高：+5mm、−10mm。

（4）钢筋连接。

① 钢筋连接采用绑扎或焊接，绑扎和焊接长度符合规范要求，焊接的焊缝必须饱满、平实，不能呈蜂窝状。

② 单面搭接焊，搭接长度不小于 10 倍钢筋直径；双面搭接焊，搭接长度不小于 5 倍钢筋直径。

③ 使用与二次衬砌混凝土同标号砂浆垫块，每平方米不少于 4 个。

（5）钢筋焊接时使用挡板，防止焊接飞溅物损坏或引燃防水材料。

（6）严禁在作业平台上堆放半成品钢筋，衬砌平台要做好临边防护。

（7）采用全断面整体钢模衬砌台车，端头封堵采用钢模或木模。

（8）根据设计要求和隧道断面尺寸确定台车的轮廓尺寸，其门架净空高度和宽度应保证运输车辆通行。

（9）台车严格按照设计图纸进行加工制作，加工质量符合钢构件加工质量要求。

（10）对台车的弧度、宽度、净空等会同监理单位进行验收，验收合格方可投入使用。

（11）轮廓符合衬砌断面要求，光滑平整，接缝严密，相邻模板无错台。

（12）台车沿轨道通过自行设备移动至待浇仓位，与上一模衬砌搭接 5～10cm，顶模、侧模由液压缸调整到位，并用千斤顶及撑杆加固。

（13）混凝土灌注顺序。

① 混凝土自模板窗口由下向上、对称分层、先墙后拱灌注，边墙混凝土由两侧窗口入模，拱部混凝土由拱顶管口入模。

② 混凝土水平分层进行振捣，每层浇筑厚度 30cm，且要控制边墙灌注速度，台车两侧交替灌注高度不超过 1.0m。

（14）每一振点的振捣延续时间为 15～30s，隔 20～30min 后进行第二次振捣，使混凝土表面呈现浮浆并不再沉落。

（15）混凝土振捣时的移动间距不大于振捣器作用半径的 1.5 倍。

（16）振捣器与模板保持 50～100mm 的距离，避免碰撞钢筋、模板等。

（17）振捣深度。上层混凝土在下层混凝土初凝之前浇筑完毕，在振捣上层混凝土时，振捣器插入下层混凝土 5cm，使上下层混凝土结合良好。

（18）在振捣过程中，做到快插慢拔，振捣器略上下抽动，使混凝土振捣密实，插点均匀，插点间距控制在 50cm 左右。

（19）二次衬砌养护使用专用养护设备，脱模后及时洒水养护，养护时间不少于 14d。

8.6.14 暗挖施工监测

（1）施工前根据施工工艺、地形地质条件、支护类型和参数、开挖方式等因素，制订施工监测方案。施工监测方案经监理单位、第三方监测、总监办、业主依次审核合格后，即可开展监测工作。

（2）在工区正式施工前，根据设计布点图和设计变更图完成监测点的布设工作。

（3）当工程设计或施工方案有重大变更时，应根据变更情况及时调整监测方案。

（4）建立监测控制网。

① 区间内监测控制网：每 100m 范围内布设一个工作基点，左右线区间马头门处各布设一个工作基点，通过竖井悬吊钢尺与地面控制网进行联系测量。

② 地面监测控制网：选取第三方测量交底的三个水准点作为竖向位移监测控制网的起算点，沿区间走向根据现场实际情况增设若干基准点与工作基点，形成闭合线路，必要时可形成节点网。

③ 定期复测控制网，基准点与工作基点每周检核一次，工作基点每次监测时均进行自检。

（5）基准点埋设方法。按规范要求将基准点埋设于基坑影响范围之外稳定可靠的地方，埋设控制点深度为 1.5m；混凝土浇筑，中间放置直径 20mm 的螺纹钢筋，在钢筋中间焊接直径 10mm 的螺纹钢筋加固，钢筋底部焊接 10cm×10cm×1cm 钢板；在控制点顶部砌砖保护，并在周围设立明显标志。

（6）各类监测点均应在相应工区正式施工前一星期内完成初始值测定（独立施测 3 次）。若初始值测定的时间距正式开工时间较长，应在正式施工前一星期内对监测点的初始值进行复测。

（7）每次监测时，都要进行施工场地巡视和工况记录，内容包括监测时间、天气、施工进度、地下水变化情况、地表及周边建（构）筑物是否出现裂缝、监测点是否完好、有无其他异常情况等。

（8）监测固定人员、固定仪器、固定时间。

（9）观测点应埋设在相对稳定区域，受破坏、振动等影响因素较小，并设立明显标志。

（10）监测仪器、设备及元件满足观测精度和量程的要求，具有良好的稳定性和可靠性，必须按时校准鉴定，鉴定资料、校核记录齐全。

（11）同一监测项目应使用同一监测仪器和设备，采用相同的观测路线和监测方法，尽可能在基本相同的环境和条件下进行观测。

（12）地表沉降观测要求。

① 地表沉降测点布置：区间标准断面沿左右线中线各布置一列监测点，区间大断面在线路中线与停车线各布置一列，点位纵向间距 10m。

② 硬化面地表沉降测点须加工到硬化面之下，避免过往辎重车辆、建材的压覆，须加盖保护，并设立明显标志。

③ 地表沉降测点埋设应穿透地表结构层，将其埋设在较结实的地层中，先用钢筋混凝土工程水钻在地表钻孔，然后将制作好的监测标志埋入，四周用粗砂填实，同时设保护套及盖板。

④ 地表沉降测量方法：根据水准测量原理，利用水准仪测定基准点与测点间的高差，并与前一次高差进行比较，从而得到该测点的沉降变形值。

⑤ 进行沉降监测时，以主要影响区为主，当监测区域内建（构）筑物变形明显时，加大监测范围，直至无明显变形区域为止。

（13）初期支护结构拱顶沉降观测要求。

① 初期支护结构拱顶沉降测点布置：沿区间方向每 10m 布设一个断面，且与地表沉降同断面。

② 初期支护结构拱顶沉降测点埋设：在两榀格栅钢架中间用冲击钻钻孔，将收敛弯钩固定在拱顶中心位置，标明点号，注意保护。

③ 初期支护结构拱顶沉降测量方法：根据水准测量原理，将塔尺悬挂于拱顶沉降测标上，利用水准仪观测沉降点与工作基点间的高差变化，进而获得拱顶沉降量。初期支护完成后，12h 内进行初读数。

（14）初期支护结构净空收敛监测要求。

① 测点布置：沿区间方向每 10m 布设一个断面，且与拱顶沉降同断面。

② 测点埋设：初期支护结构完成后，在两榀格栅钢架中间用冲击钻钻孔，将收敛弯钩固定在两侧拱脚或拱腰处。

③ 测量方法：采用收敛计进行测量，开挖后或临时支护拆除时，按设计要求迅速布置测点并编号。初期支护完成后，12h 内进行初读数。

（15）邻近建（构）筑物沉降监测要求。

① 邻近建（构）筑物沉降监测测点布置。

a. 根据建（构）筑物基础形式、结构特点及地铁对其影响程度，以及现场调查、评估结果与专项设计要求，确定建（构）筑物监测方案。

b 建（构）筑物竖向位移监测点布设应能反映建（构）筑物的整体沉降及不均匀沉降情况。

c. 建（构）筑物位于主要影响区时，监测点沿建（构）筑物外墙按 10～15m 间距或每隔 2～3 根承重柱布设，外墙转角处及拐角处应有监测点控制。

d. 在高低悬殊或新旧建（构）筑物连接处、不同结构分界处、变形缝、严重开裂处、不同基础形式和不同基础埋深的两侧应布设监测点。

② 邻近建（构）筑物沉降监测点埋设。在建（构）筑物拐角处，离地面 20cm 埋设监测点标志，避开雨水管、窗台线、电器开关等有碍设标与观测的障碍物。

③ 邻近建（构）筑物沉降监测测量方法。根据水准测量原理，周期性地观测建（构）筑物上的沉降观测点和基准点（工作基点）之间的高差变化，以测定建（构）筑物基础和本身沉降值。

（16）邻近建（构）筑物倾斜监测。采用水准测量方法测量沉降差，根据建（构）筑物的基础宽度、测点埋设位置及距离，经换算求得建（构）筑物对应高度的倾斜度和倾斜方向。

（17）邻近建（构）筑物裂缝监测。

① 监测内容包括裂缝分布位置和裂缝的走向、长度、宽度及其变化情况。

② 邻近建（构）筑物裂缝观测方法。

a. 每条裂缝至少布设两组观测标志，一组在裂缝最宽处，另一组在裂缝末端。每组使用两个对应的标志，分别设在裂缝两侧。

b. 裂缝观测标志应便于测量，长期观测可采用镶嵌或埋入墙面的金属标志。

c. 采用游标卡尺定期量出标志间距离，求得裂缝变化值。

d. 在裂缝观测过程中，裂缝宽度数据量至 1mm，每次观测绘出裂缝的位置、形态和尺寸，注明日期，并拍摄裂缝照片。

（18）地下管线沉降监测要求。

① 地下管线沉降监测点布置。

a. 根据地下管线重要性、修建年代、类型、材质、管径、接口形式、埋设方式、使用情况及与工程的空间关系等，综合确定监测点形式和布设位置。

b. 监测点宜布设在地下管线的节点、转角点、位移变化敏感或预测变形较大的部位。

c. 地下管线密集、种类繁多时，应对重要的、抗变形能力差的、容易渗漏或破坏的管线进行重点监测。

d. 区间影响范围内的地下管线有 DN150 燃气、DN300 燃气、DN500 燃气、DN800 热水、DN400 给水、DN700 给水、DN1500 排水管线，布点间距 10m。

② 地下管线沉降采用水准测量方法进行监测，测量方法与地表沉降监测相同。

③ 监测频率。监测工作从施工前开始，直至工程全部结束。对于周边环境，应根据需要延续至变形稳定后，按照设计及规范要求确定监测频率。

a. 监测值相对稳定时，可适当降低监测频率，增大监测时间间隔，基本稳定后监测频率为 1 次/月。

b. 当监测值接近报警标准或监测值变化速率加快时应加强监测，缩短监测时间间隔，加密监测次数，直到变化平缓。

c. 当有危险事故征兆时，应实时跟踪监测，直至危险解除。

d. 停止监测判别标准。施工单位对于结构施工已完成 3 个月且沉降变形速度小于 0.04mm/d 的部位可以提交停止监测申请报告，经标段监理、第三方监测、总监办审核后可停止监测项目，并报安监处备案。

（19）预警等级及预警标准。

① 黄色预警：变形监测的绝对值和速率值双控指标均达到控制值的 70%，或双控指标之一达到控制值的 85%。

② 橙色预警：变形监测的绝对值和速率值双控指标均达到控制值的 85%，或双控指标之一达到控制值。

③ 红色预警：变形监测的绝对值和速率值双控指标均达到控制值。

（20）周边环境（建筑物、地下管线）、区间围护体系各监测项目双控指标（累计变形、变化速率）之一达到黄色预警时，立即对监测点进行复核，确认无误后上报项目总工、监理单位，停止施工封闭掌子面，监测频率调整为 1 次/8h，且对同一监测断面的各监测项目进行同时监测，进行数据比对，查找异常情况发生原因。经连续观测发现报警监测点无持续变化后，则采取安全有效的方法进行后续施工，施工恢复正常后，若监测点无异常变化，监测频率恢复正常。

（21）双控指标值同时达到黄色预警、支护结构体系出现过大变形、周边建筑或地面出现严重开裂并持续发展周边土体、区间开挖出现大量涌水或严重塌方时，立即通知项目总工、监理单位及各相关单位，停止施工并采取有效的加固措施，增加监测项目，扩大监测范围直至无变化区域位置，监测频率调整为 1 次/2h，且形成警情快报；直至变形点稳定，逐渐减小监测频率到 1 次/8h，再到 2 次/天，最终至恢复正常监测频率。

（22）当现场发现地表或周边建（构）筑物出现裂痕或发生异常情况时，及时通知相关负责人，并加强该区域的监测工作。

（23）监测信息反馈制度。

① 监测成果包括日报、周报、月报、年报。日报主要包括当次监测报表、工况描述及结论等简要文字说明；周报、月报、年报包括全标段的监测内容，包括报告期内的监测成果表、变形过程曲线、技术总结和分析结论等。

② 及时进行信息反馈，内容包括当次监测表、变形曲线、工况描述及初步建议等。一般情况下在完成外业监测后 6h 内完成信息反馈，监测日报于当天 17:00 前报送标段监理，周（月）报（每月最后一个星期填写月报）于每周六编制。出现特殊情况时，立即通知相关负责人并按相关措施要求加强监测。

③ 监测报表应按城市轨道交通建设公司、第三方监测及项目部要求的时间、地点、格式及内容及时报送。

（24）在工程施工阶段，监测点如有意外损坏，应及时上报上级主管单位并采取有效的补救措施。发现被破坏监测点当日在原有位置重新埋设，埋设完毕后立即读取初始值，并在一周内对该点增加监测频率，如无异常变化，则按正常监测频率继续监测。重新埋设监测点以书面材料上报监理及第三方监测单位，内容包括被破坏监测点的位置、点号及破坏原因，恢复后监测点位置、编号、初始值及变形情况。该处监测点变形值为破坏点累计沉降值加恢复后累计沉降值。

第 9 章　铺轨施工的标准化

9.1　铺轨施工标准化的目的和对象

9.1.1　铺轨施工标准化的目的

城市轨道交通铺轨的特点包括：

（1）多数属地下作业。城市轨道交通的铺轨作业面受限，加上焊接产生的有毒气体、各种机械噪声及粉尘等混杂在一起，作业环境艰苦。

（2）线路类型多，扣件型号复杂。城市轨道交通项目的弯道较多，涉及较多类型的线路和扣件。铺轨涉及的线路类型有无缝线路、有缝线路、中等减振无缝线路、高等减振无缝线路、特殊减振无缝线路等。

（3）轨料运输难度大。工程所需的钢轨、轨枕、道岔、商品混凝土、钢材、施工设备等均需利用汽车运往铺轨基地，而沿线人流、车流密集，干扰因素多，环保要求高，尤其是钢轨和道岔，往往需要借助专业的大件运输公司完成。

（4）接口多，协调工作量大。铺轨工程处于承前启后阶段，既要与其之前的各土建施工单位进行衔接，做好已完工设施的保护，又要考虑后续供电、信号及设备安装等各专业工程，配合做好预留管、预埋件的施工。

地铁铺轨施工竣工完成验收俗称“轨通”，是制约地铁工程施工进度的关键工序，也是实现地铁运营的一个重大里程碑。因此，进行铺轨施工的标准化作业具有重要意义[48-51]。

9.1.2　铺轨施工标准化的对象

铺轨施工的主要内容包括总体施工筹划、施工工艺、施工过程控制要点等[52-53]。总体施工筹划主要包括铺轨基地的设置方案与比选、铺轨基地任务划分和铺轨方向选择、整体道床施工方案选择、工期安排、重难点工作分析等。施工工艺要求主要包括一般整体道床、中等减振整体道床、高等减振整体道床、特殊减振整体道床施工工艺标准化。

城市轨道交通工程铺轨施工标准化的对象具体包括：

（1）铺轨基地的标准化。

（2）铺轨作业面移交的标准化。

（3）一般整体道床施工工艺的标准化。

（4）钢弹簧浮置板整体道床施工工艺的标准化。

（5）梯形轨枕整体道床施工工艺的标准化。

（6）橡胶减振垫整体道床施工工艺的标准化。

（7）整体道床道岔施工工艺的标准化。

（8）无缝线路施工工艺的标准化。

（9）车场线库内整体道床施工工艺的标准化。

（10）轨行区管理及防护的标准化。

9.2 铺轨基地的标准化

9.2.1 施工前调查及铺轨基地选址

施工前应对工区地形、地貌、水文、气象、交通、通信、物资材料的供应渠道等常规性内容进行调查。对沿线各车站、区间、铺轨基地的调查重点是土建施工完成时间、移交时间、水电接驳情况、车站或区间风井预留孔洞情况、铺轨基地场地规划、轨料和轨道车等大型物资设备运输路线等。

9.2.2 铺轨基地标准化的要求

（1）铺轨基地设置。

① 根据施工需求及生产台位进行有序设置，生产区规模应不小于 150m×30m。

② 铺轨基地位置必须满足钢轨和轨道车等大型物资设备的运输条件。

③ 铺轨基地位置应尽量避免在城市道路主干道上方及避免夜间施工，减少施工中不必要的麻烦，减小对周围居民生活造成的影响。

④ 铺轨基地一般设置在有道岔或前后车站有道岔的位置，便于施工组织及后续各专业施工提前介入。

（2）沿线下料口设置。尽量控制在 2～3km 长度预留混凝土下料口，下料口尽量设置在正线上方，设置直径为 400～600mm。

（3）设置浮置板较多或设计有道岔的车站预留下料口。由于浮置板、道岔施工是每个工程工期控制的关键点，因此在设计有道岔车站的盾构始发或接收井预留下料口，作为道岔散铺下料口；同时，也可以利用端头井进行人工散铺作业。

（4）设置轨排井时，尽量双线同时预留并位于线路正上方，每个轨排井尺寸不小于 30m×5m。轨排井对应设计位置应避开设备房，尽量安排在车站端头或区间明挖段。

（5）移动龙门吊跨度宜根据车站地下连续墙或支撑桩等围护结构的间距进行确定。

（6）每个铺轨基地管辖范围一般为 6～8km，不宜过长。

9.3 铺轨作业面移交的标准化

9.3.1 铺轨作业面移交的要求

铺轨作业面移交的要求包括：

（1）土建主体结构完成，区间联络通道、轨顶风道、站台板等附属工程施工完成。

（2）主体结构通过分项、分部工程验收。

（3）土建设备退场完毕。

（4）线路交接桩完成，交接资料双方签认。

（5）调线调坡图纸完成。

（6）铺轨作业面无垃圾、积水等杂物。

（7）场地及临电交接完成。

9.3.2　铺轨作业面移交标准化的要求

铺轨作业面移交标准化的要求包括：

（1）车站、区间抽水。沿线土建单位在管辖范围内的废水泵房预留水泵及管道，满足废水抽排条件。

（2）在正式照明安装前预留照明条件，为后续专业提供进场条件。

（3）沿线车站的下料口不能随意封堵，为散铺和混凝土下料提供条件。

（4）施工完并清扫干净的轨行区及时与后续地盘管理单位办理移交手续。

（5）制订轨行区管理办法，并严格执行。

9.4　铺轨施工工艺的标准化

地铁地下线铺轨一般整体道床采用架轨法施工，先在铺轨基地进行轨排生产、钢筋加工；再利用基地龙门吊从预留轨排井口由轨道车运输至施工地点后，用铺轨龙门吊进行轨排架设、调整、钢筋绑扎等工序；最后用铺轨龙门吊吊装料斗进行混凝土浇筑。散铺法指对于未提供轨排井的区间，利用土建盾构井下材料进行半机铺或人工散铺。

城市轨道交通工程铺轨施工工艺主要包括一般整体道床、高等减振整体道床、特殊减振整体道床。

9.4.1　一般整体道床

一般整体道床主要施工工序包括：

（1）轨排组装。

（2）基底凿毛。

（3）安装铺轨龙门吊及走行轨。

（4）安装道床钢筋网。

（5）轨排运输及铺设。

（6）轨道状态调整。

（7）整体道床模板安装及混凝土浇筑。

一般整体道床采用轨排架轨法进行机铺施工，在铺轨基地采用标准轨将轨枕组装成轨排，通过平板车运输至施工现场，利用地铁铺轨车铺设就位。通过工装对轨道状态进行初调（允许偏差±20mm），初调后利用轨道几何状态测量仪配合全站仪依据地铁精密测量轨道控制网对轨道进行精调，通过全站仪获取当前点的轨排几何位置、轨排高低、轨距等几何数据进行精调，轨道状态达到设计要求后，进行混凝土浇筑。

9.4.2　高等减振整体道床

高等减振整体道床用预铺垫轨排架轨法进行施工。根据减振垫浮置板轨道的结构特点，基础垫层混凝土浇筑完毕后，再进行减振垫铺设。同时，在铺轨基地用标准轨将轨枕及扣件组装成轨排，用轨道平板车推送至施工现场，用地铁铺轨车吊运至铺设位置，并利用工装初调，再利用地铁精密测量轨道控制网调整轨道状态，最后检查轨道状态，确认符合要求后浇筑道床混凝土。

9.4.3　特殊减振整体道床

特殊减振整体道床施工方法有现场散铺法、预制钢筋笼龙骨架整体吊装法、预制短板法。但现场散铺法施工进度慢，基本不采用。

预制钢筋笼龙骨架整体吊装法主要施工方法如下：在铺轨基地将道床钢筋笼绑扎成型，将隔振器外套筒按照设计位置固定在钢筋笼上，利用轨道车将钢筋笼运送到铺轨工作面，铺轨龙门吊配合铺设到位。钢轨采用钢轨支撑架铺设，一次灌注整体道床混凝土。当混凝土达到设计强度后，用隔振器专用千斤顶将浮置板顶升 30mm，精确调整轨面标高。

浮置板的预制短板在工厂制作，加工成型成品运输至铺轨基地存放，在浇筑完垫层混凝土并达到预制板铺设条件后，利用轨道运输平板车将预制板运至施工现场。通过地铁铺轨车进行预制板的铺设、安装，铺设钢轨后，进行顶升调整轨道状态。轨道几何尺寸采用专用千斤顶进行调整。

苏州轨道交通 5 号线 1 标花苑路站整体道床如图 9-1 所示，竹辉路站轨道车吊装进场图如图 9-2 所示。

图 9-1　苏州轨道交通 5 号线 1 标花苑路站整体道床

图 9-2　苏州轨道交通 5 号线 1 标竹辉路站轨道车吊装进场

9.5　铺轨施工过程控制要点

9.5.1　轨道几何形位

1. 轨道几何形位的常见问题

轨道几何形位是指轨道各个部件的几何形状、相对位置和基本尺寸。严格控制轨道几何形位的目的是保证机车车辆在轨道上安全、平稳、不间断地运行。

2. 轨道几何尺寸的要求

（1）严格按照轨道精调作业程序及标准进行调整。

（2）混凝土浇筑过程中随时检查轨道状态，有问题及时进行调整。

（3）尽量减少在已调整好的轨道上行走。

（4）道床混凝土强度达到 5MPa 后方可拆模及拆除支撑架。

9.5.2　整体道床钢筋布置、焊接与杂散电流防护施工

1. 施工质量通病

（1）整体道床钢筋布置间距偏差大，曲线地段钢筋加工偏差较大。

（2）钢筋焊接时出现漏焊，焊缝不饱满，钢筋焊接搭接长度不够（或焊缝长度不满足规范要求）现象。

（3）杂散电流防护钢筋焊接质量不好等。

2. 整体道床钢筋作业标准化的要求

（1）电焊工必须持证上岗，做好相关施工人员的技术交底工作。

（2）提前进行曲线地段的钢筋加工尺寸技术交底，现场加强钢筋布置尺寸、搭接焊接等隐蔽工程的质量检查。

（3）焊接完成后，检查道床钢筋的测试电阻值是否满足杂散电流防护要求。

9.5.3　整体道床伸缩缝设置

1. 施工质量通病

（1）道床伸缩缝设置不顺直、歪斜，没有全断面贯通。

（2）道床伸缩缝与结构沉降缝不重合。

2. 整体道床伸缩缝设置标准化的要求

通过加强固定道床伸缩缝的方式来控制道床伸缩缝的平直度，现场伸缩缝保持贯通，提前调查结构沉降缝情况并确保道床伸缩缝与其位置相对应。

9.5.4　整体道床混凝土施工

1. 施工质量通病

（1）混凝土振捣不密实，轨枕周围出现空洞。

（2）模板使用后，混凝土浆未清理，涂油不均匀，导致脱模后混凝土道床面麻面、气泡较多。

（3）模板安装不到位，加固不牢固，易造成混凝土道床“跑模”，道床面混凝土抹面不光滑、不平整等。

（4）混凝土道床施工缝未预留接茬台阶，施工缝混凝土面距轨枕底面高度太小，不利于下次道床混凝土浇筑填充。

（5）道床混凝土施工过程中对扣件保护不利，造成扣件污染。

（6）道床混凝土养护不及时，影响混凝土强度、道床出现裂缝等。

2. 整体道床混凝土施工标准化的要求

（1）按要求加强轨枕四周的混凝土振捣，模板拆除后及时清理和涂油，模板安装加固稳定、牢固，道床混凝土抹面光滑、平整，并按设计要求做好道床面的排水坡。

（2）道床混凝土施工缝振捣密实，做好混凝土接缝处空间的预留，保证轨枕下混凝土浇筑净空不小于 0.1m，以便下次混凝土填充。

（3）道床混凝土浇筑过程中注意对扣配件的覆盖保护，完成浇筑后及时清理扣配件上的混凝土残渣。

（4）及时对道床面覆盖土工布并洒水，加强现场的养护。

（5）降低入模温度和坍落度，减少混凝土内外温差。

（6）浇筑后及时松开扣件，释放轨道应力，并进行湿润养护。

9.5.5　整体道床排水沟施工

1. 施工质量通病

施工质量通病包括排水纵、横沟坡度未按设计要求施作，未能与区间（或车站）集水接口正确连接，水沟局部积水排水不畅。

2. 整体道床排水沟施工标准化的要求

（1）严格控制好水沟排水坡，特别是做好曲线地段排水横沟坡度控制，避免出现反坡积水。

（2）仔细核对施工设计图纸，并做好相关专业的对接工作。

9.5.6　钢弹簧浮置板轨道施工

1. 施工质量通病

（1）基底暗沟易被混凝土或其他杂物封堵。

（2）浮置板基底面高程控制不到位，如高于设计标高需要打磨至设计标高，低于设计标高需要进行局部凿毛、垫补等处理，不仅会造成工期的延误，而且垫补的处理方案影响基底质量。

2. 钢弹簧浮置板轨道施工标准化的要求

（1）钢盖板安装前进行基底水沟清理，钢盖板的加工尺寸及安装位置需符合设计要求。

（2）在浮置板道床上下游设置集水井并及时加盖水篦子，防止杂物进入暗沟。

（3）提前做好浮置板地段基底测量工作，根据现场实测数据适当调整基底钢筋加工制作尺寸，防止基底钢筋高出基底面。

（4）基底混凝土浇筑时，现场加强标高控制，严格确保基底面高程偏差不超出设计要求。

9.5.7　减振垫浮置板轨道施工

减振垫浮置板轨道施工标准化的要求包括：

（1）混凝土基础垫层施工时，应严格控制其高程及平整度。

（2）道床钢筋焊接时，应防止火花对减振垫造成损害。

（3）加强减振垫外围的密封措施，防止砂浆流入。

（4）检查孔的标高及密封控制。

（5）橡胶隔振垫铺设完毕后，采取内部防淤积措施。

9.5.8　道岔整体道床施工

1. 施工质量通病

（1）道岔转辙器滑床板不平整、空吊等，造成转辙器工作时滑动阻力大，扳动不灵活。

（2）尖轨与基本轨不密贴，间隙超标。

（3）转辙器基坑设备拉杆槽偏差较大和跑模。

（4）转辙器基坑积水。

2. 道岔整体道床施工标准化的要求

（1）针对设计图纸进行优化，尽可能在转辙器部位采用长枕。

（2）道岔起道精调时，对岔枕进行调平并固定，严格加强对转辙器滑床板的水平控制，且在浇筑时多检查，发现问题及时调整。

（3）转辙器基坑及设备拉杆槽采用钢模板施工，设备拉槽精确定位，处理好转辙器基坑与道床排水沟的关系，防止排水沟流水流入转辙器基坑。

9.5.9　轨底坡控制

轨底坡控制标准化的要求包括：

（1）采用检测精度高的专用检测仪器测量。

（2）根据设计主要技术标准，在钢轨支撑架上设置相应的轨底坡，可适当加大轨底坡。

（3）提高钢轨支撑架的整体刚度，减小支撑架变形引起的控制误差，并保证支承架承轨槽与轨底紧密结合。

苏州轨道交通 3 号线东段铺轨长轨焊接现场图如图 9-3 所示，苏州轨道交通 5 号线花苑路站至丰瑞路站新型轮胎式铺轨机施工现场图如图 9-4 所示。

图 9-3　苏州轨道交通 3 号线东段铺轨长轨焊接

图 9-4　苏州轨道交通 5 号线花苑路站至丰瑞路站新型轮胎式铺轨机施工

9.6　铺轨施工标准化实施细则

9.6.1　铺轨基地建设

（1）地面硬化。生产区内作业场地、材料堆放场地铺设 20cm 厚碎石垫层和 10cm 厚混凝土。

（2）铺轨基地功能区划分为钢轨存放区、轨排存放区、轨枕存放区、配件存放区、钢筋加工区、机修区等。

（3）龙门吊。拼装存放场配备两台 16T-30m 龙门吊，负责轨排的拼装及各种轨道材料的装卸。龙门吊走行线采用单根 50kg/m 钢轨。

9.6.2　一般整体道床施工

（1）轨排组装。轨排组装严格按照轨节表要求进行，曲线地段下股钢轨上的枕木位置要进行调整，保证轨排铺设后能与上股枕木对齐。前后两块轨枕间距允许偏差为±10mm。

（2）同一轨排宜选用长度公差相同的钢轨配对，相差量不得大于 3mm。

（3）安装弹条使用专用工具，严禁用力锤击弹条。

（4）轨排堆码。现场堆码轨排的场地基底应平实，场内有排水设施，底层用垫木架空，严禁用水浸泡短轨枕。

（5）结构底板顶面（或回填混凝土面）全断面凿毛，盾构隧道除外。

（6）基底凿毛的标准。凿毛密度达到孔径≥4cm，孔距≤10cm，孔深 1.0cm，凿毛面积占旧混凝土表面面积 30%以上。

（7）膨胀螺栓植入。设置 YG2 型 M16×245 膨胀螺栓时避开结构钢筋位置，锚入深度为 110mm，露出部分和道床绑扎，每 1.25m 设置 6 个。

（8）基底清理。进入下道工序前，需用水冲洗基底并疏干积水，除去混凝土碎屑、浮浆，至基底表面及管片手孔内无泥浆杂物。

（9）走行轨采用 24kg/m 钢轨，走行轨支架间距为 1.0～1.2m，用 4 个 M12 膨胀螺钉将走行轨支架底板固定在隧道底板上。

（10）盾构管片处进行固定膨胀螺栓钻孔时，应注意避开盾构管片接缝处 100mm 以上距离。

（11）铺轨车改装。

① 在区间隧道内，浮置板和道床减振垫地段铺轨车走行轨间距为 3.8m。

② 在盾构一般道床地段和矩形隧道车站内走行轨间距为 3.1m。

③ 当人防门或防淹门位于车站和区间交接处时，必须进行铺轨车跨距的改装。

（12）钢筋加工。受力钢筋顺长度方向的全长允许偏差为±20mm，弯起钢筋的弯起位置允许偏差为±20mm，箍筋内净尺寸允许偏差为±5mm。

（13）防迷流焊接。在每个整体道床伸缩缝的两侧，用截面不小于 50mm×8mm 的镀锌扁钢焊接成闭合圈，并和下层所有纵向钢筋连接；埋入式端子与侧边竖向镀锌扁钢焊接并引出，焊缝长度不小于 6 倍埋入式端子圆钢直径。

（14）钢筋焊接。钢筋在同一断面内的焊接接头小于 50%，单面搭接焊缝的总长度大于 10 倍钢筋直径，焊缝高度不小于 6mm。

（15）轨排运输。吊运时严禁碰撞轨枕，堆放在平板车上进行加固后才能运输。

（16）铺设轨排。轨排就位后，在计划位置安装钢轨支撑架，要求包括：

① 直线段支撑架应垂直线路方向。

② 曲线段支撑架应垂直线路的切线方向。

③ 小半径曲线段支撑架适当加密。

（17）轨道状态调整方法。先调水平，后调轨距；先调基标部位，后调基标之间；先粗后精，反复调整。

（18）轨道位置调整允许偏差。

① 轨枕间距：±10mm。

② 水平：两股相对水平差不得大于 2mm，在 18m 距离内不得有大于 2mm 的三角坑。

③ 扭曲：2mm（基长 6.25m）。

④ 轨向：直线不得大于 2mm/10m 弦。

⑤ 高低：直线不得大于 2mm/10m 弦。

⑥ 中线：不得大于 3mm。

⑦ 高程：不得大于±2mm。

⑧ 轨底坡：1/45～1/35。

（19）伸缩缝及变形缝。洞内每隔 25m 左右设置道床伸缩缝一处，洞口位置两侧各 50m 范围内每 6m 设置道床变形缝一处，主体结构沉降缝处设置道床变形缝，轨枕应避开道床伸缩缝及变形缝。

（20）坍落度试验。浇筑前进行坍落度试验，坍落度满足现场施工要求。

（21）混凝土浇筑。采用连续整体浇筑、纵向分段、水平分层的方法浇筑。水平分层厚度不得大于 30cm，先后两层的间隔时间不得超过初凝时间（2h 左右）。浇筑时覆盖钢轨及轨枕，以免对轨枕及扣件造成污染。

（22）混凝土养护。混凝土浇筑后，12h 内应覆盖和洒水。混凝土强度达到 5MPa 以上时方可拆模，强度达到设计强度的 70%时，方可行驶车辆和承重。

9.6.3　钢弹簧浮置板整体道床施工

（1）钢弹簧浮置板整体道床施工主要工序包括：①隧道基底钢筋加工绑扎；②隧道基底混凝土浇筑；③基底处理，隔离层铺设；④浮置板主体钢筋安装；⑤轨道状态调整；⑥道床混凝土浇筑；⑦浮置板顶升与标高调整。

（2）基底施工。基底顶面混凝土标高允许误差 0～5mm。安装隔振器的位置上表面平整度为±2mm/m。

（3）隔离层铺设。铺设隔离层时要求隔离膜铺设平整无褶皱，搭接处用强力胶进行粘结，防止漏浆。

（4）在铺轨基地内进行主体钢筋的加工和绑扎，按设计图标注的外套筒隔振器与钢轨的相对位置和要求摆放隔振器。

（5）铺设好隔离层后立即铺设基底水沟钢板，铺设钢筋笼或现场散铺，安装板块间的剪力铰，固定观察筒、泄水管。

（6）调整轨道状态。

① 轨道中心线距基标中心线允许偏差±2mm。

② 直线轨道方向 10m 弦量允许偏差 1mm。

③ 曲线实测正矢与计划正矢差允许偏差 1mm。

④ 圆曲线正矢连续差允许偏差 2mm，圆曲线正矢最大最小值差允许偏差 3mm。

⑤ 轨顶高程允许偏差±1mm，左右股钢轨顶面水平允许偏差 1mm。

⑥ 轨底坡按 1/40 设置。

⑦ 钢轨接头：轨面、轨头内侧平直，允许偏差 0.5mm。

⑧ 轨距允许偏差+2mm、-1mm。

9.6.4 梯形轨枕整体道床施工

（1）梯形轨枕整体道床主要施工工序：①轨排组装；②基底凿毛；③铺轨龙门吊及走行轨安装；④道床钢筋网安装；⑤轨排运输及铺设；⑥轨道状态调整；⑦梯形轨枕道床模板安装及混凝土浇筑。

（2）轨排组装。梯形轨枕自重较大，需在铺轨基地组装成标准 25m 轨排连续成段铺设施工。将 4 块梯形轨枕依次摆好，轨枕间隙 100mm。

（3）轨排堆码。成品梯形轨枕轨排的侧面和底面无减振垫部位用等减振垫厚度的泡沫塑料板进行封贴。

（4）堆码轨排的场地基底应平实，场内有排水设施，底层用垫木架空。

（5）基底凿毛的部位。L 型底座施工前，需对 L 型底座与隧道主体的结合面进行凿毛处理。

（6）基底凿毛的标准。凿毛密度达到孔径≥4cm，孔距≤10cm，孔深 1.0cm，凿毛面积占旧混凝土表面面积 30%以上。

（7）基底清理。清扫垃圾、杂物，抽干积水，并用高压水或高压风将基础表面冲洗干净，保证表面清洁，无积水和堆积物，新老混凝土之间可靠连接。

（8）采用 24kg/m 钢轨，走行轨支架间距为 1.0～1.2m，用 4 个 M12 膨胀螺栓将走行轨支架底板固定在隧道底板走行轨上。

（9）盾构管片处固定膨胀螺栓钻孔时，应注意避开盾构管片接缝处 100mm 以上的距离。

（10）铺轨车改装。

① 在区间隧道内，浮置板和道床减振垫地段铺轨车走行轨间距为 3.8m。

② 在盾构一般道床地段和矩形隧道车站内走行轨间距为 3.1m。

③ 当人防门或防淹门位于车站和区间交接处时，必须进行铺轨车跨距的改装。

（11）钢筋备料。钢筋表面的油污、漆污、水泥浆及用锤敲击能剥落的浮皮与铁锈等均应清除干净。

（12）钢筋加工。

① 受力钢筋顺长度方向的全长允许偏差为±20mm。

② 弯起钢筋的弯起位置允许偏差为±20mm。

③ 箍筋内净尺寸允许偏差为±5mm。

（13）防迷流焊接。在每个整体道床伸缩缝的两侧，用截面不小于 50mm×8mm 的镀锌扁钢焊接成闭合圈，并和下层所有纵向钢筋连接。

（14）埋入式端子与侧边竖向镀锌扁钢焊接并引出，焊缝长度不小于 6 倍埋入式端子圆钢直径。

（15）钢筋焊接。钢筋在同一断面内的焊接接头小于 50%，单面搭接焊缝的总长度大于 10 倍钢筋直径，焊缝高度不小于 6mm。

（16）铺设轨排。轨排就位后，在计划位置安装轨排支撑架，支撑架各部位螺栓拧紧，不得虚接。

（17）轨道状态调整方法。先调水平，后调轨距；先调基标部位，后调基标之间；先粗后精，反复调整。

（18）轨道位置调整允许偏差。

① 轨道中心线：±2mm。

② 轨顶水平及高程：两股相对水平差不得大于 1mm，在 18m 距离内不得有大于 1mm 的三角坑。

③ 轨距：+2mm、−1mm。

④ 轨向：直线不得大于 2mm/10m 弦。

⑤ 轨底坡：按 1/40 设置。

⑥ 钢轨接头：轨面、轨头内侧平直，允许偏差 0.5mm。

（19）道床混凝土伸缩缝及变形缝。洞内每隔 25m 左右设置道床伸缩缝一处，洞口位置两侧各 50m 范围内每 6m 设置道床变形缝一处，主体结构沉降缝处设置道床变形缝，轨枕应避开道床变形缝。

（20）混凝土浇筑。先浇筑梯形轨枕下层的平垫层，混凝土从梯形轨枕下流出，浇筑的混凝土应淤出梯形轨枕下底平层 8～10mm，保证混凝土与梯形轨枕的密贴。初凝前将淤出部分抹平，抹面高度应与梯形轨枕底部的减振垫底面平齐，收面时混凝土与梯形轨枕下表面不得接触。

（21）浇筑时覆盖钢轨及轨枕，以免对轨枕及扣件造成污染。

（22）混凝土养护及拆模。混凝土浇筑后，12h 内即应覆盖和洒水。混凝土强度达到 5MPa 以上时方可拆模。混凝土强度达到设计强度的 70%时，方可行驶车辆和承重。

9.6.5　橡胶减振垫整体道床施工

（1）橡胶减振垫整体道床主要施工工序：①基础施工；②铺设橡胶减振垫；③轨排架设；④绑扎道床钢筋网；⑤安装模板及轨道精调；⑥浇筑道床混凝土及养护。

（2）施工前对土建单位移交的结构板进行检查，要求无浮浆、积水和渗漏。按设计要求进行基底凿毛，凿毛后清理干净，无杂物、垃圾。

（3）基标测设。每 5m 断面处设置一组两个加密基标，两个基标分别设于距线路中心线 0.9m 及 1.1m 的左右两侧，作为基底混凝土施工控制基标。

（4）基底标高控制。混凝土浇筑前，根据测设的加密施工基标资料，在隧道两侧边墙上用墨线弹出基底混凝土顶面标高控制线，混凝土浇筑时以此控制基底顶面混凝土标高。

（5）混凝土浇筑。混凝土捣固密实，基础顶面进行抹面压光，确保基础顶面平整不积水，且无明显凹凸。

（6）测量放样。在基础顶面上放出道床伸缩缝位置线，在隧道边墙上放出道床顶面标高线。

（7）基底处理。基础混凝土达到规定强度后，将基底表面杂物清理干净。若有明显凹凸的基底应进行打磨，在厂家专业人员的指导下开始铺设减振垫。

（8）橡胶隔振垫铺设。根据现场隧道实测横向宽度切割成块，再进行横向铺设和拼接，减振垫间衔接缝隙宽度不大于 10mm，衔接处应用 3 排铆钉固定。

（9）减振垫铺设就位后，在安装密封条之前，应将减振垫外围四周采用土工布加以包裹，土工布单面包裹宽度不小于 100mm。减振垫顶部设置 Z 字形密封条，以免杂物掉入道床板与减振垫缝隙中无法排出。

（10）轨排组装。严重缺角、开裂的轨枕禁止使用，前后两块轨枕间距允许偏差为±10mm；同一轨排宜选用公差长度相同的钢轨配对，相差量不得大于 3mm。

（11）螺旋道钉套上弹簧垫圈后，涂上黄油，再拧到尼龙套管内。

（12）使用专用工具安装弹条，严禁用力锤击弹条。

（13）轨距拉杆必须打油。

（14）轨排堆码。现场堆码轨排的场地基底应平实，场内有排水设施，底层用垫木架空，严禁水浸泡短轨枕。

（15）轨排运输。吊运时严禁碰撞轨枕，堆放在平板车上要进行加固后才能运输。

（16）铺设轨排。轨排就位后，在计划位置安装钢轨支撑架，直线段支撑架应垂直线路方向，曲线段支撑架应垂直线路的切线方向，并将各部位螺栓拧紧，不得虚接。

（17）钢筋加工。钢筋表面无油污、漆污，钢筋应平直、无局部折曲，受力钢筋顺长度方向允许偏差为±20mm，弯起钢筋的弯起位置允许偏差为±20mm；箍筋内净尺寸允许偏差为±5mm。

（18）钢筋绑扎。钢筋间距偏差为±20mm；保护层厚度为 30mm，偏差为±5mm。

（19）钢筋焊接。钢筋在同一断面内的焊接接头小于 50%，单面搭接焊缝的总长度大于 10 倍钢筋直径，焊缝高度不小于 6mm。焊接时应用铁皮隔开焊接点与减振垫，避免损伤已铺好的减振垫，焊接质量满足设计及规范要求。

（20）在焊接过程中不得漏焊，焊接位置要正确，焊接质量满足设计及规范要求。

（21）模板为钢模板，表面平整度满足要求，模板上无杂物。

（22）道床模板位置偏差不大于±5mm，垂直度允许偏差 2mm。

（23）混凝土分两次浇筑，首先完成道床部分混凝土浇筑，待达到一定强度后再安装道心凸台模板。

（24）设置道床伸缩缝，地面线及洞口位置两侧各 50m 范围内每 6m 设置道床变形缝一处，变形缝必须贯通顺直。

（25）主体结构沉降缝处应设置道床变形缝，轨枕应避开道床伸缩缝及变形缝。

（26）轨道精调。轨道几何尺寸调整允许偏差值要求包括：

① 轨道中心±2mm。

② 直线轨道方向 10m 弦量 1mm，轨距−1～2mm，变化率≤1‰。

③ 轨顶高程±1mm，左右股钢轨顶面水平 1mm。

④ 在延长 18m 的距离范围内的三角坑小于 1mm。

⑤ 轨底坡按 1/40 设置。

⑥ 曲线正矢必须满足规范要求。

（27）单块道床应一次浇筑完成，避免在一个道床块内产生施工冷接缝。

（28）混凝土养护。

① 混凝土浇筑后，12h 内即应覆盖和洒水，直至达到规定的养护时间。

② 当在干燥环境（相对湿度<60%）时，洒水养护时间不得少于 14d。

③ 当在较湿环境（相对湿度在 60%～90%）时，洒水养护时间不得少于 7d。洒水次数应以混凝土表面保持湿润状态为宜。

9.6.6 整体道床道岔施工

（1）整体道床道岔主要施工工序：①道岔拼装；②钢筋制作及安装；③模板安装；④道岔整体精调；⑤浇筑道床混凝土及养护。

（2）施工前对结构板进行检查，要求无浮浆、积水和渗漏。

（3）按设计要求进行基底凿毛，凿毛后清理干净杂物垃圾。

（4）道岔尖轨与基本轨捆扎牢固、密贴，以防损伤尖轨。

（5）连接道岔钢轨时，预留轨缝值为 8mm，安装好道岔轨距拉杆和道岔钢轨支撑架，形成道岔框架。

（6）交叉渡线铺设步骤基本同单开道岔，施工时纵向分为 3 段，先铺设中段的 8 个辙叉部分，再前后扩展铺设两端 4 组单开道岔的连接部分及转辙部分。

（7）严重缺角、开裂的轨枕禁止使用，前后两块轨枕间距允许偏差为±10mm。

（8）螺旋道钉套上弹簧垫圈后，涂上黄油，再拧到尼龙套管内。使用专用工具安装弹条，严禁用力锤击弹条。

（9）钢筋加工。钢筋表面无油污、漆污，钢筋应平直，无局部折曲。受力钢筋顺长度方向允许偏差为±20mm，弯起钢筋的弯起位置允许偏差为±20mm，箍筋内净尺寸允许偏差为±5mm。

（10）钢筋绑扎及焊接。钢筋间距偏差为±20mm；保护层厚度为 30mm，偏差为±5mm。钢筋在同一断面内的焊接接头面积百分率小于 50%。

（11）防迷流焊接。单面搭接焊缝的总长度大于 10 倍钢筋直径，焊缝高度不小于 6mm。

（12）道床模板安装必须平顺，位置正确，并牢固不松动，位置偏差不大于±5mm，垂直度允许误差为 2mm。

（13）伸缩缝及变形缝。

① 地下线洞内每隔 25m 设置道床伸缩缝一处。

② 地面线及洞口位置两侧各 50m 范围内每 6m 设置道床变形缝一处，变形缝必须贯通顺直。

③ 主体结构沉降缝处应设置道床变形缝。

④ 轨枕应避开道床伸缩缝及变形缝。

⑤ 道床伸缩缝采用 1～2cm 厚、经防腐处理的木板，顶面用沥青条做防水处理。

（14）道岔定位。

① 里程位置允许偏差为±15mm。

② 中心线允许偏差为±2mm。

③ 轨顶高低用 10m 弦测量时，允许偏差不大于 1mm。

④ 轨缝允许偏差为 0～1mm。

（15）道岔几何尺寸。

① 轨距允许偏差为-1～+2mm，变化率不应大于 1‰。

② 导曲线支距允许偏差为 1mm。

③ 全长范围内高低差不应大于 2mm。

④ 高程允许偏差为±1mm。

⑤ 护轨头部外侧至辙叉心作用边的距离为 1391mm，允许偏差为 0～2mm。

⑥ 护轨头部外侧至翼轨作用边的距离为 1348mm，允许偏差为-1～0mm。

（16）尖轨与基本轨密贴，其间隙不应大于 1mm。

（17）轨面、轨头内侧应平（直）顺，允许偏差为 0.5mm。

（18）滑床板在同一平面内，轨撑与基本轨密贴，其间隙不应大于 0.5mm。

9.6.7　无缝线路施工

（1）无缝线路主要施工工序：①施工准备；②焊前接头处理；③钢轨焊接；④钢轨打磨及正火处理；⑤钢轨精磨；⑥探头探伤；⑦无缝线路锁定施工。

（2）钢轨接触焊作业车编组。

① 施工时焊轨车组压住已焊接的长轨条，轨道车采用顶进方式。

② 焊轨作业车组编组如下：从焊接作业点开始依次分别为载有焊机集装箱焊轨平车、载有发电机组轨道平车、轨道车。

③ 根据不同的焊轨方向，焊轨车组提前在铺轨基地下料井线路段编组完毕后，再进入计划施工地点进行焊轨施工。

（3）卸除轨枕扣配件。

① 焊接时，需将焊接接头前端轨道上的待焊接标准钢轨的扣件全部松开卸除，焊接接头后端已焊接的轨条扣件按松 4 紧 1 的方法紧固。

② 焊缝前后各两根轨枕上的扣配件必须全部卸除移开。

（4）钢轨检查及锯配轨，检查项目有钢轨长度、外形尺寸、外观质量等。

① 如发现待焊钢轨有超标的硬弯、扭曲、裂纹、重皮、夹灰、结疤、划痕损伤等，需做局部锯轨或做更换处理。

② 如发现端面垂直度超标，需进行轨端局部打磨或锯轨处理。

（5）钢轨焊接工艺包括：①焊轨作业车对位；②抬高、垫平待焊钢轨；③放下焊机，对位、夹轨；④开机焊接；⑤起吊焊机，检查焊接质量；⑥钢轨就位，安装扣件。

（6）调整轨位时，由专人统一指挥，作业人员要站稳，防止摔伤。

（7）翻动钢轨时，必须使用翻轨器，严禁使用撬棍翻轨，施工人员要站立在安全地带。

（8）钢轨打磨及正火探伤处理主要工序。

① 焊接后粗磨。要求包括打磨后焊头轮廓应圆顺无尖角，不得出现横向打磨痕迹和凹凸坑；打磨面平整光洁，表面无发蓝、发黑现象；用 1m 直板尺检查，焊缝踏面部位热态时呈 0.5mm 左右的上拱度，常温时不得低踏。

② 正火处理。

③ 调直处理。调直主要是对焊缝两侧各 1m 范围内的钢轨进行 3 点调直，采用钢轨校直机进行作业。

④ 焊轨后精磨。打磨前应测量焊缝两侧 500mm 范围内水平和垂直方向的平直度，确定合适的打磨进刀量，避免出现打磨面发蓝、发黑。

⑤ 接头焊缝外观检查及探伤。要求包括外观精整后的表面不平度：在焊缝中心两侧各 100mm 范围内，表面不平度不大于 0.2mm，母材打磨深度不应超过 0.5m。探伤应在焊缝附近轨温冷却至 40℃以下以后进行。

（9）无缝线路锁定主要施工工序：①埋设观测桩；②松开钢轨扣件；③调整长轨条应力；④锁定钢轨；⑤设置位移标记。

（10）埋设观测桩。

① 每一长轨布置 5 对观测桩，其中长轨条起终点、中部及长轨条 1/4、3/4 位置各设置 1 对。

② 轨条长度大于 1200m 时，应适当增设位移观测桩，桩间距离不应大于 500m。

③ 在坡段代数差不小于 20‰的变坡点增设位移观测桩。

（11）调整长轨条应力。

① 如果现场实测轨温能满足设计锁定轨温要求，可直接采用钢轨下垫入滚筒自由放散法释放钢轨温度应力，即自由放散法。

② 如果现场实测轨温均低于设计规定的锁定轨温范围，则采用滚筒法与拉伸器相结合的方法组织施工，即综合放散法。

（12）锁定钢轨。

① 实际锁定轨温必须在设计锁定轨温范围内，相邻两长轨条锁定轨温差不得大于 5℃。

② 左右股长轨条的锁定轨温差不得大于 3℃，且曲线外股锁定轨温不得高于内股。

（13）设置位移标记。钢轨锁定时，记录当时长轨条始、终点落槽时的时间及其钢轨温度，同时以预埋在线路两侧位移桩的基准点拉线，以拉线为基准在轨底外侧上缘用油漆做出零点位移标记，观测桩位移量不大于 5mm。

9.6.8　车场线库内整体道床施工

（1）库内整体道床包括一般整体道床、墙式检查坑整体道床和柱式检查坑整体道床，3 种道床施工工序相似。

（2）库内整体道床主要施工工序：①轨排组装及架设；②钢筋制作及安装；③安装模板及轨道调整；④浇筑道床混凝土及养护。

9.6.9　轨行区管理及防护

（1）短轨铺设后，轨行区正式形成。轨行区出入实行准入制度，进入轨行区时必须出具轨行区当日施工作业票及轨行区出入证。

（2）施工人员必须正确穿戴安全防护用品，包括安全帽、具有反光效果的防护服等。

（3）进入轨行区人员数量必须如实登记。

（4）施工过程中所使用工器具必须登记后方可进出场。

（5）轨行区内作业单位必须配置防护员，且施工人数不得低于 5 人，包含 2 名防护员。

（6）开始施工前，防护人员应安排在作业区域的起点、终点处；直线地段设置在距离施工人员 100m 处，遇曲线地段应延长防护距离至 150m。

（7）防护措施为人员值守及设置红闪灯，高架段可使用信号旗。

（8）避让人员站在来车方向的左侧，并且面向来车。

（9）当轨行区内堆放有材料或机具时，避让人员需在材料（或机具）与轨道车的中间避让，不得踩踏在材料上避让。

第 10 章　设备安装与装饰装修的标准化

10.1　设备安装与装饰装修标准化的目的和对象

10.1.1　设备安装与装饰装修标准化的目的

地铁运营过程中，机电设备是重要的组成部分，地铁中各项功能的实施是地铁机电设备安装工程的主要目的[54-55]。地铁设备系统包括电气照明、通风空调、给排水及消防等基础设备，以及建筑设备自动化系统（building automation system，BAS）、火灾自动报警系统（fire alarm system，FAS）、铺轨、通电和通信信号等专业性工程设备。地铁工程施工过程中，机电设备的安装呈现出调试难度大、材料施工复杂的难点。地铁系统设备房安装项目包括系统设备设施和常规设备设施（包括动力与照明、环控、给排水、消防、接地等）的安装与调试，这些设备设施的施工均具有较强的专业性。

地铁设备安装与装饰装修工程施工具有工期紧、涉及专业与单位多、交叉作业多、协调配合难度大、功能多而复杂、技术与质量要求高、安全管理难度大等特点。因此，进行地铁设备安装与装饰装修工程施工管理标准化建设，应能够保证各个专业密切配合，整体上保证地铁运行的系统化，结合实际特点，灵活运用多种施工管理措施，促进施工优质高效进行[56-61]。

10.1.2　设备安装与装饰装修标准化的对象

设备安装与装饰装修标准化的对象包括：

（1）建设安装的标准化。

（2）系统设备安装的标准化。

（3）常规设备安装的标准化。

（4）装饰装修的标准化。

10.2　建设安装的标准化

10.2.1　砌体施工样板区间

1. *砌体施工样板区间标准化建设目的*

砌体施工样板区间标准化建设目的是提出实行工程质量样板先行原则，建立样板管理制度、设计样板先行的工序及实施样板先行的具体管控流程；规范样板区间布设方式，对样板区间进行标注及张贴标识牌；规定砌体样板区间的施工标准、施工工艺及质量管理细则。

2. 砌体施工样板区间内容

（1）样板先行原则包括：

① 按照预防为主、先导试点的施工原则，推行工程质量样板先行原则。

② 促进砌体施工的标准化管理，提高施工质量管理水平，保证后续施工高效率、高标准、高质量。

③ 确定施工质量目标和设计标准，编制采购计划、设备标准和验收标准。

（2）现场布设要求：规范样板区间布设，对主要施工工序进行具体标注，保证施工样板区间布设合理。

（3）砌体样板区间施工标准：提出样板区间采用材料及用量、施工工艺、施工流程、技术水平的标准化内容，保证后续施工具有详细的参考标准。

苏州轨道交通 3 号线综合管线安装样板区间如图 10-1 所示，设备安装小样展示区如图 10-2 所示。

图 10-1　苏州轨道交通 3 号线综合管线安装样板区间

图 10-2　苏州轨道交通 3 号线设备安装小样展示区

10.2.2　施工成品保护

1. 施工成品保护标准化建设目的

施工成品保护标准化建设目的是明确半成品及成品的范围，规定成品保护组织机构负责事宜及注意事项；规定项目部门责任，规定上、下道工序及交叉作业对成品、半成品的保护措施。

2. 施工成品保护的内容

（1）划定成品保护范围，明确成品保护管理项目。

（2）相关成品保护组织机构的要求包括：

① 成立成品保护组织机构，建立组织机构管理制度，详细划分各工种、各工序、各专业成品保护的责任范围。

② 保证施工成品得到有效保护，将施工对成品的影响降低至最小，并保障施工进度与施工质量。

（3）成品保护责任制要求：建立成品保护责任制，各相关单位明确本单位成品保护责任细则。

（4）成品保护赔偿奖罚制度的要求：建立成品保护赔偿奖罚制度，制订各种损坏程度赔偿办法，制订取得显著成绩者的奖励办法，做到赏罚分明。

（5）成品保护措施的要求：针对土方工程、测量工程、钢筋工程、模板工程、混凝土工程等，制订相应的保护措施及管理制度。

10.2.3　建设安装的标准化管理指标

1. 技术指标

技术指标包括工期指标、安全及质量指标。其中，工期指标是成品保护工作需控制的指标之一，安全及质量指标是砌筑施工、成品保护工作的首要考虑指标。

2. 施工工艺

施工工艺是指导和管理施工的重要指标，应采取先进成熟的施工工艺，使施工管理及建设更加标准化。

3. 气候温度

气候温度会直接影响砌块湿润要求、铺底浆法砌筑砌体等施工过程中的质量控制标准，应特别注意夏季与冬季、高温与低温时的不同施工要求。

4. 施工进度

施工进度关系到上、下道工序交接问题，应合理安排施工进度、施工顺序，防止下道工序影响或损坏上道工序。

10.3　系统设备安装的标准化

10.3.1　供电系统

1. 供电系统标准化建设目的

（1）明确供电系统施工工序及施工要点，保证施工程序化、规范化。

（2）规范供电系统施工，保证建设用电安全和运营用电安全。

2. 供电系统的内容

供电系统的内容包括施工现场临时用电管理方式、供电系统的线路设备基础预埋及设备安装、电缆敷设及接续、支持装置安装、汇流排安装、接触线架设、悬挂调整、柔性接触网工程及刚性接触网工程施工，规范供电线路的施工程序及施工要点。

10.3.2　通信系统

1. 通信系统标准化建设目的

通信系统对于城市轨道交通十分重要，负责处理中心与列车、车站之间的关系，处理车站与控制中心的关系，处理车站内部关系，处理列车与地面的关系。通信系统标准化建设目的包括：

（1）规范通信系统建设的施工工序及施工要点，保证施工程序化、规范化。

（2）构建优质的通信系统，处理控制中心、列车、车站、地面之间的关系。

2. 通信系统的内容

通信系统的内容包括线路敷设、线槽安装、区间支架安装、箱盒安装。

10.3.3　信号系统

1. 信号系统标准化建设目的

城市轨道交通信号系统用于列车进路控制、列车间隔控制、调度指挥、信息管理、设备工况监测及维护管理。信号系统标准化建设目的包括：

（1）规范信号系统的施工工序及施工要点，保证施工程序化、规范化。

（2）保证列车运行安全，实现行车指挥和列车运行现代化，提高运输效率。

2. 信号系统的内容

信号系统的内容包括室内机柜安装、计轴安装、转辙机安装、高柱信号机安装、矮型信号机安装、发车指示器安装。

10.3.4　设备监控系统

1. 设备监控系统标准化建设目的

城市轨道交通设备监控系统能够帮助各专业之间进行信息互通及资源共享，将分散的各专业连接为一个整体。设备监控系统标准化建设目的包括：

（1）规范设备监控系统的施工工序及施工要点，保证施工程序化、规范化。

（2）促进各专业之间的信息互通及资源共享。

（3）增强运营管理人员对突发事件的应变能力，提高反应速度，提高城市轨道交通运营服务质量和服务水平。

2. 设备监控系统的内容

设备监控系统的内容包括管线安装、综合后备盘（integrated backup panel，IBP）安装、周界设备安装、门禁安装。

10.3.5　消防系统

1. 消防系统标准化建设目的

（1）规范消防系统的施工工序及施工要点，保证施工程序化、规范化。
（2）规范消防系统的设施，保证施工人员及乘坐人员的安全。

2. 消防系统的内容

消防系统的内容包括空气采样式火灾探测器安装、气瓶组安装、FAS 主机安装及施工现场消防质量控制。

10.3.6　自动售检票系统

1. 自动售检票系统标准化建设目的

自动售检票系统是城市轨道交通运行中普遍应用的现代化联网收费系统。自动售检票系统标准化建设目的包括：
（1）规范自动售检票系统的施工工序及施工要点，保证施工程序化、规范化。
（2）实现自动控制、计算机网络通信、现金自动识别、微电子计算、机电一体化等高新技术。

2. 自动售检票系统的内容

自动售检票系统的内容包括自动售检票系统的施工准备、施工要点及安装。

10.3.7　系统设备安装标准化的定量指标

1. 技术指标

技术指标包括安全与质量。系统设备安装的标准化是为了保证施工过程、运营及车辆运行的安全，应严格按照质量控制标准进行施工。

2. 线路特点

线路特点包括输电容量和输电线路距离。输电容量和输电线路距离是选择轨道交通中压网络电压的重要依据。

3. 燃烧性能等级

燃烧性能是指建筑材料燃烧或遇火时发生的物理和化学变化，依据我国国家标准进行等级划分。根据燃烧性能等级布置相关消防设施，采取消防措施。

4. 火灾风险等级

根据工程施工现场火灾风险因素、火灾承受能力及火灾风险控制能力划分火灾风险等级，针对火灾风险等级采取火灾风险控制措施。

10.4　常规设备安装的标准化

10.4.1　通风空调系统

1. 通风空调系统标准化建设目的

城市轨道交通通风空调系统是车站站厅、站台、隧道、设备及管理等所处环境进行空气处理的系统，调节指定区域内的空气温度和湿度，二氧化碳、粉尘等物质的浓度。通风空调系统标准化建设目的包括：

（1）规范通风空调系统的施工工序和施工要点，保证施工程序化、规范化。

（2）对车站站厅、站台、隧道、设备及管理等所处的环境进行空气处理，提供良好的空气环境。

2. 通风空调系统的内容

通风空调系统的内容主要包括风管安装、风机安装、空调机组安装、风机盘管安装、空调水管道安装、管道式风阀安装、组合风阀安装、空调设备安装。

10.4.2　给排水及消防给水系统

1. 给排水及消防给水系统标准化建设目的

城市轨道交通的给水系统主要用于满足工程生产、生活用水需求，排水系统主要用于排出生产废水、生活污水、隧道结构渗水、敞开式出入口部分的雨水等，消防系统包括消火栓、自动喷水灭火系统、气体灭火系统和灭火器设施。给排水及消防给水系统标准化建设目的包括：

（1）建立完整、合理的给排水系统方案，规定系统方案具体内容，保证给排水各部分施工文件完整，保证管道安装固定标准化。

（2）规范给排水系统的施工工序和施工要点，保证施工程序化、规范化。

（3）确保为建设及生活提供充足用水，及时排出污水，保证消防系统用水正常。

2. 给排水及消防给水系统的内容

给排水及消防给水系统的内容包括消防管道安装、室内消火栓安装、消防设备安装、给排水设备安装、卫生器具安装、质量控制、临时用水各项计算。

10.4.3　动力照明系统

1. 动力照明系统标准化建设目的

（1）规范动力照明系统的施工工序和施工要点，保证施工程序化、规范化。

（2）确保城市轨道交通系统安全运行。

2. 动力照明系统的内容

动力照明系统的内容包括桥架安装、接地线安装、墙体开槽、管线安装、墙面恢复、电缆敷设、配电箱（柜）安装、灯具设置。

10.4.4 常规设备安装标准化的定量指标

1. 照明质量指标

照明质量指标包括照度、照度均匀度、亮度、显色指数、相关色温等。通过对以上指标的监测，可以判断动力照明系统设置的合理性及环保性。

2. 环境指标

环境指标指地铁施工与运行过程中的空气温度、湿度、污染物、有害物质含量限值，根据环境指标建设通风空调系统。

3. 用水量

用水量包括施工用水计算、生活用水计算及消防用水计算。其中，施工用水计算包括工程施工用水和施工机械用水。通过对用水量的计算合理确定供水管管径，建设给排水系统。

10.5 装饰装修的标准化

装饰装修的标准化对象是公共区装修和设备区装修[62-64]。

10.5.1 公共区装修

1. 公共区装修标准化建设目的

地铁车站公共区装修涵盖车站站厅、站台、出入口通道、天桥通道、地下站、与商业结合的车站内商铺装修等，车站乘客行经区域可视范围的顶面、地面、墙面、动力照明、共有元素、导向、安全疏散及其他装修内容。公共区装修标准化建设目的包括：

（1）规范公共区装修的施工工序和施工要点，保证施工程序化、规范化。

（2）规范和美化公共区装修，营造良好的施工环境及运营环境。

2. 公共区装修的内容

公共区装修的内容包括施工准备、装修材料要求、排版图要求、施工工艺图要求、地铁车站装饰装修工程中的协调配合、干挂墙面、龙骨吊顶、块料地面工程。

苏州轨道交通公共区装修示例如图 10-3～图 10-6 所示。

图 10-3　苏州轨道交通 4 号线车站装饰装修

图 10-4　苏州轨道交通 3 号线站台门门体安装

图 10-5　苏州轨道交通 4 号线车站照明

图 10-6　苏州轨道交通 5 号线车站照明

10.5.2　设备区装修

1. 设备区装修标准化建设目的

城市轨道交通设备区装修施工范围包括车站设备及管理用房区域内墙体的砌体结构工程，地面工程（水泥砂浆地面、地面铺装、防静电地板），抹灰工程，门窗工程，吊顶工程，涂料工程，细部工程（铁梯、护栏、扶手），设备区离壁沟工程，设备区卫生间装修、卫生洁具安装，车控室防火玻璃安装，车站范围内各类预留孔洞盖板（含吊装孔盖板）及围栏施工，预留孔洞处机电安装完成后所遗留缝隙封堵等。设备区装修标准化建设目的包括：

（1）规范设备区装修的施工工序和施工要点，保证施工程序化、规范化。

（2）规范和美化设备区装修，营造良好的施工环境及运营环境。

2. 设备区装修的内容

设备区装修的内容包括抹灰工程、龙骨吊顶、油漆面墙、块料地面工程、离壁墙等。

苏州轨道交通 3 号线车站控制室如图 10-7 所示，苏州轨道交通 4 号线江兴西路站控制室如图 10-8 所示。

图 10-7　苏州轨道交通 3 号线车站控制室

图 10-8　苏州轨道交通 4 号线江兴西路站控制室

10.6　设备安装与装饰装修的标准化实施细则

10.6.1　实施细则说明

（1）设备安装与装饰装修是城市轨道交通的重要施工部分，是保证施工及运营安全的重要环节。标准化任务是加强地铁机电设备安装及装饰装修的施工管理力度，保证各个专业密切配合，保障地铁运行的安全性、系统化。

（2）设备安装与装饰装修的标准化内容主要包括建设安装、系统设备安装、常规设备安装、装饰装修，规范施工工序及施工要点。

10.6.2　砌体施工样板区间

（1）样板先行原则。在砌体施工分项工程实施前，按照设计、施工规范在现场实施样板施工，验收确认后进行正式施工。将施工样板作为工程的质量标准，保证能够有效地保质保量完成目标，预控施工质量。

（2）样板砌体结构应标明垂直度、平整度控制线及 1m 装修线等，标注主要工序。砌体样板区间在门口张贴标识牌，注明房间名称、面积、地面标高、吊顶标高，以及地面、墙面、天花板、踢脚等主要部位装修材料信息。

（3）砌体结构使用材料应符合国家现行有关标准及设计要求，具备产品合格证书和产品性能、型式检测报告。块材、水泥、钢筋、外加剂等材料具备主要性能进场复验报告，严禁使用国家明令淘汰的材料。

（4）混凝土小型砌块龄期≥28d，砌块和芯柱混凝土强度等级符合设计要求。

抽检数量：每一生产厂家，每 1 万块小型砌块为一验收批，抽检数量为 1 组；用于多层以上建筑的基础及底层的小型砌块抽检数量不应小于 2 组。

（5）砂浆用砂宜采用过筛中砂，符合规范要求，不含有害杂质。强度等级不小于 M7.5 的水泥砂浆，含泥量不超过 5%；强度等级小于 M7.5 的水泥砂浆，含泥量不超过 10%。人工砂、山砂及特级砂应经试配，满足砌筑砂浆技术条件要求。

（6）水泥进场时对其品种、等级、包装或散装仓号、出厂日期等进行检查，并对其强度、安定性进行复验，质量符合现行国家标准《通用硅酸盐水泥》（GB 175—2023）的有关规定。当在使用中对水泥质量有怀疑或水泥出厂超过 3 个月（快硬硅酸盐水泥超过一个月）时，应复查试验。

抽检数量：同一生产厂家、同品种、同等级、同批号连续进场的水泥，袋装水泥不超过 200t 为一批，散装水泥不超过 500t 为一批，每批抽样不少于一次。

（7）粉煤灰、建筑生石灰、建筑生石灰粉的质量、性能指标应符合现行标准《粉煤灰混凝土应用技术规范》（GB/T 50146—2014）、《建筑生石灰》（JC/T 479—2013）的有关规定。

（8）后置墙体拉结筋的施工流程：弹线→钻孔→清孔→注胶→植筋→固化养护。填充墙与承重墙、柱、梁的连接钢筋，当采用化学植筋的连接方式时，应进行实体检测。锚固钢筋拉拔试验的轴向受拉非破坏承载力检验值应为 6.0kN。抽检钢筋在检验值作用下应基材无裂缝，钢筋无滑移宏观破损现象，持荷 2min 期间荷载值降低不大于 5%。

（9）砌筑砂浆的拌制、使用及强度应符合相关规范及设计要求，采用专用砌筑砂浆砌筑。砌筑砂浆配合比通过试配确定，若砌筑砂浆组成材料发生变更，配合比需重新确定。拌制用水符合现行标准《混凝土用水标准》（JGJ 63—2006）的规定，有机塑化剂、早强剂、缓凝剂、防冻剂等经过检验和试配后再使用，其中有机塑化剂具有砌体强度的型式检验报告。

（10）砂浆试块验收时，同一验收批抗压强度平均值必须不小于设计强度等级对应的立方体抗压强度。同一验收批抗压强度的最小组平均值必须不小于设计强度等级对应的立方体抗压强度的 75%。

（11）砂浆现场拌制时，各组分材料应采用质量计量。砌筑砂浆应采用机械搅拌，搅拌时间自投料完起算：水泥砂浆和水泥混合砂浆不少于 120s，水泥粉煤灰砂浆和掺用外加剂的砂浆不少于 180s，掺用有机塑化剂的砂浆为 180～300s。

（12）砌筑流程：清理基层→湿润基层，铺底浆→砌底砖→空心砌块底面朝上反砌于墙上。

① 清理基层，弹线，轴线允许偏差≤10mm。

② 湿润基层，铺底浆：采用铺底浆法砌筑砌体，铺浆长度不超过 750mm；当施工期间气温超过 30℃时，铺浆长度不超过 500mm。

③ 砌底砖：底层 150mm 用强度不低于 C20 的混凝土配砖砌筑。

④ 空心砌块：空心砌块底面朝上反砌于墙上；墙体应对孔错缝搭砌，搭接长度不应小于 9mm；日砌高度控制在 1.8m 内。

⑤ 墙体灰缝厚度应为 8～12mm，顶头灰缝饱满，加气混凝土砌块水平灰缝厚度为 15mm，竖向灰缝为 20mm。

⑥ 砌体水平灰缝的砂浆饱满度按净面积计算不低于 90%，竖向灰缝饱满度不低于 80%。

⑦ 填充砌墙至接近梁底、板底时，应留一定空隙，待填充墙砌筑完间隔 14d 后，再补砌。

⑧ 构造柱与墙体连接处应砌成马牙槎，马牙槎沿高度方向不应超过 300mm，并用 2mm 厚海绵胶带沿马牙槎边缘粘贴，防止建筑构造柱混凝土漏浆。

⑨ 墙体与框架柱拉结筋沿墙高度每 500mm（与块体模数相符合）设置 2 根ϕ6mm 钢筋，长度符合要求，水平或垂直弯折段长度≥50mm。

10.6.3　施工成品保护

（1）半成品保护范围包括混凝土构件制品和已加工成型的钢筋、模板、架子、钢、木、混凝土等；成品包括施工完成的轨道交通结构主体、管线、设备等，已安装好的钢筋、模板、支架、混凝土构件等。

（2）项目部成立成品保护领导小组，建立轨道交通建设项目成品保护管理制度，划分各工种、各工序、各专业成品保护的责任范围，领导小组负责各工程成品保护工作的思想教育、组织协调与纠纷调解。

（3）物资设备部负责各材料、半成品、设备的进场及保管工作，安全监督部门进行协助管理，项目部发放各作业单位材料、半成品、设备，各作业单位负责保管、使用。

（4）成品保护赔偿奖罚制度。

① 污染成品、半成品由责任者负责处理、恢复原样。本人不配合处理的，按照实际发生的工料费进行赔偿。

② 损坏成品、半成品，按照损坏程度确定赔偿办法。损坏程度分为轻度和重度，轻度损坏在修补后能够恢复原状并仍具有使用功能，需赔偿部分工料费；重度损坏在修补后不能恢复原状或使用功能降低，需要经过补强处理才可使用，需赔偿全部工料费。

③ 对保护成品、半成品具有显著成绩的班组、工区或个人进行表彰或予以物质奖励；有意破坏成品、半成品者，视情节轻重进行罚款或行政处分。

（5）成品保护措施有保护、包裹、覆盖、封闭、巡逻看护、搬运及储存，用以防止成品发生损伤和污染，保证物资质量、包装及标识准确，保证搬运过程不被损坏，保证物资信息具有可溯性。

（6）测量工程成品保护。定位桩采取浇筑混凝土固定，搭设保护架，并悬挂明显标志，水准引测点、结构定位线等应引测到不受工程施工影响的永久建筑物上，标识明显。监测人员常驻现场，每日对监测点进行巡视保护。

（7）钢筋工程成品保护。底板、中板及顶板钢筋绑扎完成后，钢筋骨架上禁止堆放重物和人员走动，上下两层钢筋采用马凳筋固定。接、拆泵管，布料机和振动器放置正确，混凝土浇筑过程中及时清除材料和设备，避免钢筋变形。成型钢筋检查验收合格后，按照规定的材料存放方式及使用要求进行存放。

（8）模板工程成品保护。梁、板模板严禁松动，模板支撑体系的构配件及地基严禁拆除，避免钢筋、架料及混凝土集中堆放，避免长期暴晒和雨水浸泡，在支好模板顶面焊接钢筋时要加垫铁皮或阻燃材料，不得直接以模板为支点进行预埋管打弯走线。

（9）混凝土工程成品保护。梁、板混凝土在初凝时进行洒水和覆盖。混凝土浇筑 24h 内，严禁材料集中堆放。混凝土柱角模板拆除时避免撬棍直接接触阳角，避免材料碰撞阳角。梁、板模板及混凝土柱模板拆除后采取保护措施，避免划伤混凝土表面。

（10）防水卷材成品保护。防水卷材集中堆放并覆盖，主体施工队交底时将防水层保护作为重点。侧墙钢筋绑扎时加垫块，严防防水层破损。

（11）盾构施工成品保护。盾构管片运输需采取防撞及固定措施；固定及吊装时，应防止管片勒伤；管片吊装、运输、安装过程中防止污染和损坏，角部防水层胶纸于拼装前撕除；盾构机后配套保证颜色一致，预先修复破损管片；盾构机过后清理隧道内渣土，冲洗管片。

（12）人防施工成品保护。人防门框的斜向支撑杆件和双向调节螺栓及连接钢管固定牢靠；吊装人防设备进行试调，保证受力及平衡，吊车、钢丝绳等装置安全可靠后进行起吊；吊装人防门扇完毕后进行覆盖保护。

（13）混凝土支撑成品保护。边角支撑保护达到强度要求后拆除侧模板，防止翘伤，并及时清理模板，涂刷脱模剂；机械清除下部黏土时，注意防止挖伤支撑边角；挖机倒挖土防止挖伤支撑，边角使用防撞角进行保护。

（14）钢支撑成品保护。基坑开挖时挖机禁止碰撞钢支撑，钢支撑上严禁放置任何材料和其他设备，并具有防坠落措施。

（15）地面工程成品保护。

① 石材楼地面：对面层加以覆盖保护，养护 7d。地面石材铺装过程中要预留施工通道，方便材料运输。

② 屏蔽门绝缘层：做好警示牌或设置防护栏杆，以免污染施工完成面。

（16）墙柱面工程成品保护。

① 搪瓷钢板墙柱面：搪瓷钢板在安装后至交工验收前应进行保护，特别是转角、柱面包裹软毯进行保护。

② 石材干挂墙面：做好警示牌或设置防护栏杆，特别是柱、墙阳角等处避免运输磕碰石材。

③ 设备区离壁墙：擦净表面，避免任何尖锐物体直接打击板面。

④ 墙面砖：勾缝完毕后，擦净表面，避免磕碰。

⑤ 水泥砂浆墙面：凝结前应防止快干、水冲、撞击、振动和受冻，凝结后应采取措施防止玷污和损坏。

⑥ 防火门、不锈钢门：门框固定前对门表面贴保护膜进行保护，防止灰浆污染。金属门表面洁净、平整、光滑、色泽一致，无锈蚀，无划痕、碰伤。

10.6.4　供电

（1）施工现场临时用电应进行临时用电组织设计管理、电工管理、用电人员管理及安全技术档案管理。

（2）临时用电组织设计包括：①现场勘查；②确定电源进线、变电所或配电室、配电装置、用电设备位置及线路走向；③进行负荷计算；④选择变压器；⑤设计配电系统；⑥安装防雷装置；⑦确定防护措施；⑧制订安全用电措施和电气防火措施。

（3）安装、巡检、维修或拆除临时用电设备和线路必须由电工完成，并应有人监护。电工人员等级必须同工程的难易程度和技术复杂程度相适应。

（4）施工现场临时用电必须由主管该现场的电气技术人员建立和管理安全技术档案，内容包括：①用电组织设计的全部资料；②修改用电组织设计的资料；③用电技术交底资料；④用电工程检查验收表；⑤电气设备的检验凭单和调试记录；⑥接地电阻、绝缘电阻和漏电保护器漏电动作参数测定记录表；⑦定期检（复）查表；⑧电工安装、巡检、维修、拆除工作记录。

（5）根据施工单位用电设备容量，计算施工现场用电总容量，确定箱式变压所内开关容量。

（6）设备基础预埋和设备安装包括基础预埋件、设备非绝缘、设备绝缘和牵引变压器，保证搭接方式及允许偏差满足设计要求。

（7）电缆敷设及接续施工工序为施工准备、电缆测试、电缆敷设、电缆成端。

（8）电缆敷设前检查电缆外观及型号满足施工要求，并进行编号，电缆两端头使用绝缘胶带进行密封。35kV 电力电缆采用“品”字形排列，其余电力电缆采用“一”字形排列。高压电缆头制作时保证处于绝缘环境，接头材料与电缆一致。密封材料具有明显的相色标志，与系统相位一致。

（9）支持装置安装施工工序为施工准备、施工测量、支持装置选型、支柱装置安装、支持装置初调。支持装置根据隧道类型、净空高度、曲线外轨超高等数据进行选型。安装班组逐点对号安装悬挂定位装置。

（10）汇流排安装及接触线架设施工工序为施工准备、汇流排配置、中间接头安装、汇流排对接、接触线架设。

① 汇流排长度根据锚段长度及跨距配置，保证安装完成后汇流排中间接头位置距离悬挂点满足设计要求，中间接头连接段平均宽度不大于 1mm，并留有汇流排在温度变化情况下的伸缩量。

② 接触线不得损伤、扭曲，锚段内无接头、无硬弯，在分段绝缘器及终端处的端头应平整光洁，无硬点及碰弓，终端处接触线顺直、外露 100～150mm。

（11）悬挂调整施工工序为施工准备、接触悬挂粗调、接触悬挂细调、综合检查。接触网悬挂点的导高、拉出值调整至设计要求范围；电弓双向通过锚段关节、道岔、分段绝缘处时平滑无撞击，汇流排整体无折角；接触网带电体对接地体的静态距离不小于 150mm，动态距离不小于 100mm。

（12）柔性接触网工程。

① 施工准备。测量物品齐全，检查随带仪器是否合格。

② 测量。测量支柱位置、基础中心，道岔定位，并对位置进行记录。

③ 放样：对已经测量的位置放样，放样位置标记明显、牢固、持久。

④ 基础制作。坑口的线路侧设挡板，防止道砟滑落。挖土时均匀开挖，需防止防护圈不均匀下沉，直到基坑深度达到标准。每个基础应一次性浇筑完成，并按设计要求对混凝土做相应的试验试块。

⑤ 机械立杆（支柱整正等）。

⑥ 门型支架和门型支架横跨节点安装。各段横梁连接应紧固，拼装完毕后复核、检查各段横梁，并进行编号；吊装过程中严禁吊臂下站人，门型梁保持水平起吊，防止倾斜；焊接门型梁接头使用热镀锌焊接作业法。

⑦ 接触悬挂安装。

⑧ 柔性悬挂机械架线及悬挂调整。按架线计划将承力索吊装到接触网架线车组的平板车的放线架上；架线车到达起锚柱后，安装起锚坠砣；操作放线架张力控制装置，保证承力索驰度对轨面高度大于 5.5m；架线车与起锚人员准备就绪后，利用作业车开始预紧线，作业架转向柱距下锚 3～4m 时，将架线车一次停到位，当起锚坠砣高度达到设计要求时停止紧线。

⑨ 柔性悬挂机械架设接触导线。

⑩ 柔性接触悬挂。架线车到达起锚柱后，安装起锚坠砣，穿线之后将接触线拉至锚柱与补偿装置连接，操作放线架的张力控制装置，使接触线的张力控制在设计值；接触网架线车继续向前放线并依次悬挂，至超过落锚锚柱 8～10mm 处停车；当起锚坠砣高度达到模拟高度时停止紧线，连接补偿装备，紧线装备松线，拆除紧线器，复位作业车平台。

⑪ 设备安装。安装电连接线夹及设备线夹并涂抹导电膏，线夹端正、牢固。铜铝过渡时，采用铜铝过渡线夹；将开关刀闸置于设计位置，并加锁。

（13）刚性接触网工程。

① 施工测量准备。设计图纸、测量工具、测量人员及其记录工具准备就绪。

② 测量。对刚性悬挂进行纵向测量和横向测量。

③ 放样。在每个定位点标记，在重点位置做特殊标记。

④ 隧道打眼预埋。注意避开隧道的伸缩缝、连接缝、盾构管片连接缝及漏水渗水部位。

⑤ 刚性悬挂的支撑安装调整。按照安装图纸正确预配各悬挂点的悬挂支架，并标明区间（车站）及悬挂编号；垂直悬吊定位装置按设计要求安装，根据悬挂点设计导高，增加导线高度和汇流排、绝缘子等部件高度，计算悬吊槽钢底部高度，调整悬吊槽钢于两轨面连线平行；悬挂点拉出值应符合设计要求，汇流排定位线夹中心初步调整到位并拧紧汇流排紧固螺栓。

⑥ 汇流排安装及调整。汇流排中间接头安装密贴，螺栓循环紧固，紧固力矩严格按照设计要求；汇流排及其他带电体与其他非带电金属体的安全距离必须大于 150mm；调整导高与拉出值，直至满足设计要求。

⑦ 汇流排中间接头。汇流排与定位线夹间的接口配合；中间接头连接板与汇流排的连接具有方向性，与汇流排内腔向下扩张的斜面相匹配。

⑧ 切槽式刚柔式过渡原件安装。刚柔过渡部分的间距不宜大于 200mm，且靠近受电弓中心，两边均匀布置；刚柔过渡点和关节不出现硬点，切槽式汇流排富有弹性；导线与汇流排的连接平顺。

⑨ 刚性悬挂接触线架设。架线小车用拉线固定于前端牵引支架上，由车辆带动前进，牵引支架与接触线铜导槽组联动；牵引支架设有紧急脱扣装置；接触线沿终端方向顺直、外露留出 100～150mm 导线（或按设计要求预留余量），用锉刀将端头打磨平整光洁，并向上弯曲导线呈 45° 上翘。

⑩ 刚性悬挂调整。安装相应的悬挂支撑装置，调整各定位点处导线至设计高度，设计高度逐渐变化时，其坡度变化应不大于 0.1%；调整各定位点导线拉出值至设计拉出值，允许误差为±5mm。

⑪ 刚性悬挂隔离开关安装。保证隔离开关和操动机构开合同步到位，操动机构的分合闸指示与开关的实际分合位置一致。

⑫ 刚性悬挂分段绝缘器安装。本锚段导高、拉出值及汇流排坡度调整完毕后，在分段绝缘器上安装调整工具，松开铜滑轨固定螺栓，检查滑轨面是否紧密贴合调整工具表面。细调分段绝缘器，保证整个分段绝缘器接触部分等高，中部不下垂；保证分段绝缘器处过渡平滑，不打弓。

⑬ 刚性悬挂电连接安装。在汇流排的电连接位置安装汇流排电连接线夹，与汇流排的接触面涂抹导电油脂；将预制的电连接铜铝过渡线夹与汇流排电连接线夹连接紧固，紧固力矩符合设计要求。

⑭ 接触网系统冷滑、热滑及相关试验。

第 1 阶段：检测车行驶速度为 5km/h，检查每一处悬挂点、电连接、过渡关节、线岔、分段绝缘器、开关及引线连接、金具接地等部件，检查每处安装状态、绝缘距离、限界、过渡状态、导高、拉出值等。

第 2 阶段：检测车行驶速度为 20km/h，在第一次冷滑检查缺陷全部克服完成后进行，检查拉出值、硬点、关节过渡、线岔过渡、分段绝缘器过渡状态。

第 3 阶段：检测车行驶速度为 80km/h 或正常速度，检测高速冷滑弓网运行状态，检查受电弓冷滑、接触线。

⑮ 接触网热滑试验及调整。检测区域内接触网与受电弓之间的接触力与离线率等动态数据，判断接触悬挂系统中是否存在硬点，判断接触网的拉出值、导高等静态参数是否满足设计及规范要求。

10.6.5　通信

（1）线路敷设。区间光电、漏泄同轴电缆采用机械敷设，敷设后进行电缆绑扎整理、漏泄电缆卡装，区间每百米挂电缆标牌，电缆端头进行防水包封、检查电缆是否侵界。漏缆接续使用专用接头制作工具，接头连接可靠，装配后接头外部按设计要求进行防护。光缆接续光纤收容的弯曲半径不小于 40mm，接头处的弯曲半径不小于护套外径的 20 倍，接续后收容余长不小于 1.2m，电缆接续成端的弯曲半径不小于电缆外径的 15 倍。

（2）线槽施工工序为施工准备、测量划线、切割加工、线槽安装固定、跨接地线连接。线槽规格、型号、数量应符合设计要求，直线段线槽超过 50m 或线槽通过结构变形缝时，应采取热膨胀补偿措施。

（3）区间支架施工工序为施工准备、测量划线、T 形螺栓安装、支架安装固定、支架位置调整。隧道内支架安装位置符合设计规定。在区间中区与车站分界，断面变化段、电缆接头段、风口段、电缆在同侧墙爬坡段、电缆过轨段等应安装特殊型支架。

（4）箱盒施工工序为施工准备、电缆成端、安装基础、挖箱盒埋设坑、安装箱盒、灌密封胶、电气性能测试。

（5）电气性能测试。电缆的电气性能指标符合设计要求。

10.6.6 信号

（1）室内机柜安装。机柜型号、数量、外形尺寸、安装位置、机柜固定方式与施工图纸一致。机柜的前后及左右倾斜偏差小于机柜高度的 1‰；整列机柜前端面在平行直线上偏差小于 5mm，每个机柜水平偏差小于 2mm，柜间缝隙小于 1mm，接地符合设计要求。

（2）计轴施工工序为施工准备、计轴磁头定位、钢轨钻孔、磁头安装、电缆引入成端及配线。安装计轴时要注意计轴的安装位置不能在固定钢轨的扣件处，而是安装在两根枕木中间的钢轨上，且避开轨距杆等金属器件，并注意两根枕木之间的距离不小于 400mm；磁头钻孔、安装位置距钢轨接头不小于 1m；相邻的两个计轴点间不小于 2m；螺母固定后，螺栓突出螺母至少 2mm；计轴磁头安装位置满足设计要求。

（3）转辙机施工工序为施工准备、现场调查、配合道岔整治、安装装置安装、转辙机安装。配合道岔整治道岔方正和道岔开程，两尖轨尖端前后位置偏差应小于 20mm，要求道岔开程在规定的范围内；重点检查转辙机、尖轨连接铁、锁钩和锁闭杆、尖端杆、尖轨密贴调整杆等部件的安装，连接牢固，调整尖轨密贴达到要求后，紧固密贴调整杆螺栓；进行道岔单送电试验，道岔转换位置与信号设备室及控制台表示位置应一致。

（4）高柱信号机施工工序为施工准备、挖机柱坑、立信号机柱、安装信号机构和梯子、设备配线、信号机调整；机柱的埋深应符合设计要求，埋深不足部分，填土夯实或按设计要求防护；信号机构各部件齐全，固定机构的托架安装应平整牢固；设备配线采用多股铜线绝缘软线，标称截面积不得小于 1.5mm^2，不得有中间接头；两端芯线可用铜线绕制线环或冷压接线端子压接方式做端头；进路表示器的安装位置允许显示（绿灯）灯位中心线为轴线，分清左右。

（5）矮型信号机施工工序为定测、加工支架、挖基础坑、安装信号机基础（支架）、安装信号机构、设备配线、信号机调整测试。在有砟区段安装矮型信号机时，采用水泥基础安装方式；在无砟区段、桥梁防撞墙上安装时，采用模板定位钻孔方式，严禁在伸缩缝处安装。

（6）发车指示器施工工序为支架制作、安装准备、支架安装、发车指示器安装、发车指示器配线安装。发车指示器采用吊装方式进行安装，安装吊杆与顶部/底部法兰之间均需在现场由施工方焊接；支架上部安装防爆三通，防爆三通与顶部法兰之间采用厚壁钢管（steel conduit，SC）连接；发车指示器垂直于地面，横向偏移量不应大于 5mm。

10.6.7　设备监控系统

（1）设备监控系统安装工序为施工准备、管线定位划线、墙体开槽、管线安装、墙体恢复。

（2）管线的规格、型号、安装位置、安装高度符合设计要求。钢管与出线盒的连接牢固，距出线盒 200mm 处增加吊架进行稳固；导管水平或垂直敷设时，水平或垂直安装的允许偏差为 1.5‰，全长偏差不大于管外径的 1/2；套接紧定式薄壁导管安装完成后可靠接地；暗埋金属管的埋深满足要求。

（3）IBP 盘安装工序为施工准备、设备底座安装、设备安装、线缆引入及成端。

（4）IBP 盘台和工作台的安放位置、方向符合设计要求，盘面与盘体安装牢固。IBP 盘、柜体之间密贴，垂直偏差度不大于 3mm，盘体与底座之间用螺栓固定。IBP 盘安装完成后用水平尺测量，确保整体 IBP 盘在同一水平高度。

（5）周界设备安装工序为施工准备、设备支架安装、设备安装、设备调整。

（6）入侵探测器的安装位置要符合设计要求，确认收、发装置安装时相互正对，且中间不得有遮挡物，垂直度偏差不大于 2mm。

（7）门禁安装工序为施工准备、位置定测、设备安装、线缆引入及成端。

（8）门禁电磁锁和衔铁的垂直度偏差不应大于 2mm，磁力锁安装要牢固，不晃动，接线正确无误。

10.6.8　消防系统

（1）空气采样式火灾探测器。

① 安装工序为施工准备、位置定测、设备安装、线缆引入与成端。

② 安装位置 0.5m 内无遮挡物，安装牢靠，按设计和厂家要求接线，并压接牢靠。

（2）气瓶组安装工序为施工准备、位置定测、气瓶组设备安装、压力试验。

（3）瓶组架、气瓶、启动装置、出管组件、选择阀等规格、型号符合设计要求和施工规范规定。

（4）FAS 主机。

① 安装工序为施工准备、位置定测、设备安装、线缆引入与成端。

② 安装前，与装修专业核对及协商确定最佳的安装位置。引入的电缆或导线检测合格后按不同电压等级、用途、电流类别分别绑扎整齐，避免交叉；线缆保护管入箱时，箱外侧套锁母，内侧装护口，做好封堵。

（5）现场消防安全工作以“预防为主、防消结合”为基本原则，主要消防器材和设施包括灭火器、消防架、消防砂、消防车道、消防水源等。

（6）施工现场大门设置全套的消防设施。

（7）办公、宿舍的临时用房构件燃烧性能等级应为 A 级，当采用金属夹芯板材时，其芯材的燃烧性能等级应为 A 级。

（8）办公、生活区的消防器材以干粉灭火器为主，其他灭火材料为辅；灭火器按照房屋建筑面积进行配备，每 $80m^2$ 不少于 4kg 灭火器 1 组，每组 2 具。

（9）宿舍区域内设置消防责任牌，安全提示牌，应急疏散、逃生指示及应急照明灯标志。

（10）车站中板、底板存放木材、防水材料、油脂油料等易燃易爆材料的区域，宜按存放区域面积配备干粉灭火器，每 $50m^2$ 不少于 4kg 灭火器 1 组，每组 2 具。

（11）隧道内灭火器配置与照明配电箱设置间距同步，宜配置 2kg 灭火器 1 具，并随配电箱挂设。

（12）施工现场的重要通道口应设置消防架，消防架上配备消防铁锹、消防桶、消防砂等消防器材，消防架周边不得有任何障碍。

（13）施工现场设置临时消防车道，净宽度不小于 4m，具备环绕通行能力；受条件限制，只能在单侧设置的，在消防车道端头设置不小于 12m×12m 的回车场，禁止在消防通道上堆物、堆料或挤占消防通道。

10.6.9　自动售票系统

（1）自动售票系统施工工序为施工准备、设备预埋件安装位置测定、预埋件及吊挂件加工、综合布线、隐蔽工程签认、设备安装与配线、设备单体调试、各子系统调试、联调联试。

（2）管线敷设。

① 所有金属线槽、防护管均采用镀锌产品。

② 防护管的弯曲半径不应小于管子外径的 10 倍。

③ 当防护管的直线距离超过 30m 时，采用金属过路盒进行转接；防护管在转弯处尽量采用金属过路盒连接；金属线槽、防护管内应预穿牵丝，便于电缆敷设；金属线槽、防护管穿墙处采取防火封堵措施。

（3）线缆敷设。通信电缆、控制电缆与电源电缆应分管（槽）布放，线缆布放时适当考虑余量，线缆的弯曲半径符合线缆产品说明书。

（4）设备吊挂件及设备安装位置测定。各子系统终端位置满足设备功能需求和设计意图，与现场安装环境相协调。

（5）设备电源的引入要符合设备额定电压、电流要求，且经过供电部门核定负荷。设备安装完成后如有接地要求的，接地电阻满足设计要求或规范要求。

（6）设备单体调试前确认引入电源正常，各类端子接线正确，调试时设备单机功能正常。

（7）机房落地机柜设备安装。机架在活动地板上安装时，选用不小于∠45 的角钢制作机架支架，多台机架成排密贴安装时可采用连体支架；机柜设备子框、板件安装时，佩戴防静电手腕，按设备面板布置图进行。

（8）壁挂设备和窗口、热源、水管、其他强电设备保持一定的安全距离。

（9）地槽安装位置符合设计走线要求，地槽加设地托，使线槽和地面保持一定间隙，地槽使用配套连接片和螺钉进行连接。

（10）桥架安装时使用红外墨线仪、激光测距仪、直尺等配合划线、核定标高；桥架转弯根据转弯角度选用定型接头或自制接头，以满足安装要求。

（11）设备配线。电源线与数据线分开布放，顺直不交叉，分把绑扎；带铠装缆线的弯曲半径不小于缆线直径的 10 倍，不带铠装的弯曲半径不小于缆线直径的 6 倍；缆线绑扎均匀，松紧顺直。

（12）自动售检票机安装。各类终端设备预留足够的操作和维护空间；闸机的控制线和信号线必须距离电源线一定距离，地线必须连接到一个综合接地系统中；阶段性检查所有地线连接的完整性。

10.6.10 系统设备单机单系统调试方案

（1）系统设备安装工程单机单系统调试包括全线信号系统、通信系统、供电系统（含接触网）、设备监控系统（含综合监控系统、安防系统、车场智能化系统）、自动售检票系统、消防系统安装工程，以及控制中心与线路有关的各系统设备的调试。

（2）系统设备完成安装是单机单系统调试的前置条件，联合体各方协同监理工程师开展完工检查，按标准完成相应设备、线缆、桥支架等支撑受力件的检查和测试。

① 设备外观检查：机架、机柜、配线箱（架）、设备终端漆层完好，清洁整齐，各种设备安装位置正确，固定及接地可靠。

② 设备内部插盘检查：插盘整齐完好，安装位置正确，固定牢固。

③ 设备房检查：设备房内设备整齐，连接可靠，标志齐全清晰，绝缘接地符合要求，桥支架及线管安装牢固、位置正确。

④ 线缆、线条等施工质量及指标按有关标准逐项检查测试。

（3）单机单系统调试组依托项目经理部、系统设备安装工区，在业主、监理单位的监管下，协调设备材料供应商和工区作业班组履行以下责任：

① 起草编制系统设备单机单系统调试方案，并报批。

② 根据调试方案，具体实施相关调试工作。

③ 负责提供、保管与单机单系统调试有关的各类仪器仪表、工机具、车辆及其他后勤保障设施。

④ 协调监理单位，组织施工作业班组、设备材料供应商解决调试过程中可能发现的各种问题。

⑤ 跟踪并上报各类调试进度，并根据调试方案及时对调试进度进行纠偏，收集整理相关测试记录，编制单机单系统调试报告。

（4）为避免个别车站的某一设备或某一系统出现的疑难问题阻碍总体调试进度，现场一般分为两类组别：一类组别为标准调试小组，主要负责标准的调试工作及简易问题的现场处理；二类组别为问题解决小组，专门负责组织有关责任方研究、解决标准调试组无法当场处理的疑难问题。

（5）根据工程实际进行调试用电保障、直流牵引系统供电试验。

10.6.11　网络指挥协调中心

（1）指挥中心作为中央协调角色，负责协调各线路控制中心及各运营主体，具有监视、运营协调、应急指挥、信息共享等职能。

（2）正常情况下，对线路运营“只监不控”，主要提供协调、协助功能；在非正常情况下，特别是发生影响不同运营主体所管辖线路的突发事件时，指挥中心将进行统一的应急指挥。

（3）控制中心的管理重点在于制订不同运营商之间的协调原则、节假日及重大活动的客运组织原则等。

（4）指挥中心到线路控制中心的接口部分，不直接与车站相连。接口规范由指挥中心制订，各线遵从。

（5）指挥中心作为城市轨道交通的对外窗口，代表城市轨道交通单位与其他部门或单位（如气象、公安、消防、公交部门等）进行联系和协调。

（6）建设后备指挥中心。当出现重大灾害情况（如恐怖袭击、地震、火灾等）造成指挥中心瘫痪，或因指挥中心系统故障而长时间停止运行时，启用后备指挥中心。

（7）系统设计与设备选型：围绕功能要求及未来新线接入要求，选择适当的服务器设备、存储设备、网络设备等。

10.6.12　控制中心

（1）控制中心应支持集中监视、行车组织、监督协调、统计分析与上报、信息发布、应急处理等内部功能。

（2）控制中心应支持应急指挥、互通信息、运营评估等外部功能。

（3）控制中心的线路划分布置方案适合轨道交通网络化程度低，还处在建设阶段的城市；以专业不同划分的布置方案更适合于轨道交通发展已经趋于稳定及运营管理手段也比较成熟的城市。

（4）控制中心主要设置信息调度、主任调度、电力调度、行车调度、环控调度等岗位，用以加强同线路各专业调度之间的配合。

（5）地铁线路多于 3 条时，分线设置难以适应多线路条件下的运营管理需求，必须使用线网集中控制中心。

10.6.13　常规设备安装工程总体方案

（1）常规设备安装工程主要包括车站、停车场及车辆段内的常规机电设备安装施工，分别包括通风与空调、给排水及消防给水、动力照明专业。

（2）主体工程砌筑完成后，机电及设备安装作业队即安排管线施工。建议利用 BIM 技术进行综合管线布置，管线布置少交叉或不交叉。具体要求包括：

① 出现管线交叉时，遵循从上至下（依次为通风与空调专业通风管→电缆桥架→电缆支架→给排水管、消防给水管、空调水管）原则。

② 强、弱电专业管线交叉时，遵循从上至下（依次为供电电缆→动力照明电缆→弱电电缆）原则，满足各专业管线敷设的规范要求。

③ 同一区域首先安装顶部风管，其次施工中间桥架，最后安装底部水管。在施工时遵循从上到下、从大到小的原则。

（3）风阀、水阀等阀门部件根据管网安装进度同步安装。风管安装后进行密闭性和漏光试验，水管安装完成后进行管网水压试验，再对需保温的管道进行保温施工。

（4）大部分设备基础成型养护后，机电设备安装作业队组织各专业分系统进行设备安装和调试。

（5）调试阶段调试顺序如下：单机调试、单系统调试、配合系统专业进行联动调试。按照业主的统一部署进入系统开通试运行阶段，检验系统运行状况和性能指标。

10.6.14　通风空调系统

（1）通风空调工程按“先管道、后设备，先干管、后支管，顶部管道先上后下，侧墙管道先里后外”的顺序进行施工。

（2）支架安装、风管安装、风阀安装、风机安装、风管保温、水管安装、冷水机组安装调试采取分区域流水作业方式进行。

（3）风管安装。

① 风管穿越防火、防爆墙体或楼板时须设防火套管，其钢板厚度不得小于 1.6mm。风管与防护套管之间使用不燃且对人体无危害的柔性材料封堵。

② 风管接口的连接严密、牢固。风管法兰的垫片材质符合系统功能的要求（符合设计要求），厚度不小于 3mm；垫片不凸入管内，也不宜突出法兰外。

③ 支、吊架不宜设置在风口、阀门、检查门及自控机构处，离风口或插接管的距离不宜小于 200mm。

④ 风管水平直径或长边尺寸不大于 400mm 时，间距不大于 4m；大于 400mm 时，间距不大于 3m。

⑤ 当水平悬吊的主干风管长度超过 20m 时，设置防止晃动的固定点，每个系统不少于一个。

⑥ 每批风管制作完成需要项目部技术人员及监理检查，检查合格后还需要进行强度严密性试验抽检，待抽检测试结果合格后方可使用。

⑦ 风管柔性短管长度一般宜为 150～300mm，其连接处应严密、牢固可靠，结构沉降缝处其长度宜为变形缝宽度加 100mm 及以上。

（4）安装风机时，先将风机支架安装在风机上，准确就位后，用连接螺栓对风机支架和安装吊架进行防松紧固。

（5）空调机组和风机盘管安装时，在施工监理的监督下按施工大样图进行设备支（吊）架制作、安装、基础浇筑和预埋件安装；设备卸货验收完成后，在厂家的指导下和施工监理的监督下按安装图纸进行安装。

（6）空调水管道安装。管道的分支预留口在吊装前先预制好，丝接的用三通定位预留口，焊接可在干管上开口焊熟铁管箍，调直后吊装；管道穿越沉降缝及伸缩缝时设置补偿装置。

（7）风管防火阀安装前，重点检查易熔片的完好性及机构的灵活性，安装后做动作试验；防火分区隔墙两侧的防火阀距墙表面不大于 200mm；信号装置、调节机构及执行机构处留有操作和维护空间。

（8）组合风阀在结构墙体上安装时设支承框架，框架满足设计要求。框架与预埋件焊接牢固，框架与结构墙体间填充密封材料；组合风阀与框架，风阀与风阀间连接牢固可靠，不漏风；组合风阀的执行机构及联动装置动作可靠，阀板或叶片的开启角度一致，关闭严密，与输入、输出信号同步。

（9）冷水机组安装。机组中心线与基础中心线重合。

（10）空调水泵安装。水泵位置与基础基准线相吻合，泵底座没有明显偏斜，两轴水平度、两联轴节端面之间的间隙以设备技术文件的规定为准。

10.6.15　给排水及消防给水系统

（1）给排水及消防给水系统按“先管道、后设备，先大管、后小管，先干管、后支管”的顺序进行施工，管道安装、设备安装调试等采取分区流水作业方式进行。先完成各管道系统的干管、大管，消防系统的环状管网，排水系统的立管等安装，再进行水管支管的施工，最后进行设备安装。

（2）消防管道安装。管道的分支预留口在吊装前先预制，丝接的用三通定位预留口，焊接可在干管上开口焊熟铁管箍，调直后吊装；管道穿越沉降缝及伸缩缝时设置补偿装置。

（3）室内消火栓的旋转部件为铜合金或性能不低于铸造铜合金的其他金属材料，安装时开门见栓，不安装在门轴侧，栓口中心距完成地面为 1.1m。

（4）消火栓支管要以栓阀的坐标、标高定位甩口，核定后再稳固消火栓箱，箱体找正后再安装检阀，栓阀侧装在箱内时位于箱门开启的一侧。

（5）给水管道。

① 给水管道的位置不得妨碍生产操作、交通运输和建筑物的使用，管道不得布置在能引起燃烧、爆炸或损坏产品和设备上，并尽量避免在设备上通过。给水管道一般宜明设，尽量沿墙、梁、柱直线敷设；当建筑有要求时，给水管道可在管槽、管径、管沟及吊顶内暗设。

② 给水管道不得敷设在烟道、风道、排水沟内，不宜穿过建筑的壁柜及木装修处。

③ 给水管道不得穿过变配电间。

④ 给水管道不宜穿过伸缩缝、沉降缝，若必须穿过时，应有相应的技术措施。

（6）给水引入管。

① 应有不小于 0.003 的坡度坡向室外阀门井，室内给水横管宜有 0.002～0.005 的坡度坡向泄水装置。

② 每条引入管上均装设阀门和水表，必要时还要有泄水装置。

③ 引入管或其他管道穿越基础或承重墙时要预留洞口，管顶和洞口的净空一般不小于 0.15m，且给水管道应在上面。

（7）给水管道与排水管道的水平净距在室外不得小于 1.0m，在室内平行敷设时最小水平净距为 0.5m，交叉敷设时垂直净距为 0.15m，且给水管道应在上面。

（8）支架及管路安装超过 2m 高度的，作业人员必须在作业平台上操作，并系好安全带。

10.6.16　动力照明

（1）动力照明系统工程按照“先桥架、管线，后设备”的顺序进行施工，桥架安装、电缆敷设、地线制作与安装、设备安装、调试等施工作业采取分区流水作业方式进行。

（2）桥架之间、桥架与弯通之间采用连接板连接，用平垫、弹垫、半圆头螺栓固定，注意半圆头螺栓、螺母朝桥架外，桥架连接片安装在桥架外，桥架接缝应平整严密；桥架进行分支、转弯等时采用专用弯头，特殊情况根据现场情况加工制作；连接后连接螺栓必须固定牢固。

（3）采用热浸镀锌金属桥架，桥架之间连接板的一侧设置跨接地线，地线连接螺栓紧固地线处需使用防滑垫片；桥架采用 $4mm^2$ 接地线连接，桥架末端应采用 $16mm^2$ 接地线连接至接地排并做标示。

（4）根据确定好的管线安装位置、预埋钢管的管径在墙面上用切割机开出一定宽度的通槽，通槽的宽度为能使钢管固定安装所需的操作宽度，深度满足钢管埋深与建筑物表面的距离不少于 15mm。

（5）根据施工图纸的要求及地面的标高情况，在墙面的规定位置开出箱盒的安装位置，如设计图纸未说明，出线盒下边沿距最终完成地面 300mm；当多个线盒并行埋设时，应根据面板安装宽度考虑适当间距。

（6）使用管卡固定管线，管卡与管子的终端、转弯终点、接线盒的边缘固定点的距离为 150～200mm。

（7）预埋的保护管引出表面时，管口宜伸出表面 200mm；当从地下引入落地式盘时，宜高出盘底内面 50～80mm。预埋保护管宜采用整根材料。

（8）管线固定安装完成后，确认安装正确及安装牢固；管口封堵后，用混凝土将钢管埋于墙面中，最后将开凿的通槽填埋平整。

（9）电缆敷设。

① 电缆沿桥架或线槽敷设时，单层敷设，排列整齐，不得有交叉；拐弯处以最大截面电缆允许弯曲半径为准；电缆严禁绞拧、护层断裂和表面严重划伤。

② 不同等级电压的电缆分层敷设，截面积大的电缆放在下层，电缆跨越建筑物变形缝处留有伸缩余量。

③ 电缆转弯和分支有序叠放，排列整齐。

④ 垂直敷设，有条件时最好自上而下敷设。

（10）配电箱（柜）安装。

① 立柜箱体增加安装底盘，箱体与底盘之间用绝缘橡皮隔离。

② 盘柜的正面及背面各电器、端子排等标明编号、名称、用途及操作位置。

③ 电缆芯线和所配导线的端部均标明其回路编号。

④ 每个接线端子的每侧接线宜为一根，不得超过两根。对于插接式端子，不同截面的两根导线不得接在同一端子上；对于螺栓连接端子，当接两根导线时，中间加平垫片；二次回路接地设专用螺栓。

（11）整个车站内应设置一般照明、局部照明、应急照明（自备电源）和疏散指示，在一个工作场所内不得只设局部照明。

（12）现场照明采用高光效、长寿命的照明光源。对需大面积照明的场所，采用高压汞灯、高压钠灯或混光用的卤钨灯等。

（13）灯具设置位置要求。

① 一般照明灯具：一般设置于公共区域。

② 局部照明灯具：一般设置于车站内加工厂。

③ 应急照明灯具、疏散指示灯具：一般设置于各配电箱上方、走廊、疏散楼梯、加工厂等区域。

10.6.17　公共区装饰装修

（1）车站顶面、地面、墙面等大面装修材料统称为主材。装修材料应具备不可燃性、防潮性、防腐性、无毒性、无异味、耐磨性、耐高温、耐久性、高硬度等特性。

（2）地铁车站施工空间有限，施工涉及工种、部门、人员众多。现场属地施工管理单位应制订专门的交通管理措施及施工协调方案，必要时需要业主方居中协调。

（3）地铁车站装饰装修工程施工前互相提交施工计划，并提供专业平面布置图，进行各专业图纸综合叠加，核对各层面、各专业设备、终端、管线位置、数量，协调处理好容易出差错的制约点，互相交换界面标色，经协商达成一致意见后编制专业交叉作业计划，按计划落实施工。

（4）干挂墙面。

① 施工工序为测量放线、后置埋件布设、龙骨安装、搪瓷钢板安装、收口与调整、检查验收。

② 干挂墙面施工时，钻孔深度应能保证膨胀螺栓进入混凝土结构层不小于 60mm，锚栓紧固力矩 40～45N·m。

（5）搪瓷钢板在安装之前，根据设计图纸在现场实测分格排版，确定每块板的尺寸及编号，安装顺序宜由下往上进行，避免交叉作业。除设计特殊要求外，同一幅墙面的搪瓷钢板色彩一致，缝宽偏差在 1mm 以内。

（6）龙骨吊顶。

① 施工工序为吊杆布设、主龙骨安装、次龙骨安装、收边收口、面板安装、调平、检查验收。

② 龙骨吊顶施工时，主龙骨与吊杆采用双螺帽在螺杆穿过部位上下固定，按标高线调整主龙骨的标高；主龙骨平行车站长向安装，同时适当起拱，起拱高度为设计吊顶

分区跨度的 1/300～1/200；主龙骨的悬臂段不大于 300mm，主龙骨的接长采取对接方法，相邻龙骨的对接接头要相互错开。

（7）面板安装前应对顶棚内的各种管线进行检查验收，面板安装时在中间位置垂直次龙骨方向拉一条基准线，对齐基准线向两边安装。

（8）块料地面工程。

① 施工工序为弹中心线、试拼试排、挂素水泥浆、铺放标准板块、铺砂浆、铺饰面板材、灌浆擦缝、保护打蜡。

② 块料地面施工时，根据水平标准线和设计厚度，在四周墙、柱上弹出面层的完成面标高控制线，排出墙地砖的位置，在基层地面弹出十字控制线和分格线。依据设计图和现场放样结果，对每一房间的瓷砖板块，按图案、颜色、纹理试拼，试拼后按两个方向编号排列，按编号放整齐。

③ 铺砖时顺序从内退着往外铺贴，大面积施工时，采取分段、分部位铺贴方式。采用 1∶1 水泥细砂浆勾缝，缝内深度宜为砖厚的 1/3。

10.6.18　设备区装饰装修

（1）设备区装饰装修施工范围包括车站设备及管理用房区域内墙体的砌体结构工程，地面工程，抹灰工程，门窗工程，吊顶工程，涂料工程，细部工程（铁梯、护栏、扶手），设备区离壁沟工程，设备区卫生间装修、卫生洁具安装工程，车控室防火玻璃安装工程。车站范围内的各类预留孔洞盖板（含吊装孔盖板）和围栏的施工，机电安装完成后预留孔洞处遗留缝隙的封堵等。

（2）建立施工组织机构，以车站为执行单位组建装修组织机构。

（3）轨道交通车站装饰装修材料应符合国家现行标准的有关规定，有害物质限量应符合国家相关规定。

（4）抹灰工程施工工序为基层处理、弹线、找规矩、套方、贴饼、冲筋、做护角、抹底层灰、抹罩面灰、养护。

（5）龙骨吊顶的施工工序为吊杆布设、主龙骨安装、次龙骨安装、收边收口处理、面板安装、调平、检测验收。

（6）油漆面墙的施工工序为地层处理、刮腻子、刮平、点补、底漆施工、第一遍面漆、点补、第二遍面漆。

（7）块料地面工程施工工序为基层处理、测量放线、瓷砖排版、刷结合层、浸砖、瓷砖镶贴、养护、勾缝、擦缝。

（8）离壁墙的施工工序为放线、镀锌钢龙骨焊接、运板就位、装板、校正固定、面层施工、成品保护。

第 11 章　施工安全的标准化

11.1　施工安全标准化的目的和对象

11.1.1　施工安全标准化的目的

城市轨道交通的施工场所大多数为地下，施工环境复杂，易受到城市地下管线、施工方法及周边既有建筑物密集度等因素的影响，涉及的工法、工种和设备多，从业人员队伍庞大，属于高风险工程。总体而言，城市轨道交通建设项目具有规模大、建设周期长、参与单位多、技术要求高、环境影响大、社会关注度高等特点，给建设项目的安全和质量带来众多挑战[65-68]。

安全标准化有利于提高城市轨道交通建设项目安全质量管理专业化与项目管理绩效水平，降低城市轨道交通建设项目的实施成本，积累城市轨道交通建设项目的管理和实施经验[69-70]。

11.1.2　施工安全标准化的对象

施工安全标准化的对象包括：

（1）安全管理的标准化。

（2）文明施工的标准化。

（3）信息化管理的标准化。

11.2　安全管理的标准化

11.2.1　安全管理体系

1. 安全管理体系标准化建设目的

（1）完善新型建设管理模式下的安全管理体系。

（2）重视提高作业人员安全风险意识和安全保障能力。

（3）动态管理安全隐患，最大程度地控制险情发展。

2. 安全管理体系标准化管理内容

（1）安全风险管理。安全风险管理工作应建立安全风险评估预控制度，事前对安全风险进行把握，制订专项应急预案，为事故预防提供基础管理[71]。各参与单位建立安全风险评估体系，在工程各个阶段进行风险评估工作。对于识别的安全风险及无法规避的风险，各参与单位协同政府部门，控制安全风险降到最低。

（2）隐患排查治理。动态管理安全隐患，专职安全员和各参与单位多角度、多层次、滚动式对安全隐患进行排查，对发现的安全隐患进行重点关注，实行动态管理模式。

（3）应急管理。轨道交通建设面临的地表建（构）筑物环境、地下管线环境、工程地质和水文地质环境的复杂性、多样性和不确定性，加大了施工难度和安全风险。为了最大程度地控制险情发生、发展，减少损失，保障公众的生命财产安全，政府部门、轨道交通建设项目的各参与单位应积极强化应急管理工作[72]。

3. 安全管理体系标准化的要求

安全管理体系标准化的要求是针对应急管理工作，实行“三级”应急管理体系，集中统筹管理应急物资、定期开展应急抢险演练、推行应急队伍的激励机制与动态管理机制。

11.2.2　质量管理体系

1. 质量管理体系的建设目的

（1）组织实施质量活动，检查质量计划。

（2）掌握各阶段质量管理要点，有针对性地进行质量管理控制。

（3）建立合理有效的联调组织机构，梳理各参与单位及各相关部门之间的关系。

2. 质量管理体系标准化管理内容

（1）质量管理组织。开展质量活动，检查质量计划的执行情况，负责研究制订工程项目质量计划，完善各种质量控制制度，落实工程项目质量计划；负责质量事故的调查处理；定期召开质量管理工作会议，分析、研究、制订改进措施。

（2）各阶段质量管理。施工阶段可以划分为质量事前控制、质量事中控制及质量事后控制。不同施工阶段的控制重点具有差异性，应有针对性地进行某些方面的质量管理控制。

（3）接口管理和联调。接口管理和联调的管理工作目标是建立合理有效的联调组织机构，梳理各参与单位及各相关部门之间的关系，严格有效地管理合同，梳理各子系统，并且妥善处理因工程衔接不当引起的各项接口问题。

梳理各参与单位及各相关部门之间的权责关系，明确各参与单位的权利、责任和义务，划清各单位之间的责任界面，通过精细化管理，确保涉及综合联调的各项事务均能责任到人。明确合同的范围，尤其是联系密切的系统和单位之间，要做到合同既明确区别，又有效衔接，避免发生合同纠纷或因疏漏而产生风险。

对于各专业之间存在的技术接口，明确接口的位置、性质和有关参数等内容，分析不同技术接口的差异和特点，有针对性地制订接口管理计划，通过管理使各接口之间协同配合，实现系统功能的整体对接。

（4）设备质量管理。设备质量管理工作是为了减少和控制设备质量事故的发生，尽量避免设备管理过程中的质量故障，避免事故造成设备损失及其他损失。设备质量管理应控制设备的购置、转运、安装与拆卸、验收检测、使用、保养、改造、报废的规定和要求等管理措施。

（5）事故应急质量管理。为了提高对工程发生重大质量事故的快速反应与处理能力，应采取切实可行的措施，建立统一指挥、职责分明、运转有序、反应迅速、处置有力的应急体系。贯彻国家的安全生产相关法律法规，加强对安全生产工作的统一领导，按照谁主管、谁负责、谁实施的原则明确职责。

3. 质量管理体系标准化的要求

（1）施工单位、监理单位、建设单位可分别建立质量管理体系。

（2）建立合理有效的联调组织结构，并成立专门的接口管理部门，建立接口管理制度，针对接口进行专门管理。

（3）严格有效地管理合同，充分发挥合同的约束力作用，建立健全合同管理体系，通过合同的形式强制约束。

（4）根据总体计划，制订合理可行的子计划，合理安排各系统的调试顺序，控制调试进度，对于冲突的计划或进度及时协调，快速有效地解决接口冲突，保证工期节点按时、保质、保量完成。

（5）工程质量事故发生后，事故发生单位、监理站必须在 12h 之内向建设单位报告；整合各责任部门的人力、物力资源，采取科学、及时、有效、可行的措施应对工程质量安全事故。

苏州轨道交通 S1 线渔家灯火站风险源辨识清单二维码如图 11-1 所示，安全隐患排查清单二维码如图 11-2 所示。

图 11-1　苏州轨道交通 S1 线渔家灯火站风险源辨识清单二维码

11-2　苏州轨道交通 S1 线渔家灯火站安全隐患排查清单二维码

11.3　文明施工的标准化

11.3.1　文明施工标准化建设目的

城市轨道交通工程施工现场标准化应坚持“适用、经济、绿色、美观”的原则，规范施工现场物品摆放不合理及环境不安全现象，使用“工具化、装配化、标准化”的构件或设施，提高现场标准化设施的重复利用率，不断促进安全生产，促进文明施工。

11.3.2　文明施工标准化建设内容

施工现场文明施工标准化应从施工现场周边环境、施工构件、施工设施及施工现场进行文明施工管理。

施工现场标准化建设应结合安全生产、工程质量、绿色施工等方面，统筹策划实施，不断提高建设项目的综合管理水平。施工现场标准化应从变形控制、环境污染控制、单位工程交叉施工控制等方面重点管控，消除现场的工程质量安全风险及人员职业健康安全风险。

11.3.3　文明施工标准化的要求

文明施工标准化的要求包括：

（1）环境保护应包括控制建筑垃圾的排放量及建筑垃圾排放量的回收率。建筑垃圾的排放量及其回收率应满足国家及行业的相关规范规定，保证满足绿色施工的标准。

（2）节水与水资源利用方面，应考虑施工用水中混凝土养护用水、生活用水指标、施工中非传统水源和循环水的再利用率。

（3）节能与能源利用方面，应考虑施工过程中的电、燃油和燃气的能耗指标。

苏州轨道交通 S1 线洞庭湖路站文明施工示例如图 11-3～图 11-6 所示。

图 11-3　苏州轨道交通 S1 线洞庭湖路站安全生产记录及安全文明标语牌

图 11-4　苏州轨道交通 S1 线洞庭湖路站安全生产牌

图 11-5　苏州轨道交通 S1 线洞庭湖路站违章违纪曝光台

图 11-6　苏州轨道交通 S1 线洞庭湖路站讲评台

11.4　信息化管理的标准化

信息化管理内容主要包括安全管理和人员管理。

11.4.1　安全管理

1. 安全管理标准化建设目的

安全管理标准化建设目的是应用大数据、云计算和物联网技术，对施工现场的人（人员）、机（机械）、料（材料）、法（工法）、环（环境）、测（测量）等资源进行集中安全管理，与传统管理工艺流程进行融合，监管建设项目全生命周期。

2. 安全管理标准化建设内容

安全管理标准化建设内容包括危大工程信息管理、危大工程安全检查、事故应急处置。

11.4.2　人员管理

1. 人员管理标准化建设目的

人员管理标准化建设目的是应用大数据、云计算和物联网技术，对施工现场的人员进行集中安全管理，与传统管理工艺流程进行融合，监管建设项目全生命周期。

2. 人员管理标准化建设内容

人员管理标准化建设内容包括系统结构和系统基本功能等方面。

11.4.3　信息化管理标准化的要求

信息化管理标准化的要求包括：

（1）信息安全指标是建设智慧工地管理系统的基本项，应保证信息的保密性、完整性、可用性、不可抵赖性，保证信息的安全性。

（2）信息基础设施包括信息采集设备、网络基础设施、控制机房、信息应用终端。功能包括工程基本信息、人员信息管理系统、环境监测系统、视频监控系统、设备安全管理、质量安全管理。

（3）运行与维护应包括运行维护规范、日常运行维护，智慧工地必须达到的技术要求，可提出更高要求进行系统扩展与升级管理。

11.5　施工安全标准化实施细则

11.5.1　实施细则说明

（1）施工安全管理是城市轨道交通建设项目管理的重要组成部分，是保证工程质量和安全的重要环节，是控制工程进度的关键因素；其主要任务是贯彻执行国家有关方针、政策、法令、法规及上级管理规定，建立健全安全管理规章制度，以规范的制度、合理的管理条例确保工程安全。

（2）施工安全管理主要有安全风险预评估、安全风险分级评估、安全风险监控咨询管理、环境专项安全性检测评估、工程质量管理、远程监控管理、建立安全风险管理机构等工作。

11.5.2　安全管理体系的标准化

（1）建立安全风险评估预控制度，预先对安全风险采取有效辨识、风险评估、分级预控、专家把关等措施，消减安全风险；同时，对不可避免的安全风险实施强化管理措施，制订专项应急预案，确保安全风险处于受控状态。

（2）建立和实施安全风险分级评估体系，进行风险分级，要求建设、施工、设计单位建立安全风险评估体系，在轨道交通工程规划、设计、施工等各个阶段开展多层次的风险评估。

（3）突出重点，强化政府监督。对于无法规避的重大危险源，采取强化监管措施，预防预控安全风险。

（4）通过现场专职安全员现场排查、项目部检查、施工单位季度检查、建设与监理单位巡查、主管部门督查等方式，实现对安全隐患多层次、滚动式的排查整治。对安全隐患建档分类分级，跟踪消除，实施发现一处、登记一处、整改一处、复查一处的动态管理，不留漏洞，不留死角。

（5）针对节假日特殊时段及特殊气象条件，根据隐患排查统计分析数据，对易发生的隐患、险情发布安全生产预警，制订预控措施。

（6）实施“三级”应急管理体系。

① 施工单位、建设单位、政府单位作为 3 个层级，分别制订应急预案，健全应急管理机制，组建应急抢险队伍，配置应急抢险设备和物资，形成分级响应、齐抓共管的应急管理格局。

② 施工单位是应急抢险的重要力量，建设单位负责统筹、调度应急抢险工作，政府部门负责指挥、协调应急抢险工作，确保及时、高效应对工程建设中的事故或险情。

③ 在施工单位正常配备应急抢险物资的基础上，设置应急物资储备基地，综合考虑工点位置、可能发生的险情类型、应急需求等因素，选择工程量较大、装备力量较强、应急支援覆盖面较广的标段。

④ 建立全线、全市轨道交通应急抢险物资集中统筹管理，当发生险情时能够及时、就近提供支援，确保大型应急设备和应急物资供应的可靠性。

⑤ 定期进行应急抢险演练，检验应急抢险队伍水平，积累经验，强化应急管理工作。

⑥ 应急抢险队伍实行合理激励与动态管理机制，给予应急抢险队伍参加建设工程招投标优惠等政策，定期考核企业的技术管理、机械设备配置、应急物资储备和劳务人员储备水平。

11.5.3　质量管理体系的标准化

（1）施工图完成后，由建设单位主持，举行设计、施工、监理单位参加的技术交底会议，明确工程设计目的，了解设计内容和技术要求。

（2）建设单位。

① 建设单位应牵头组织实施，全面监管综合联调的策划、组织、实施。在综合联调完成后组织验收工作，重点关注节点工期、安全、质量等方面。

② 建设单位审批综合联调中的重大项目进行测试时，应确定临时的组织机构及人员。

③ 建设单位定期召开综合联调参建方联席会议，分析联调中出现的重大问题。

（3）施工单位建立以项目经理为组长，各相关部门参加的质量管理和创优领导小组，建立质量管理和质量保证体系。

（4）监理单位。

① 监理单位建立以总监理工程师为组长，各专业或相关技术人员参加的质量管理和创优领导小组。

② 严格按照有关规定进行隐蔽工程检查，禁止监理单位委托施工单位自行检查隐蔽工程。

③ 监理单位的随工检查和旁站制度。监理单位工作侧重面应在工地，监理单位要确定旁站的具体项目和内容，确保工程的每一个环节，特别是工程主控项目、重点部位、关键工序得到有效的监督控制。

（5）各单位制订设备安全质量管理岗位责任制，对规定时间内未发生设备质量安全事故的相关管理人员和操作人员给予精神鼓励和物质奖励，反之则按有关规定进行处罚。

（6）根据应急工作需要，成立重大质量安全应急工作领导小组，组长一般由项目经理担任，总工、副经理担任副组长，其他各部门相关人员为组员。

① 组长：负责指挥、组织、协调工程质量事故的应急处理工作，按照应急预案中的职责分工，指挥现场开展应急处理工作。

② 副组长：负责指挥、组织、协调工程质量事故的应急处理工作，按照应急预案中的职责分工，指挥现场开展应急处理工作。

③ 质量人员：负责工程质量事故的日常监测、预警，按照质量事故的发生、发展规律和特点，分析其危害程度，及时做好预防工作；事态严重时立即上报工程处负责人，提出预警和建议；事故发生后协助现场指挥详细调查事故原因，根据事故处理进程做出总结报告。

④ 安全员：协助现场指挥做好人员的疏散、救援工作，随时监控事态发展，做好现场安全警戒和保卫工作。

⑤ 施工员：负责调集现场应急所需的设备，提出切实可行的应急处理建议，配合进行事后调查工作。

⑥ 全体人员：在现场负责人统一指挥下，快速有序地进行事故应急处置和事后调查工作。

（7）当工程质量事故危害特别严重、有蔓延扩大趋势且情况复杂难以控制时，应上报公司审定，及时提升预警和反应级别；对事故危害已消除、不会进一步扩散的，应上报公司审定，相应降低反应级别或撤销预警。

（8）发生重大、特别重大质量事故时，首先以电话形式逐级上报，并在规定时间内以书面形式上报；书面材料应真实、准确地反映实际情况。

（9）项目部应急领导小组负责组织工程质量事故的善后处置工作，包括人员安置、补偿、征用物资补偿、污染物收集、清理与返修等事项。

（10）对在项目部工程质量事故的预防、通报、报告、调查、控制和处理过程中，有玩忽职守、失职、渎职等行为的，依据有关法律法规追究责任。

11.5.4　考核管理制度

（1）组织机构各成员工作期间不得擅自离开工地，且月驻工地时间应符合相关规定；组织机构召开相关会议，不得无故迟到与缺席。

（2）施工方切实加强施工质量管理，认真履行三检制和工序报验管理制度，每道工序均由监理工程师现场认定，否则不得进入下道工序施工。

（3）施工过程中出现不服从监理和项目法人管理的，按规定进行经济处罚。

（4）施工方严格按照国家法律、法规和相关规范，完善现场安全机构和管理制度，切实加强安全管理，消除安全隐患，杜绝安全事故的发生，对施工中管理不到位的按规定进行经济处罚。

（5）因施工原因造成周、月、节点、总工期滞后的，按规定做出相关处罚。

（6）施工资料不规范、数据不真实、上报不及时、造成工程竣工验收滞后的，按规定采取惩罚措施。

11.5.5 施工文明管理

（1）施工现场应设置隔音设施和采取降噪措施，采用能耗低、排污少的施工机具和设备，从设备设施源头的保障及投入方面，解决噪声、扬尘、废水、废气、废渣等污染问题，进一步有效促进污染物的排放满足环保标准。

（2）施工现场、办公区、生活区使用节能照明装置和节水卫生器具。

（3）施工现场必须实行封闭管理，与办公区、生活区隔离设置，清晰划分。

（4）对施工现场的永久性场地（从进场至撤场）进行硬化处理，其他区域宜进行绿化处理或采用密目网覆盖、碎石遮盖等措施进行处理，施工现场不得存在裸土外露现象。

（5）施工场地统筹考虑排水设施，配备必要的设备设施，废水必须经沉淀处理后，方可排入市政管网。

（6）施工现场可设置储水池或沉淀池，收集降水施工中的地下水及雨水，用于现场洒水除尘及场地冲洗，形成循环用水，节约水资源。

（7）施工现场的危险部位设置明显的安全警示标识标牌。

（8）施工现场施工机具、机械设备布置有序，安全防护装置齐全有效，并在机具设备醒目位置悬挂安全操作规程牌及设备标识牌。

（9）施工现场材料堆放应规划专用场地，并按照规格型号分类进行堆放。

（10）施工现场临时用电、消防设施及各类安全防护措施符合国家现行有关标准规范要求。

（11）办公区、生活区统筹建设，各类生活设施配备齐全，安全措施到位，满足施工生产服务功能需要，并充分考虑规划整齐。

11.5.6 信息化安全管理

安全管理的基本功能包括危大工程信息管理、危大工程安全检查、事故应急处置。

1. 危大工程信息管理系统

（1）危大工程信息管理系统具备工程危险源数据采集记录、查询、分析功能，建立静态危险源数据库。

（2）危大工程信息管理系统具备危大工程施工方案和应急事故处置预案电子记录、电子审批、电子签名功能。

（3）危大工程信息管理系统具备危大工程施工进度监测功能。

（4）危大工程信息管理系统具备动态危险源电子记录和自动上报功能。

（5）危大工程信息管理系统具备危大工程实施过程的变更、检查、验收电子记录功能。

（6）危大工程信息管理系统具备危大工程分级管控功能。

2. 危大工程安全检查系统

（1）危大工程安全检查系统对施工现场重点安全管控区域设置技术检测设备，具备重点安全管制区域实时在线监测功能、数据在线传输功能。

（2）危大工程安全检查系统在管控区域边界形成“防护墙”，能及时发现入侵人员，执行报警功能。

（3）危大工程安全检查系统具备对监测和记录数据信息进行统计、查询、分析功能，具有及时发现隐患问题、即时预警功能。

（4）危大工程安全检查系统具备现场流程化、协同化安全管理功能，具备对施工现场的安全管理、检查（随机抽查）记录、整改通知及回复等的全过程电子记录功能。

（5）危大工程安全检查系统具备危大工程问题发现、分派、整改与消项，总包、监理、建设方的协同工作全过程电子记录功能。

（6）危大工程安全检查系统具备危大工程隐患问题上报功能。

3. 事故应急处置系统

（1）事故应急处置系统可实现现场施工方、监理方、建设方的三级安全监管体系，具备事故及安全隐患问题逐级预警功能。

（2）事故应急处置系统具备应急预案任务自动启动、显示和下发功能。

（3）事故应急处置系统具备事故自动上报至综合信息管理平台功能。

第 12 章　创新管理评估体系的标准化

12.1　城市轨道交通建设创新管理评估体系标准化的目的与对象

12.1.1　创新管理评估体系标准化的目的

随着城市轨道交通建设的迅猛发展，地铁土建施工与设备安装施工的难度和复杂程度进一步加大，国家、地方和建设单位对轨道交通建设的安全、质量、标准执行和施工工艺方面提出了更高的要求。国内城市轨道交通建设快速发展的过程中，伴随的就是各类新技术、新工法、新产品等的不断涌现与应用，创新与生产呈相辅相成的良性循环态势。在新形势下，必须通过强化科技创新理念、推行科技创新机制，实现多元化的科技创新模式；通过加强科技创新，来持续地推动科技创新，提高施工技术管理水平[73-76]。

地铁工程是集房建、深基坑、隧道、高架桥、市政道路、管线等于一体的综合性工程，建设难度大[77-80]。以苏州市域一号线（S1 线）为例，S1 线贯穿昆山东西向，途经昆山巴城镇、高新区、中心城区、开发区、陆家镇、花桥经济开发区等区域，是昆山城市更新的重要载体。S1 线全长 41.27km，设站 28 座，平均站间距 1.5km，均为地下线。S1 线途经区域地质变化大、软土分布广，尤其存在淤泥质土深厚连续、粉土粉砂层明显，承压水与微承压水连通等国内少见的多重风险叠加情况。此外，S1 线穿过铁路 6 次、河流 61 条、桥梁 41 座，其中拆建桥梁 27 座，是目前苏州下穿铁路、河流、桥梁最多的轨道交通线，安全风险管控难度极大。因此，S1 线建设在地质条件、施工条件等方面面临着诸多独特的情况，对科技创新、技术引领、建设示范等存在极大需求与机遇。

科技创新是推动城市轨道交通工程发展的第一生产力，必须坚持理念创新、制度创新、管理创新、技术创新，在施工技术、管理体制等方面实现创新标准化[81-84]。

12.1.2　城市轨道交通建设科技创新管理标准化的对象

科技创新包括新技术、新装备、新材料、新工艺、新产品的研究、开发、试验，引进技术的消化吸收和国产化，管理科学研究及新技术推广应用等方面的内容。对于城市轨道交通工程建设来说，科技创新主要包括：

（1）管理创新。

（2）工程技术创新。

（3）新技术推广。

12.1.3　城市轨道交通建设技术创新内容

1. 工程质量创优、风险分析、安全管理的科技创新

（1）对不同施工条件和地层情况下的施工质量控制和风险重难点进行系统梳理和总结，如复合地层、富水地层、软土地层、不停运线路拆解等，提出可靠有效的应对方法。

（2）施工质量管控和风险判断与管理新技术，如基于大数据、云计算、物联网的人工智能质量检查、检测、验收及风险判断和管理方法。

（3）施工工法的完善与创新发展方向：①全人工智能化、机械化高效施工技术，如机械化暗挖台车；②全时自动化远程监测技术；③真三维物探勘探技术；④盾构下穿建（构）筑物土体加固与风险控制技术；⑤防水材料及工法；⑥地下水控制新技术等。

2. 机械化及绿色化建造新技术、新材料、新工艺、新设备

绿色施工是指工程建设中，在保证质量、安全等基本要求的前提下，通过科学管理和技术进步，最大限度地节约资源与减少对环境负面影响的施工活动。城市轨道交通工程建设过程中需要发展的绿色建造新技术包括装配式建造技术、减振降噪技术、封闭降水及水收集技术、建筑垃圾减量及回收再利用技术、施工扬尘控制技术等。具体包括：

（1）利用先进的建造技术取代传统的劳动密集型的建造方式，使城市轨道交通工程向工业化、机械化方向发展，解决劳动力紧缺问题。

（2）提升设计和施工理念，依靠现代化的施工技术、装备及组织管理方法，更安全、更经济、更高效、更节约地进行城市轨道交通工程的建造。

（3）绿色建造新材料的研发、应用与推广。

（4）减少城市轨道交通工程给现有建（构）筑物或周边环境带来的不利影响，实现“四节一保”（节能、节地、节水、节材和环境保护）。

3. 智能化、信息化轨道交通大系统集成技术

采用各种数字化模拟技术、自动化监测及控制技术实现城市轨道交通系统整体智能化、信息化，尤其是基于最先进的三维数据设计和工程软件构建的可视化 BIM 数字建筑模型，为建设单位、设计单位、施工单位及运营单位等各环节人员提供了统一的科学协作平台，有效节省能源和成本，降低污染，提高工作效率。具体包括：

（1）基于 BIM 的多专业综合协同设计，实施多维度可视化的设计优化与施工管理。

（2）利用大数据和物联网技术，对收集到的信息结合数字音视频分析、虚拟现实（virtual reality，VR）等技术手段，有针对性地开展智能化施工的研究，如全时自动化监测与预警、施工质量检测检验等。

12.2　城市轨道交通工程科技创新管理标准化

加强科技创新管理是提高企业核心竞争力的重要基础，只有通过在科研决策、预算

投入、产品开发、工程验证、项目改进等一系列科技创新链条上的精细化工作，才能形成适用于地铁的产品和软科学，实现持续创新。

1. 加强对科技创新理念的理解推动，制订科研滚动发展规划

（1）在工程技术创新方面，科技创新应注重目标性和时效性，现场是科研选题与成果应用的唯一场所，要及时把科研成果转化为生产力。工程类科研主要包括施工技术、联调检测和基础技术 3 部分。其中，施工技术主要包括施工机具、施工工艺、工法及专利技术；联调检测主要包括联调大纲、检测工具类的研究；基础技术研究主要包括作业指导书的修编，质量控制（quality control，QC）成果的评审、发布，合理化建议等。

（2）在管理创新方面，主要包括各类技术管理方案的模板化、技术总结的标准化及标准类研究。

（3）在新技术推广方面，经评审鉴定及验证后的成果要及时推广应用，最终形成产品化。

通过上述强化科技创新的理念整合，在工程基础创新、管理创新、成果推广等方面做好滚动发展规划，保持持续稳定的发展。

2. 打造学习型的科技创新人才团队，实施组织创新

科技创新首要任务是解决人的问题，要建设科技创新人才团队，需通过对专家、人才、标兵队伍的建设，培养一大批骨干力量。在此基础上，有效地整合资源，形成更深层次的创新驱动力。通过组织创新，形成稳定的创新团队，实现以产品为导向，以项目为主体的创新管理思路，坚持“产、学、研”相结合。

加强现场技术人员的创新意识，积极践行建设单位与施工单位为主体出市场渠道、院校出技术、协作出产品的模式，发挥各自的资源优势。

加强课题预算管理，根据科研合同明确的责任目标制订项目的管理目标，通过在成本指标上核减科技创新费用等手段，充分调动项目科研的积极性，实现工程类科研、管理类科研、新技术推广应用各有侧重、均衡发展。

3. 建立健全科技创新管理机制

（1）建立公司专家人才库和专家组评审制度。

（2）建立公司技术顾问制度。通过不定期的现场指导或开展技术讲座等多种形式，做好公司科技创新的帮手。

（3）实施以项目为创新主体的科技创新管理机制。建设与施工单位应鼓励各项目进行科研活动，课题所在项目发生的科研费用可适当抵扣或不占项目成本考核费用。根据课题应用范围和公司项目情况推广科研成果应用。科研与工程协同作战，科研成果为工程服务，工程采用科研成果。双方相辅相成，工程通过科研提高效率、精度，科研通过工程实施发现不足、改正缺点。

（4）注重标准创新，将研究成果通过企业标准形式固化，并运用到实际工作中。

4. 拓展科技创新模式

（1）深化集成创新模式。建立以多学科交叉和集成的科技创新，实现跨企业、跨机构、跨产业、跨学科的创新能力，实现集成产品的多样化。一方面，提高科技创新水平；另一方面，加大技术门槛条件，形成技术壁垒。

（2）实施多元化科技创新模式：①超前一步，通过关键技术储备和管理上的创新，做到人无我有；②提升一步，做到人有我精，如引入地铁动态第三方检测的概念和装备，形成差异化经营；③做到有所为有所不为，推动关键工作取得重大突破。

苏州轨道交通工程科技创新管理示例如图 12-1～图 12-4 所示。

图 12-1　苏州轨道交通 S1-TS-06 标李宏飞科技创新工作室

图 12-2　苏州轨道交通 3 号线机电安装及装饰施工观摩会

图 12-3　苏州轨道交通 S1 线施工质量安全标准化暨“轨道交通智慧工地”现场推进会

图 12-4　苏州轨道交通 S1 线深基坑伺服系统

12.3　创新管理评估标准化实施细则

创新管理评估标准化实施细则包括：

（1）建设单位与施工单位的城市轨道交通工程创新应着力于工程科学研究，针对现场工程实际问题展开科研攻关。

（2）公司层面形成稳定的技术创新机构，在有条件的标段、工程项目部成立创新工作室。

（3）选择和聘用具备条件的员工组建专家人才库，专家人才可从各级岗位选择，不局限于工程技术专家和人才、标兵，要囊括各方、各岗位管理人才。

（4）对专家成员进行定期考核，记录专家成员参与或主持科研活动的数量、进度和成果等级，进行科研成果量化，实施动态考核。

（5）公司组织不定期现场技术交流和技术培训工作，充分发挥专家的专业特长，为科技创新工作提供决策建议、专业咨询、理论指导和技术支持，保障科技创新管理目标的实现。

（6）建立技术顾问制度，聘用业界有一定影响力的权威专家担任公司技术顾问，以公司各在建或拟拓展市场为载体，助力公司科技创新及管理。

（7）公司科技研究开发和新技术推广应用工作实行统一领导、分级管理的原则。根据施工生产、新技术发展和市场拓展的需要，随时申报科研创新项目，为项目开展提供资金、人力、物力和时间保证。

（8）建立公司专家评议和企业决策相结合的课题管理机制，做好项目前期的策划筹备工作，重点抓好开题立项报告、预算报告、前期调研情况，以及项目部、项目负责人、团队成员资质及技术能力的准备工作。

（9）充分发挥专家的作用，聘请专家参与计划编制、立项评议、课题招标、课题管理等有关咨询工作，聘请专家主持分管科研项目重大技术问题评审会，审核科研项目评审文件或结题报告。

（10）科研项目采用合同管理和流程控制相结合的方法，及时进行科研过程管理、业务指导和过程监督，加大科研课题的审核和监控力度，对科研的过程进行监督，进度进行跟踪，通过信息平台、中期目标考核、节点目标考核确保科研进度按照合同进行，满足工程现场进度的需求。

（11）引导科研成果得到现场的应用，对用户的实际应用情况及现场的实际效果进行跟踪，结合实际应用对科研课题进行评价。

（12）及时将现有技术成果转化为标准，进一步推动科研成果向标准转化。

参 考 文 献

[1] 操杰，黄志高．城市轨道交通概论[M]．成都：西南交通大学出版社，2018.

[2] 毛保华，姜帆，刘迁，等．城市轨道交通[M]．北京：科学出版社，2005.

[3] 张素燕，秦国栋，陈燕申．我国城市轨道交通的标准化[J]．城市轨道交通，2012，15（8）：7-10.

[4] 张素燕，秦国栋．我国城市轨道交通标准化发展 20 年回顾[J]．城市轨道交通研究，2018，21（5）：64-68.

[5] 上海申通地铁集团有限公司．上海轨道交通建设工作指南[M]．北京：中国铁道出版社，2019.

[6] 黄晓翔，吕丽平．建筑施工行业信息化管理优化模型研究与仿真[J]．科技通报，2013，29（4）：70-72.

[7] 邵海清，万凯，吴胜涛，等．标准化管理为项目管理提质增效：记无锡地铁三号线 5 标[J]．铁道工程企业管理，2019（6）：26-28.

[8] 周诗广．我国市域铁路技术标准研制特点[J]．中国铁路，2017（7）：17-21.

[9] 腾蛟．建筑工程管理中信息化的应用分析[J]．工程技术研究，2019，4（3）：134-135.

[10] 陈红杰，李高锋，武永峰．基于 BIM 和 RFID 技术的装配式建筑施工进度信息化采集研究[J]．项目管理技术，2018，16（10）：22-26.

[11] 刘芳，彭来，梁承龙，等．基于 BIM 技术的施工安全信息化管理应用研究[J]．西部交通科技，2018（12）：173-176.

[12] 陈雄民．福建召开全省轨道交通工程质量安全标准化（工地消防）施工现场观摩会[J]．就业与保障，2018（14）：7.

[13] 王晓强．标准化文明工地的创建与探索[J]．美与时代（城市版），2017（8）：125-126.

[14] 张贵宝，戈伟，舒李．公路工程工地标准化体系及实施要点[J]．交通企业管理，2017，32（3）：72-75.

[15] 陈健雄．城市地铁施工总平面设计方法探讨[J]．建筑技术开发，2012，39（12）：59-63.

[16] 季明星．工程机械设备管理的现状及对策[J]．设备管理与维修，2020（5）：16-17.

[17] 李振媛．建筑机械设备管理存在的问题及对策研究[J]．低碳世界，2020（5）：206-207.

[18] 黄宇．浅谈铁路和城市轨道施工中工程机械和设备的管理[J]．科技创新与应用，2013（19）：211.

[19] 李琳，刘伟，肖艳玲，等．基于模糊一致偏好关系的建设单位项目管理能力评价[J]．承德石油高等专科学校学报，2017，19（3）：46-50.

[20] 王铮铮．建设单位工程管理人员素质浅谈[J]．中华民居（下旬刊），2014（2）：246.

[21] 高绍涌．工程建设中建设单位工程管理人员素质的重要性[J]．中国高新技术企业，2017（2）：168-169.

[22] 谭璐明．浅析轨道交通项目管理中甲方代表应具备的能力[J]．北方建筑，2018，3（2）：81-84.

[23] 邓海兵．提高城市轨道交通工程监理水平的策略[J]．中国公路，2018（2）：112-113.

[24] 李文民．分析城市轨道交通工程监理水平的提升[J]．低碳世界，2018（7）：275-276.

[25] 马向阳．施工项目材料管理中存在的问题及对策[J]．隧道建设（中英文），2007，27（增刊 1）：76-79.

[26] 郭鸿，吴位树．建设工程材料的管理与质量控制[J]．企业导报，2010（5）：105.

[27] 徐英姿．建筑企业在施工过程中的材料管理[J]．住宅与房地产，2017（18）：241.

[28] 樊英杰．浅谈施工项目材料管理[J]．福建建材，2006（4）：110-111.

[29] 孙永山，王思璇．施工现场材料管理的主要内容[J]．黑龙江交通科技，2010，33（10）：175.

[30] 陈祖伟．地铁车站和区间工程的施工工法适用性研究[J]．低碳世界，2014（7）：285-287.

[31] 崔志强，胡建国．地铁车站型式选择[J]．隧道建设（中英文），2005，25（4）：18-20.

[32] 潘传虎，田春玲．盖挖法在浅埋地铁车站施工中的应用[J]．工程技术研究，2020（5）：63-64.

[33] 顾睿．地铁车站主要施工工法比较与浅析[J]．中国科技经济新闻数据库，2015（9）：33.

[34] 宋建，樊赞赞．复杂条件下地铁车站施工关键技术[J]．现代隧道技术，2012，49（1）：43-47.

[35] 雷宏，吴懿．明挖法地铁车站施工测量控制方法与措施[J]．工程技术研究，2020（1）：238-239.

[36] 姚俊东．盖挖法施工技术在浅埋地铁车站施工中的应用[J]．工程建设与设计，2020（1）：184-185.

[37] 连文博．地铁盾构始发技术及常见问题的预防与处理[J]．中外建筑，2019（6）：254-255.

[38] 刘玉林，刘天祥．富水砂层地质条件下盾构接收技术[J]．施工技术，2012，41（S1）：255-258.

[39] 高帅，刘瑞敏．地铁隧道工程盾构施工的测量管理模式探讨[J]．山东工业技术，2018（6）：105-106.

[40] 王刚，周质炎，白彦峰．盾构隧道全寿命周期信息的数字化及其应用研究[J]．土木工程学报，2015，48（5）：108-115.

[41] 张龙，高菊茹，袁玮．地铁区间暗挖法施工技术比选[J]．隧道建设（中英文），2019，39（增刊 1）：404-410.

[42] 李丰果，俞建铂，宋金峰，等．深圳地铁暗挖区间隧道施工技术[M]．北京：中国铁道出版社，2015.

[43] 张绍宽，刘智华，宋龙．浅埋暗挖地铁区间隧道绿色施工生产设施标准化配套研究[J]．隧道建设（中英文），2012，32（增刊 2）：13-17.

[44] 刘磊．暗挖地铁施工中的安全质量控制策略[J]．中国建材科技，2020（4）：96-97.
[45] 帅建兵．暗挖地铁施工中的安全质量控制实践思考[J]．工程建设与设计，2019（3）：150-152.
[46] 李攀．地铁隧道区间施工监测方法[J]．建筑机械，2019（2）：96-100.
[47] 李宗运，吴蒙．施工监测在地铁隧道暗挖施工中的应用[J]．市政技术，2019（3）：110-112.
[48] 汪占云．城市轨道交通工程铺轨施工项目管理的重点[J]．城市建设理论研究（电子版），2019（12）：103.
[49] 彭峰．地铁轨道铺设施工方法与质量控制[J]．低碳世界，2020（5）：142-143.
[50] 周凌昊．浅谈地铁建设轨道工程的现场协调与配合管理[J]．科技风，2019（12）：119.
[51] 王爱强．地铁轨道施工常见问题及解决方案探讨[J]．工程技术研究，2019（3）：82-83.
[52] 高山．城市轨道地铁铺轨工程工期优化及施工组织探讨[J]．建材与装饰，2020（2）：282-283.
[53] 丁玉．城市轨道交通工程铺轨施工项目管理的重点[J]．城市轨道交通研究，2012（8）：46-49.
[54] 谢清明．浅谈地铁常规设备安装工程的施工与协调管理[J]．建材与装饰，2016（10）：236-237.
[55] 龙友洪．试论地铁常规设备安装工程的施工与协调管理[J]．中国设备工程，2019（5）：39-40.
[56] 王珩．现场质量控制措施在地铁机电设备安装中的应用分析[J]．科技创新导报，2019（16）：35-36.
[57] 张清．地铁机电设备安装及维修管理探讨[J]．装备维修技术，2020（2）：129-130.
[58] 田茂．城市轨道交通设备系统建设一体化关键技术研究[D]．北京：中国铁道科学研究院，2019.
[59] 扈晨飞．地铁机电设备安装工程施工管理策略[J]．中国设备工程，2019（11）：211-212.
[60] 靳海涛．地铁机电设备安装工程的施工管理策略探讨[J]．工程技术研究，2019（17）：135-136.
[61] 石光彦．关于地铁机电设备安装工程的施工管理探讨[J]．中国新通信，2019（2）：132-133.
[62] 黄广开．地铁站装饰装修工程现场施工管理[J]．市政技术，2016（4）：4-6.
[63] 李长春．地铁车站工程安装、装修阶段中的配合与协调[J]．江苏建筑，2017（10）：1-2.
[64] 李德胜．地铁车站装修细节设计探讨[J]．铁路工程造价管理，2010，25（5）：42-45.
[65] 王勇，赖芨宇，陈秋兰．我国地铁施工事故统计分析与研究[J]．工程管理学报，2018，32（4）：70-74.
[66] 许娜．轨道交通项目安全事故发生趋势和诱因分析[J]．华侨大学学报（自然科学版），2016，37（5）：558-563.
[67] 吕培印，刘淼．城市轨道交通建设安全风险管理现状与发展建议[J]．都市快轨交通，2018，31（6）：4-12.
[68] 王占超，夏华磊．城市轨道交通工程施工安全技术现状分析[J]．水利水电施工，2019（9）：139-142.
[69] 冯飞雪．地铁工程施工安全管控技术探究[J]．中国建设信息化，2018（12）：74-75.
[70] 蒋明星．城市轨道交通项目施工阶段安全管理分析[J]．低碳世界，2017（5）：210-211.
[71] 张虹．城市轨道交通工程建设安全风险控制技术标准应用研究[J]．中国建材科技，2016（4）：70-71.
[72] 周红波，高文杰，牛子春．城市轨道交通建设中安全管理技术的应用[J]．都市快轨交通，2007，20（4）：33-35.
[73] 施仲衡．自主创新，实现城市轨道交通高质量发展[J]．都市快轨交通，2020，33（1）：1-4.
[74] 施仲衡．新型城市轨道交通技术[J]．城市交通，2011，9（1）：20-23.
[75] 包叙定．自主创新 高质量发展：包叙定在 2019 北京国际城市轨道交通高峰论坛上的讲话[J]．城市轨道交通，2019（8）：10-13.
[76] 周晓勤．城市轨道交通高质量发展的创新之路：周晓勤在 2019 北京国际城市轨道交通高峰论坛上的讲话[J]．城市轨道交通，2019（8）：14-23.
[77] 黄爱军，马忠政．上海轨道交通 10 号线的土建工程设计思路和新技术应用[J]．城市轨道交通研究，2015（11）：88-91.
[78] 李俊玺．上海市轨道交通 12 号线轨道新技术的设计与应用[J]．铁道标准设计，2017，61（4）：5-9.
[79] 詹小明．城市轨道交通机电设备工程新技术应用探究[J]．现代工业经济和信息化，2018（16）：23-24.
[80] 马士伟，梅志荣，杜俊．隧道及地下工程新设备新材料应用进展[C]//2016 中国隧道与地下工程大会（CTUC）暨中国土木工程学会隧道及地下工程分会第十九届年会论文集．成都，2016：33-39.
[81] 包叙定．强力推进智慧城市轨道交通建设[J]．城市轨道交通研究，2020（4）：139-140.
[82] 刘纯洁．上海智慧地铁的研究与实践[J]．城市轨道交通研究，2019（6）：1-6.
[83] 寇鼎涛．北京地铁 19 号线平安里站创新施工管理研究[J]．市政技术，2020，38（3）：105-108.
[84] 傅强．基于绿色施工的城市轨道交通施工及管理探讨[J]．科技创新与应用，2017（5）：233.